管理会计学

谢合明　姚世斌　主编

中国农业出版社
北　京

图书在版编目（CIP）数据

管理会计学 / 谢合明，姚世斌主编. -- 北京 ：中国农业出版社，2024. 10. -- ISBN 978-7-109-32511-1

Ⅰ. F234.3

中国国家版本馆 CIP 数据核字第 20245460AG 号

管理会计学

GUANLIKUAIJIXUE

中国农业出版社出版

地址：北京市朝阳区麦子店街 18 号楼

邮编：100125

责任编辑：何　玮　　文字编辑：李　雯

版式设计：王　晨　　责任校对：吴丽婷

印刷：中农印务有限公司

版次：2024 年 10 月第 1 版

印次：2024 年 10 月北京第 1 次印刷

发行：新华书店北京发行所

开本：700mm×1000mm　1/16

印张：19.5

字数：340 千字

定价：88.00 元

编写人员名单

主　　编　谢合明　姚世斌

副 主 编　刘　毅　张　敏

编写人员（按姓氏笔画排序）

王一涵　刘　毅　杨　曾　何诗鳗
张　敏　周　宏　赵天颖　钟宏利
饶　芳　姚世斌　郭晓竹　黄　爽
蒋璐瑶　谢合明　赖　莎

前　言

管理会计学是管理学和会计学的交叉学科。管理会计是现代会计信息系统的两大子系统之一。它主要通过一系列的理论和技术，为企业内部管理者提供预测、决策、规划、控制和评价等方面的财务与非财务信息。随着经济的发展，管理会计的内涵也在不断地延伸拓展，涌现出了大量有待继续深入研究的前沿问题。

按照英国皇家特许管理会计师公会（CIMA）和美国注册会计师协会（AICPA）于2014年10月联合发布的《全球管理会计原则》以及我国于2014年10月发布的《财政部关于全面推进管理会计体系建设的指导意见》（财会〔2014〕27号）文件精神，结合西华大学会计学、工商管理国家级一流本科专业建设点的要求，本教材在教学内容和体系安排上，注重学生的素质教育，注重学生的能力培养，注重会计学专业人员适应现代社会经济发展的需要。本教材在编写中，既重视教材的基础性、稳定性和连续性，又不忽视教材的前瞻性和创新性。本教材力求在高起点、新立意的基础上，构建框架体系。

管理会计学是一门社会迫切需要和国家积极推进的学科。本教材在编写过程中，试图在充分传承传统管理会计理论和技术的基础上，结合时代发展，对管理会计新的发展方向做出一些有益的探究。本教材具有如下特点：

（1）采用数字化教学手段，教材配套线上慕课，方便读者自主学习。

（2）在教材案例和习题中贯彻业财融合理念，让读者在学习过程中能够理论联系实际，融会贯通，拓展专业领域。

(3) 相关章节充分考虑了与财务会计、成本会计、财务管理等学科在知识点上的链接和交叉，可以使学习者对会计学主体课程体系有一个更全面的认知。

(4) 每章开始都介绍了本章的学习目标、学习重点、学习难点；每章章末都附有思考与练习题等。

全书共分为十章。参加本教材编写的人员有：谢合明、赖莎、何诗鳗（第一章）；刘毅、钟宏利、王一涵（第二章、第七章）；张敏、赵天颖（第三章）；姚世斌、何诗鳗（第四章）；杨曾、王一涵、赵天颖（第五章）；饶芳、钟宏利（第六章）；郭晓竹、周宏、蒋璐瑶（第八章、第九章）；黄爽、蒋璐瑶（第十章）。本教材由西华大学管理学院谢合明教授、姚世斌教授任主编，刘毅和张敏老师任副主编。全书的总纂工作由谢合明、刘毅和张敏负责。

本教材是在管理会计发展的新时期下出版的，可满足高等院校会计类、经济管理类专业教学的需要，同时，也可以作为经济管理人员学习管理会计知识的专业书籍。

在本教材的编写过程中，参阅和引用了国内外管理会计学科的相关论著、资料及案例等，在此一并表示最诚挚的谢意！

由于管理会计学科还在不断发展，加上编者水平有限，书中难免有疏漏之处，敬请读者批评指正！

编　者

2024年5月于成都

目　录

前言

第一章　管理会计概述 …… 1

第一节　管理会计的产生与发展 …… 1
第二节　管理会计的基本概念框架 …… 10
第三节　管理会计与财务会计的关系 …… 21
第四节　企业导入管理会计系统 …… 23
第五节　《全球管理会计原则》解读 …… 26
第六节　全面推进管理会计体系建设 …… 34

第二章　成本管理 …… 40

第一节　成本管理的基本框架 …… 40
第二节　成本性态分析 …… 44
第三节　变动成本法与完全成本法 …… 60

第三章　本量利分析 …… 72

第一节　本量利分析概述 …… 72
第二节　单一品种的保本分析 …… 77
第三节　多品种条件下的本量利分析 …… 83
第四节　盈利条件下的本量利分析 …… 87
第五节　敏感性分析 …… 92

第四章　短期运营预测 …… 101

第一节　短期运营预测概述 …… 101
第二节　销售预测 …… 103

第三节　成本预测……112
第四节　利润预测……119
第五节　资金需要量预测……121

第五章　经营决策……132

第一节　经营决策概述……132
第二节　经营决策的成本概念及方法……136
第三节　生产决策……143
第四节　定价决策……152
第五节　存货决策……154

第六章　全面预算管理……166

第一节　全面预算管理概述……166
第二节　全面预算的编制……174
第三节　全面预算的编制方法……191
第四节　全面预算的执行与考核……202

第七章　成本控制……211

第一节　成本控制概述……211
第二节　目标成本法……213
第三节　标准成本法……216
第四节　标准成本差异的计算分析及账务处理……222

第八章　作业成本法……231

第一节　作业成本法概述……231
第二节　作业成本法的核算要素……233
第三节　作业成本法的核算流程……236
第四节　作业成本法的体系设计……242
第五节　作业成本法的应用……247

第九章　责任会计与评价报告……257

第一节　责任会计基础……257

第二节　责任中心的建立与考核 …… 259
第三节　内部转移价格 …… 265
第四节　管理会计报告的基本框架 …… 268
第五节　企业管理会计报告 …… 269

第十章　绩效管理与评价 …… 274

第一节　绩效管理与评价概述 …… 274
第二节　关键绩效指标法 …… 279
第三节　平衡计分卡 …… 283
第四节　经济增加值法 …… 288
第五节　绩效棱柱模型 …… 294

主要参考文献 …… 302

第一章　管理会计概述

【学习目标】 通过本章的学习，学生要了解管理会计的产生与发展过程、管理会计体系建设的主要内容、企业如何导入管理会计系统；理解管理会计的目标及内容；掌握管理会计与财务会计的关系、《全球管理会计原则》的应用。

【学习重点】 管理会计的目标及内容；管理会计与财务会计的关系；《全球管理会计原则》的应用；管理会计体系建设的主要内容。

【学习难点】 管理会计与财务会计的关系、《全球管理会计原则》的应用。

第一节　管理会计的产生与发展

一、管理会计的产生

对于管理会计的产生，国内外学者有许多不同的看法。究其原因，主要是由第一次工业革命的兴起和发展所带来的生产力的巨大进步所引起的。而从19世纪60年代起，第二次工业革命逐渐兴起和传播，这时的企业规模比第一次工业革命更大，组织结构更为复杂，如钢铁托拉斯企业和销售公司大范围地出现并发展壮大，这对管理会计来说又是一个新的挑战。这次挑战主要集中在如何进一步控制企业成本方面，但这时的成本控制还只集中于企业的直接生产费用上面，对间接制造费用的关注极少。管理会计的雏形应该出现在19世纪末20世纪初。在这一时期，管理会计逐渐在成本会计的基础上发展演变，从而形成一门不同于成本会计的新的学科而发展至今。管理会计提供的作用已远远超出了成本会计所能提供的作用。在日益激烈的市场竞争中，管理会计成为当代企业在经营管理过程中不可或缺的一部分。

现代管理会计学是一门新兴的边缘学科，它是现代管理学与现代会计学的有机融合。随着现代科学技术的进步，现代管理与现代会计，尤其是现代企业管理与现代企业会计的内涵和外延都发生了很大的变化，从而使人们对现代管理会计的认识有了新的发展。

在西方，管理会计起源于19世纪的工业革命，萌芽于19世纪末20世纪初，基本形成于20世纪50年代，发展于20世纪70年代末80年代初。随着社会经济环境、企业管理科学水平的不断发展，至今为止管理会计经历了以下三个时期：

（一）20世纪初—20世纪50年代

20世纪初，随着生产专业化以及社会化程度急剧提升，企业强烈地意识到，要想在竞争中立于不败之地，必须加强企业内部管理、提高生产效率，以降低成本费用、获取最大利润。由此，泰勒的科学管理理论应运而生。1911年，被西方誉为“科学管理之父”的泰勒发表了著名的《科学管理原理》，从而开创了企业管理上的一个新纪元。“泰勒制”逐步被推广，并于20世纪20年代达到顶峰。“泰勒制”的核心是通过动作与时间研究，制定额定的工作量和工作标准，并用来考核和评价工作成绩。其宗旨是为了解决如何提高生产效率和工作效率。“泰勒制”还指出对于完成每项工作来说，总存在一个最佳路径。管理的职责在于为工作提供明确的指导，选拔最适合该项工作的人来完成，并用最有效的方法对这些工人进行培训。泰勒认为，人是“经济人”，应该采取经济的方式进行激励。列宁曾对泰勒的科学管理理论作出过精辟的论述，即他认为泰勒通过分析劳动中的机械动作，省去多余的笨拙动作，来制定最适当的工作方法，实行最完善的计算和监督管理方法等。

以泰勒为主要代表人物的古典管理理论的出现促使现代会计分化为财务会计和管理会计。在会计业务中增加了标准人工成本、成本差异，出现了标准人工成本法。后来，另一位美国管理学家、科学管理的倡导者、人际关系理论的先驱者——甘特，把标准人工成本法引申到材料和制造费用的成本管理中，形成了由标准人工成本、标准材料成本和标准制造费用组成的标准成本体系。

1919年，美国成本会计师协会的成立，将标准成本纳入会计系统，成为标准成本会计，加快了标准成本的推广。与此同时，预算控制和差异分析等方法也相继出现。1921年，美国《预算与会计法案》颁布，推动了管理会计引入预算控制的进程。1922年，美国著名会计学家奎因坦斯在《管理会计：财务管理入门》一书中首次提出管理会计的概念。1922 年，美国管理会计的创始人麦金西出版了美国第一部系统论述预算控制的著作《预算控制》，全面介绍预算控制的理论。1924 年，麦金西又公开刊印了世界上第一部以管理会计命名的著作《管理会计》，布利斯在同期出版了《通过会计进行经营管理》的著作。这些著作被西方誉为早期管理会计学的代表作，其实，它们只是介绍了会计如何应用标准成本法和实施预算控制的一些经验之谈。

综上，可以认为，以泰勒的科学管理理论为基础，以成本决策与控制为基本特征，以标准成本、预算控制和差异分析为主要内容的早期执行性管理会计在 20 世纪 20 年代已开始萌芽。20 世纪三四十年代，由于受到经济危机以及第二次世界大战的双重影响，企业经营环境恶化，资金筹措困难，迫使企业内部挖潜。会计学者们又提出了成本性态分析、本量利分析和变动成本法等管理会计的基础理论和方法，再加上原来的标准成本、预算控制和差异分析，管理会计的雏形已基本形成。

(二) 20 世纪 50 年代—20 世纪 70 年代末 80 年代初

现代管理会计的真正形成和迅速发展是从 20 世纪 50 年代以后开始的。

早在 20 世纪 50 年代，美国会计学会就设立了管理会计委员会。1952 年，在英国伦敦举行的会计师国际代表大会上，正式通过了管理会计这一专门术语。原来传统的那一部分会计工作被称为财务会计，会计学被划分为财务会计和管理会计两大领域。1969 年，美国全国会计师协会（NAA）成立了专门研究管理会计问题的高级委员会——管理会计事务委员会（MAPC），陆续颁布了一系列指导管理会计实务的公告，以促进管理会计师的职业化和提高会计学的教学水平。这些公告涉及管理会计的目标、术语、概念、惯例与方法、会计活动管理等诸多方面的内容。1972 年，美国全国会计师联合会又成立了独立的管理会计师协会。同年，美国管理会计师协会主持、举办了全美第一届职业管理会计师考试；几乎与此同时，英国也安排了类似的考试。从此，西方国家出现了有别于注册会计师（CPA）的执业管理会计师（CMA）职业。

从 20 世纪 60 年代末 70 年代初开始，受统计决策理论和不确定条件下的经济学研究成果的影响，西方管理会计学者开始对以新古典经济学为基础的管理会计进行反思，并逐步放松了管理会计原有的设定，将不确定因素和信息成本概念引入管理会计；进而开始将信息统计学、代理人学说和行为科学等引入管理会计的研究，使管理会计的研究领域进一步拓宽，管理会计逐步风靡全球。20 世纪 80 年代以后，管理会计的研究重点则转向了如何推广与应用的问题。1980 年，国际会计师联合会在法国巴黎召开了第一次欧洲会计专家会议。与会专家及学者呼吁推广和应用管理会计，他们认为其是在当今复杂多变的世界上使企业能够生存下去并繁荣起来的一个战略性的问题。

此外，美英等发达国家陆续将管理会计学课程作为高等院校会计专业和其他财经管理专业的主干课程。西方的会计学者撰写了大量的管理会计教材、专著和论文，其内容广泛涉及预测决策会计、规划控制会计和责任会计。起初，西方会计学者只是把管理会计工作理解为各种专门管理技巧和方法在会计实务中的应用，只强调实用性的一面而不大看重其理论研究价值。但从 20 世纪 80 年代起，西方对管理会计的研究从偏重实务的角度转向了理论探讨，甚至一度出现追求纯数理模型研究的倾向。

（三）20 世纪 80 年代初至今

从 20 世纪 80 年代至今，管理会计的研究从实用的角度转向了理论研究。

美国会计事务委员会自 1980 年以来，一直系统地发布《管理会计公告》，作为解决管理会计问题的指导原则。1985 年，美国管理会计师协会更名为执业管理会计师协会；同年，英国也成立了成本和管理会计师协会。英美分别出版了专业性刊物《管理会计》月刊，并在全世界发行。后来，又有许多西方国家出版发行了管理会计专业杂志。

1981 年，美国著名管理学家西蒙首次提出了战略管理会计。之后，很多学者不断丰富和完善战略管理会计，形成了以价值链分析、战略定位分析（如 SWOT 分析、五力模型分析、波士顿矩阵、产品寿命周期判断法、实时生产系统等）、战略成本管理、以战略为导向的全面预算管理、智力资本管理和战略性绩效评价等内容为主体的战略管理会计体系。

随着管理会计领域不断引入新理论与新方法，如交易成本理论、信息经济学和不确定性理论等，加上新技术大量应用于企业管理，管理会计朝着精密的数量化技术等方向发展。如经济批量模型、流程分析图、战略成本管理等理论与方法体系纷纷建立，极大地推动了管理会计在企业的有效应用。

随着经济全球化和知识经济的发展，世界各国经济联系和依赖程度日益增强，企业之间分工协作日趋频繁，准确把握市场定位、客户需求等尤为重要。管理会计学者对新的企业经营环境下管理会计发展进行了探索，质量成本管理、作业成本法、价值链分析以及战略成本管理等创新的管理会计方法层出不穷，初步形成了一套新的成本管理控制体系。为此，管理会计以强调价值创造为核心，发展了一系列新的决策工具和管理工具。一些国家也尝试将管理会计引入到公共部门管理之中，并随着新公共管理运动的兴起在全世界范围推广。

二、管理会计的发展历程

（一）国外学者对于管理会计发展历程的表述

国外学者对于管理会计发展历程有许多不同的看法和观点，比较有代表性的是美国学者罗伯特·S. 卡普兰教授和日本学者西村明教授。

美国学者罗伯特·S. 卡普兰教授在1989年出版的《高级管理会计》一书中，将管理会计的发展历程分为以下五个阶段：

（1）起源和产生阶段。这一阶段主要是指19世纪以前，随着工业革命的兴起、企业生产力的发展和提高，企业管理者对企业成本管理的要求进一步提高。该阶段管理会计的产生主要是为了满足特定公司的多层次企业管理的需要。

（2）科学管理阶段。在这一阶段随着现代经济的进一步发展，部分行业的管理者开发了服务于企业管理的关于计算产品成本的方法，建立起了一系列的标准成本管理制度。

（3）综合管理控制阶段。在这一阶段，成本管理与财务记录结合并统一于复式记账，出现了投资报酬率等新的核算指标，这是对管理会计的开创。

（4）发展停滞阶段。主要是指1925—1985年这60年。受制于第二次世界大战和经济危机等原因，该阶段关于管理会计的理论虽已发展形成，但是这些理论的发展在当时都停滞不前。

（5）管理会计理论发展的新阶段。此后，罗伯特·S. 卡普兰教授在原先对管理会计的划分基础上，将管理会计发展历程进一步深化。根据20世纪80年代以后的管理会计发展情况，将这一阶段划分为管理会计理论发展的新阶段。

日本的西村明教授则将管理会计划分为另外五个阶段：

（1）进化阶段。这一阶段主要的发展是会计所提供的财务数据与管理的结合，管理会计初具雏形。

（2）传统管理会计阶段。该阶段主要是将现代的科学管理方法应用于管理会计。在此阶段，管理会计的理论进一步发展。

(3) 计量与信息的管理会计阶段。主要着眼于以经济学理论知识为核算基础的最佳收益管理。在这一阶段，管理会计逐渐与传统的成本会计相区分进而独立发展并成为一门新的学科。

(4) 综合的管理会计阶段。在这一阶段，会计和管理高度融合。在企业生产等方面涌现出作业成本法等新的成本管理方法。

(5) 价值创造会计阶段。这一阶段随着社会经济的发展以及会计和管理研究的深入，如何培育企业核心竞争能力成为管理会计新的关注重点。这一阶段主要涌现出包括平衡计分卡、企业供应链等新的管理会计理论。

(二) 我国学者对于管理会计发展历程的表述

随着对管理会计研究的逐渐深入，我国许多专家学者也相继提出了各种不同的阶段划分，比较有代表性的是余绪缨教授和李天民教授。

余绪缨教授认为，管理会计可以分为两个阶段。第一阶段是执行性管理会计阶段，第二阶段是决策型管理会计阶段。执行性管理会计阶段指出，管理会计的主要目的是提高生产效率。这一阶段，管理会计研究的关注重点集中在企业的生产等日常方面，主要手段和目的在于进行成本控制。其带有一定的成本会计色彩，而不是完全的管理会计。而决策型管理会计阶段运用管理会计的目的在于如何提高企业的经济效益，此时研究和关注重点不再局限于企业日常生产，而是转移到了企业的经营和发展方面。2002 年后，余绪缨教授又提出了管理会计的三阶段论，把管理会计分为成本会计阶段、现代管理会计阶段以及后现代管理会计阶段。

李天民教授将管理会计分为如下发展阶段：

(1) 萌芽时期 (20 世纪 20 年代至 30 年代)。这一时期主要为满足财务报表的需求，寻找准确核算成本的方法。其主要方法有标准成本体系、全面预算管理和差异分析。

(2) 管理会计的形成时期 (20 世纪 40 年代至 50 年代)。变动成本法、预测决策分析标志着以提高效率和效益为目标的现代管理会计正式形成。

(3) 管理会计的发展时期 (20 世纪 60 年代至 80 年代中期)。系统管理理论、权变管理理论的影响使管理会计不断成熟，各种会计核算方法日臻完善。

(4) 管理会计的变革时期 (80 年代中期以后)。许多核算方法和核算手段在变革时期得到快速发展，其中最为引人注目的是作业成本法和实时生产系统 (简称 JIT 体系)。

我国还有许多学者认为，管理会计的发展可以有以下几种划分：

（1）划分为标准成本会计阶段（19 世纪初期到 20 世纪 40 年代）、决策性管理会计阶段（20 世纪四五十年代到 20 世纪 80 年代）、战略性管理会计阶段（20 世纪 80 年代以后）。

（2）划分为萌芽与形成阶段（20 世纪初至 50 年代）、现代管理会计阶段（20 世纪 50 年代至 70 年代）、现代管理会计的变革阶段（20 世纪 70 年代以后）。

（3）划分为管理会计形成阶段（19 世纪初到 20 世纪 80 年代）和管理会计发展阶段（20 世纪 80 年代至今）。

（4）划分为产生阶段、科学管理阶段、综合型企业的管理控制阶段、停滞阶段、管理会计的新发展阶段。

综上所述，通过研究与分析国内外学者关于管理会计起源与发展的研究成果，可以看到关于管理会计的起源与发展的研究成果还是比较丰富的，形成了比较多的不同观点和看法。本教材在借鉴国内外众多研究成果的基础上，将管理会计的发展主要分为以下四个阶段：

（1）管理会计的产生阶段（起源阶段）。这一阶段主要是从第一次工业革命到 20 世纪初。在这一阶段，关于管理会计的相关理论初见雏形。管理会计远还没有单独成为一个学科，仅以成本控制的形式出现，并开始逐步地运用到企业生产经营中，且产生了一些效果，为推动企业的发展起到了一定的作用。

（2）管理会计的执行阶段（以成本控制为特征的管理会计阶段）。这一阶段是从 20 世纪初至 20 世纪 50 年代。这一阶段主要以泰勒的科学管理学说为理论基础而逐步形成初步的会计信息系统。利用会计信息系统对企业的运行进行日常管理，主要目的在于降低企业的生产成本，提升企业的生产效率。此阶段的管理会计主要表现为对企业成本的控制。在这一阶段，管理会计在核算和监督方面将事前核算引进到会计体系中，通过事前核算、事中控制与事后分析相结合，加强对企业的监督与管理，这可以看作是会计发展史上的一个重要里程碑。

（3）管理会计决策性阶段（以预测和决策为特征的管理会计阶段）。从 20 世纪 50 年代起至 20 世纪 70 年代末 80 年代初，为管理会计决策性阶段。在管理会计执行阶段的基础上，管理会计决策性阶段关注重点不再局限于企业的成本控制，而是更侧重于如何运用管理会计的方法提高企业经济效益。在这个阶段，管理会计适应现代经济管理的要求，不仅发展完善了规划控制会计的理论与实践，而且还逐步充实了以管理科学学派为依据的预测决策会计和以行为科学学派为指导思想的责任会计等内容。

（4）管理会计综合性阶段（以环境为特征的战略管理会计阶段）。这一阶段是指20世纪80年代以后。管理会计在这一阶段开始与其他学科相互交叉渗透，形成如战略管理会计、环境管理会计等新的分支。并且管理会计也与时俱进，适应时代的特点和进步，与其他领域融合，如与信息经济学、行为科学的融合，促进管理会计向更深更广的领域拓展。尤其是近几年来，战略管理会计和环境管理会计成为管理会计发展的新领域；风险控制和战略决策成为管理会计研究的重点；管理会计由成本计算、标准成本制度、预算控制发展到以重视环境适应性为特征的战略管理会计阶段。

三、管理会计在我国的发展

（一）管理会计理论在我国的发展

从20世纪70年代末80年代初开始，我国会计学界以极大的热情，对西方管理会计进行大量的引进工作。20世纪80年代初期和中期，我国会计学界对西方管理会计在我国的应用进行了广泛而热烈的讨论，大量论文散见于各报纸杂志，与国外会计学界有关管理会计问题的交流也广泛地开展。我国管理会计大致经历了宣传介绍、吸收消化、改革创新和全面推进四个阶段。

根据相关文献，对我国全面推进与发展管理会计方面的进程回顾如下：

2013年，财政部提出，要大力发展管理会计，向管理要效益，向内部挖潜要效益，促进管理红利尽快释放。

2014年2月20日，在中国总会计师协会第五次全国会员代表大会上，财政部负责人指出，如果说打造中国经济“升级版”的关键在于推动经济转型，那么，打造中国会计工作“升级版”的重点就在于大力培育和发展管理会计。

2014年10月27日，我国发布《财政部关于全面推进管理会计体系建设的指导意见》，明确了管理会计体系建设的指导思想和基本原则，提出了管理会计体系建设的总目标，并围绕目标部署了相应的任务、具体措施和工作要求。其内容主要包括四个方面：①全面推进管理会计体系建设的重要性和紧迫性；②指导思想、基本原则和主要目标；③主要任务和措施；④工作要求。其中，主要任务包括：一是推进管理会计理论体系建设；二是推进管理会计指引体系建设；三是推进管理会计人才队伍建设；四是推进面向管理会计的信息系统建设；五是推进管理会计的咨询服务市场建设。这就是管理会计体系建设的“4＋1”体系。

2016年6月22日，为促进企业和行政事业单位加强管理会计工作，提升内部管理水平，促进经济转型升级，财政部制定出台了《管理会计基本指引》。该指引在管理会计指引体系中起统领作用，是制定应用指引和建设案例库的基础。《管理会计基本指引》总结提炼了管理会计四要素，即：①管理会计应用环境。它是单位应用管理会计的基础，包括单位的内外部环境。②管理会计活动。它是单位管理会计工作的具体开展，单位将管理会计活动嵌入规划、决策、控制、评价等环节，形成完整的管理会计闭环。③管理会计工具方法。它是单位实现管理会计目标的具体手段，是单位应用管理会计时所采用的战略地图、滚动预算管理、作业成本管理、本量利分析、平衡计分卡等模型、技术、流程的统称。④管理会计信息与报告。管理会计信息是指单位开展管理会计活动过程中所使用和生成的财务信息和非财务信息，是管理会计报告的基本元素。管理会计报告是管理会计活动成果的重要表现形式，旨在为报告使用者提供满足管理需要的信息，是管理会计活动开展情况和效果的具体呈现。

2016年10月8日，财政部印发了《会计改革与发展“十三五”规划纲要》，该文件提出要加强管理会计指引体系建设，推进管理会计广泛应用，提升会计工作管理效能。规划纲要中明确提出了我国“十三五”时期会计改革与发展面临的形势、总体要求、主要任务及组织保障。其中，主要包括：①加强会计法制建设；②加快推进政府及非营利组织会计改革；③健全企业会计准则体系；④推进管理会计广泛应用；⑤完善内部控制规范体系；⑥加强会计信息化建设；⑦大力发展会计服务市场；⑧实施会计人才战略；⑨繁荣会计理论研究。

（二）管理会计实践在我国的发展

在我国，虽然管理会计相关理论引入较晚，但在实践中却早已有之，不乏成功案例。如20世纪50年代的以成本为核心的内部责任会计，包括班组核算、经济活动分析和资金成本归口分级管理等；20世纪70年代末到80年代末的以企业内部经济责任制为基础的责任会计体系；20世纪90年代后的成本性态分析、盈亏临界点与本量利依存关系、经营决策、经济效益的分析评价等；河北邯郸钢铁公司实行的“模拟市场，成本否决”；宝钢集团推行的标准成本制度。

如今，包括全面预算管理、平衡计分卡、作业成本法、标准成本法等方法在内的管理会计工具方法陆续在我国企业中得以运用。有些企业还专门设置了管理会计机构或岗位，如国家开发银行、中国电信、北汽福田、三一重工等，并取得了较好成效。同时，管理会计在行政事业单位的成本核算与控制、预算编制、预算执行、决算分析和绩效评价等工作中也得到了很好的应用。

从上述我国管理会计发展的制度路径来看，随着我国全面深化改革的推进、会计改革与发展工作的强化，我国管理会计理论与实践的研究将处于最好的历史发展机遇期。

第二节　管理会计的基本概念框架

管理会计的基本概念框架是指管理会计的定义、目标、原则、职能、对象、活动、内容、应用环境、工具方法等相关概念的有机组合，是构建管理会计学的基础。

由于人们的研究能力有限、探索理论的角度不同以及管理会计实践本身的不断发展变化，所以人们对管理会计基本概念和框架结构的理解会出现偏差，甚至形成截然对立的观点，因此不可能形成统一的结论。

一、管理会计的定义

任何事物的产生都是基于一定的社会需要。企业管理的日益复杂、管理科学及相关学科的不断发展催生了管理会计。管理会计的定义呈现百花齐放、百家争鸣的状态。给管理会计下一个什么样的定义对管理会计理论体系内容的确定至关重要，因为定义是对一种事物或一门学科的内涵与外延的科学概括和总结。

（一）国外会计学者及机构对管理会计的定义

在国外，会计学者及机构对管理会计的定义也是莫衷一是、众说纷纭。

1958 年，美国会计学会管理会计委员会认为，管理会计就是指运用适当的技术和概念，处理企业历史的和计划的经济及信息，帮助管理人员实现经营目标的计划，也是指管理人员为达到各项目标所进行的决策。管理会计包含进行有效计划的制定、替代方案的选择、对业绩的评价以及控制等所必需的各种方法和概念。另外，管理会计研究还包括经营管理者根据特殊调查取得的信息以及日常工作中与决策有关的会计信息的收集、综合、分析和报告的方法。

1966 年，美国会计学会在其《基本会计理论陈述》中认为，管理会计是利用适当的技术和观念，加工历史和未来的经济信息的一个过程，以帮助管理人员制定合理的经济目标方案，并协助管理部门为达到其经济目标制定合理的经济决策。该定义认为，管理会计是一种技术和方法，包括一些理念，它强调了管理会计不仅加工历史信息而且要加工未来信息，表明了管理会计与财务会计的重要不同之处。此外，该定义强调了管理会计主要是服务于企业内部的管理人员，帮助他们进行经济决策。这是和当时的管理已经从泰勒的科学管理发展到以西蒙为代表的决策管理相适应的。因为当时经济的发展已经使人们认识到“正确地做错误的事”比“错误地做正确的事”损失更大，后果更严重。

1981 年，美国管理会计师协会为管理会计所下的定义为，管理会计是一个对财务信息进行确认、计量、汇总、分析、编制、解释和传递的过程。这些加工过的信息在管理中被用于内部的计划、评价和控制，并保证管理人员能够合理地、负责地利用企业的各种资源。该定义强调了管理会计是为单位的内部计划、评价和控制服务，为充分、有效地利用企业资源服务，但它只局限于对财务信息的进一步加工、传递和使用。

1982 年，英国成本与管理会计师协会修订了管理会计定义，把管理会计的范围进一步扩大到除审计以外的会计的各个组成部分，见图 1.1。

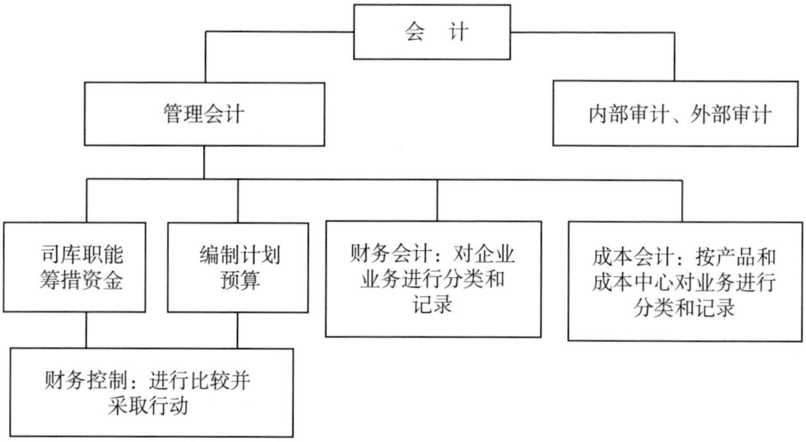

图 1.1　英国成本与管理会计师协会修订的管理会计范围

按照英国成本与管理会计师协会的解释，管理会计是为管理者提供所需信息的那一部分会计工作，使管理者得以制定方针政策、对各项业务活动进行计划和控制、保护财产的安全、向企业外部人员反映财务状况、向职工反映财务状况、对各个行动的备选方案作出决策。

1986 年，美国全国会计师协会成立的管理会计事务委员会对管理会计所下的定义为，管理会计是向管理当局提供用于企业内部计划、评价、控制，以及确保企业资源合理使用和经济管理责任履行所需的财务信息的确认、计量、归集、分析、编报、解释和传递的过程。管理会计还包括编制以供诸如股东、债权人、规则制定机构及税务当局等非管理集团使用的财务报表。这是一个大管理会计（广义管理会计）概念，它实际上包括了财务会计。

1997 年，由美国著名管理会计学家罗伯特·S. 卡普兰教授等四人合著的《管理会计（第 2 版）》中为管理会计所下的定义为，管理会计是一个为组织员工和各级管理者提供财务和非财务信息的过程。这个过程受组织内部所有人员对信息需求的驱动，并能引导他们做出各种经营和投资决策。该定义有如下几点创新：①该定义扩展了管理会计服务单位的外延。以前的定义主要讲管理会计服务于企业，而这个定义讲到管理会计服务于组织，包括各类企业，事业单位，政府机关、学校、医院等非营利性的社会福利组织，这样就大大地扩展了管理会计的服务外延。②该定义也扩展了管理会计的具体服务对象。原来提到管理会计信息的使用者，主要是企业内部的管理人员，而且是中上层的管理者。这里所说的现代管理会计的服务对象就不仅仅是企业的中上层管理者，而是各级各部门的管理人员，甚至是企业的每一位员工。③该定义扩展了现代管理会计对信息的收集和处理范围。过去的管理会计局限于用货币单位计量的财务信息，但该定义把管理会计对信息的收集和处理扩展到非财务信息，这是对管理会计概念的发展和创新，也是合乎管理实践的要求的，是管理会计概念的与时俱进。

1997 年，美国管理会计师协会对管理会计的定义为，管理会计是提供价值增值，为企业规划设计、计量和管理财务与非财务信息系统的持续改进过程，通过此过程指导管理行为、激励行为、支持和创造达到组织战略、战术和经营目标所必需的文化价值。该定义有如下几个方面的创新：①对现代管理会计的目标有了更深刻的认识。②该定义也考虑了非财务信息。③该定义提出了持续改进的概念。这应该是管理会计定义上一个重大的创新。

20 世纪 80 年代以前，国外会计学界一直从狭义上定义管理会计，认为管理会计只是为企业内部管理者提供计划与控制所需信息的内部会计。进入 20

世纪 80 年代以后，国外会计学界对管理会计的定义出现了新的变化，管理会计的外延开始扩大，内容更加丰富，出现了广义的管理会计概念。

广义管理会计的核心内容是：①管理会计以企业为主体展开其管理活动；②管理会计既为企业管理者的管理目标服务，同时也为股东、债权人、政府部门、税务当局等非管理机构服务；③管理会计作为一个信息系统，它所提供的财务信息包括解释实际和计划所必需的货币性和非货币性信息；④从内容上看，管理会计既包括财务会计，又包括成本会计和财务管理。

2007 年，美国管理会计师协会提出建立管理会计新定义的目标。2008 年批准了新定义，管理会计是一种深度参与管理决策、制定计划与绩效管理系统的职业；是一种提供财务报告与控制方面的专业知识以及帮助管理者制定并实施组织战略的职业。在这里，从广义管理会计角度，首次把管理会计定义为一种独立的职业，同时也拓展了实施主体的范围，不仅包括企业，还包括行政事业单位等。这是对管理会计定义的重大突破与创新，是对管理会计学科重要性的充分肯定，也是对管理会计在组织实践中所起作用的正确评估与评价，无疑会极大推进管理会计向更高更深层次发展。

（二）国内会计学者及机构对管理会计的定义

在国内，会计学者及机构对管理会计的定义也存在不同的观点。

1984 年，我国学者李天民教授在其出版的《管理会计学》一书中认为，管理会计主要是通过一系列专门方法，利用财务会计提供的资料及其他有关资料进行整理、计算、对比和分析的一套信息处理系统，使企业各级管理人员能据此对日常发生的一切经济活动进行规划与控制，并帮助企业领导做出各种决策李天民教授的定义强调了：①现代管理会计包括利用和分析财务信息与其他资料；②现代管理会计要为各级管理人员服务；③现代管理会计是一套信息处理系统。

1999 年，我国学者余绪缨教授认为，管理会计是为企业内部使用者提供管理信息的会计，它为企业内部使用者提供有助于正确进行经营决策和改善经营管理的有关资料，发挥会计信息的内部管理职能。余绪缨教授的定义强调了：①管理会计主要为内部管理服务；②管理会计为决策服务，决策性管理会计成为现代管理会计的主要内容；③现代管理会计是一个信息系统。此外，他还强调非财务信息的重要性，在知识经济时代，现代管理会计更加注重对无形资产信息的处理和披露，以及文化方面对现代管理会计的影响。

2004年，余绪缨教授在其出版的《管理会计》一书中认为，管理会计由基础性管理会计（成本会计、标准成本系统）、现代管理会计（成本性态分析与变动成本计算、本量利分析、短期经营决策、长期投资决策、预算控制、责任会计与企业业绩的财务评价、质量成本会计、资本成本会计）以及现代管理会计的新发展（作业成本计算与作业管理、目标成本管理、价值工程、生命周期成本管理、战略管理会计、平衡计分卡、环境管理会计、国际管理会计、智力资本管理会计）组成，它是将管理与会计融为一体，为企业的领导者和管理人员提供管理信息的会计。

2014年，我国在《财政部关于全面推进管理会计体系建设的指导意见》中，给管理会计下的定义是，管理会计是会计的重要分支，主要服务于单位（包括企业和行政事业单位）内部管理需要，是通过利用相关信息，有机融合财务与业务活动，在单位规划、决策、控制和评价等方面发挥重要作用的管理活动。

综上所述，本教材认为，管理会计应是以组织价值最大化为目标，有机融合相关学科的成果并借助管理会计工具方法，以大数据、人工智能、移动互联网、云计算、物联网、区块链（以下简称“大智移云物区”）等技术为主要手段，为组织的信息使用者提供最有效的财务与非财务信息的一种独立的职业。

二、管理会计对象与目标

（一）管理会计的对象

围绕什么是管理会计的对象问题，国内学术界进行了广泛而深刻的研究，基本形成以下几种观点：

（1）现金流量论。现金流量论认为，现代管理会计的对象应是现金流量。由于现金流入和流出在数量和时间上存在差别，所以在考虑时间价值的前提下，在现金流动这个动态过程中，可以把现金流量在数量上进行比较，从而将企业生产经营中的资金、成本、利润结合起来进行研究和分析，这具有更大的综合性，可以为企业改善生产经营、提高经济效益提供重要的、综合性的信息。也就是说，通过现金流动，可以把企业生产经营活动的主要方面和主要过程全面系统地反映出来。

（2）资金运动论。资金运动论认为，资金运动作为价值运动的具体表现形式，可以更加全面、科学地描述管理会计的对象。企业的生产经营活动实质上是价值和使用价值的不断增值过程，而货币是价值量的表现形式，故在商品经济社会，必须同时运用商品的实物形式和价值形式即货币形式来确保生产经营活动的每个环节都顺利开展。在货币转化为资金的同时，资金运动便成了价值运动的表现形式。因此，资金运动作为管理会计的对象显得更为合理。

（3）价值增值论。价值增值论认为，管理会计的对象是价值增值。在商品经济社会中，企业的生产经营活动主要包括两个过程：一是使用价值的生产和交换过程，另一个是价值形成和价值增值过程。管理会计通过对生产经营活动中的价值形成和价值增值过程进行分析和处理，从而优化使用价值的生产和交换过程，并针对有关信息提供决策支持，以实现价值增值最大化。因此，价值增值是管理会计的对象。

（4）价值差量论。在现代管理会计中，各种价值差量经过一系列的加工、处理和转换，在一定程度上可以综合反映企业的盈利水平。可以说，价值差量是企业利润的具体表现形式，它具有很强的综合性。因此，管理会计的对象应该是价值差量。

（5）价值运动论。价值运动论认为，管理会计的对象并不超出作为会计学整体对象的范围，管理会计仍然是以价值运动为对象的。而管理会计与财务会计的区别在于它们各自提供信息的对象、性质和方法不同，在于它们研究问题的侧重不同。因此，价值运动应作为管理会计的对象。

（6）管理成本论。管理成本论认为，成本管理作为管理会计的核心内容，使成本效益分析法贯穿管理会计工作的始终。因此，对企业各项活动的过程和结果进行成本效益分析将成为管理会计工作的重中之重。而如果把经营管理层面的成本分析叫做管理成本，那么管理会计的对象便是管理成本。同时，管理成本的内容可分为决策成本、控制成本和责任成本。

众所周知，管理会计的对象，应该具有如下特征：①管理会计的对象应该反映管理会计的本质。即能回答管理会计是什么和干什么的问题。②管理会计的对象应该具有客观性。管理会计对象应不受任何主观因素的影响，独立于管理会计行为之外，不依管理会计行为而存在。③管理会计的对象应具有概括性。管理会计对象应是管理会计作用客体所涉及范围的抽象、概括和总结，而不是其具体内容的简单罗列或归集。④管理会计的对象所涉及的范围能根据其服务对象的需要而灵活变动。

由管理会计的特征可以看出，管理会计的对象不仅涉及财务会计的对象——资金运动，且管理会计对象涉及的资金运动更多是以面向未来的、以风险为导向的资金运动；还结合了许多与计划、决策、控制和考核有关的非资金运动，而这种非资金运动不是一种价值运动而是一种管理活动。管理活动反映的是一种生产关系，因此，本教材更赞成管理会计的对象应是资金运动及其所体现的经济关系的说法。

（二）管理会计的目标

管理会计目标作为纽带和桥梁，能够很好地联系会计理论和会计实践，这不仅有利于管理会计系统与其所处客观环境的顺利沟通，而且也有利于管理会计理论与管理会计实践的良性互动。管理会计目标主要有以下几种说法：

美国会计学会下设的管理会计学科委员会认为，管理会计的基本目标是，向企业管理人员提供经营决策所需要的会计信息。具体包括以下目标：①为企业管理者制定计划和做出决策提供信息，并作为管理队伍的成员参与制定决策与计划过程。②协助管理者指导和控制经营活动。③激励管理者和其他员工为实现企业的目标而努力。④计量和评价企业的业务活动，以及部门、管理者和其他员工的业绩。⑤评价企业的竞争力，该目标更像管理会计的职能。

有的学者认为，管理会计的最终目标应设定在满足社会需求的基础上，提高企业的经济效益。为了最终目标，管理会计应实现以下两个分目标：①为管理和决策提供管理会计信息。这种信息既包括财务信息也包括非财务信息。②参与企业的经营管理。

2016年，财政部发布的《管理会计基本指引》中明确提出了，管理会计的目标是通过运用管理会计工具方法，参与单位规划、决策、控制、评价活动并为之提供有用信息，推动单位实现战略规划。

本教材认为，管理会计目标应该分为基本目标（也叫最终目标）和具体目标。基本目标是提高单位经济效益和社会效益，实现组织价值最大化。具体目标是为信息使用者提供有用的管理会计信息。

三、管理会计的职能与内容

（一）管理会计的职能

职能是指人、事物、机构所应有的作用。从人的职能角度讲，是指一定职位的人完成其职务的能力；从事物的角度来讲，职能一般等同于事物的功能；

从机构的角度来讲，职能一般包括机构所承担的职权、作用等内容。管理会计的职能不是一成不变的，它的发展变化既取决于会计所处环境的变化，也取决于人们的思想水平。管理会计的职能是指管理会计本身客观存在的内在功能，管理会计的职能学说主要有以下几种：

（1）一职能学说，即为管理某些方面提供信息。

（2）二职能学说，即计划与控制。

（3）三职能学说，即数据的选择和记录、数据分析、编制各项报表。

（4）四职能学说，即计划、组织、控制和评价。

（5）五职能学说，即预测、决策、规划、控制、评价。

（6）六职能学说，即分析比较、预测前景、寻求方案、参与决策、控制生产、监督活动。

目前，本教材比较认同管理会计的五职能学说。下面进行具体阐述：

（1）预测经济前景。管理会计发挥预测经济前景的职能，就是指按照企业未来的总目标和经营方针，充分考虑经济规律的作用和经济条件的约束，选择合理的量化模型，有目的地计划和推测企业未来销售、利润、成本以及资金的变动趋势和水平，为企业经营决策提供预测信息的过程。

（2）参与经济决策。管理会计参与经济决策的职能主要体现在：根据企业决策目标，收集、整理有关资料，选择科学合理的方法，计算决策方案的评价指标，并作出正确的财务评价，最终筛选出满意的行动方案。

（3）规划经营目标。管理会计的规划经营目标职能是通过编制各种计划和预算实现的。它要求在最终决策方案的基础上，将事先确定的有关经济目标分解落实到相关预算中去，从而合理有效地组织协调供应、生产、销售以及人、财、物之间的关系，并为控制和责任考核创造条件。

（4）控制经济过程。控制经济过程是管理会计的又一重要职能。该职能要求企业将经济过程的事前控制与事中控制结合起来，即事前确定科学可行的各种标准，并将执行过程中的实际情况与计划之间产生的差异按照差异分析法进行分析，以便及时采取措施予以调整、改进等，确保经济活动的正常进行。

（5）考核评价经营业绩。管理会计履行考核评价经营业绩的职能，是通过建立责任会计制度来实现的。即在各部门各单位及每个人都明确各自责任的前提下，逐级考核责任指标的执行情况，找出成绩与不足，从而为正确地实施奖惩以及进一步改进工作提供必要的依据。

（二）管理会计的主要内容

管理会计的主要内容应该与其职能相匹配，通常情况，管理会计的主要内容有：①战略管理会计；②运营管理会计；③成本管理会计；④预测与决策管理会计；⑤风险管理会计；⑥智力资本管理会计；⑦质量成本管理会计；⑧预算管理会计；⑨绩效管理会计；⑩责任管理会计；⑪管理会计报告；⑫管理会计信息化建设等（图 1.2）。

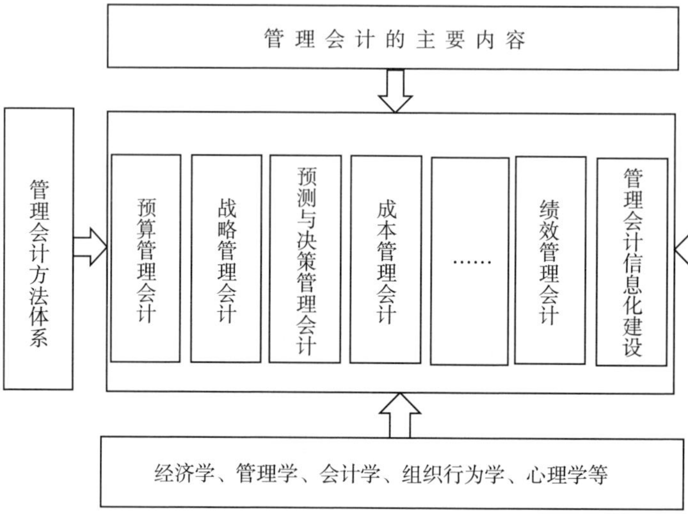

图 1.2　管理会计研究的主要内容

四、管理会计活动及原则

（一）管理会计活动

管理会计活动是指单位利用管理会计信息，运用管理会计工具方法，在规划、决策、控制、评价等方面服务于单位管理需要的相关活动。

单位在开展管理会计活动时，应着重把握好以下几点：

（1）应做好相关信息支持，参与战略规划拟定，从支持其定位、目标设定、实施方案选择等方面，为单位合理制定战略规划提供支撑。

（2）应融合财务和业务等活动，及时充分提供和利用相关信息，支持单位各层级根据战略规划做出决策。

（3）应设定定量定性标准，强化分析、沟通、协调、反馈等控制机制，支持和引导单位持续高质高效地实施单位战略规划。

（4）应合理设计评价体系，基于管理会计信息等，评价单位战略规划实施情况，并以此为基础进行考核，完善激励机制。同时，对管理会计活动进行评估和完善，以持续改进管理会计应用。

（二）应用管理会计的原则

管理会计原则是指为了实现管理会计的目标所制定的规范或规则。它是管理会计实践的经验总结和管理会计理论的科学概括。它既是管理会计理论体系的重要组成部分，又是指导管理会计实务的规范。

按照《管理会计基本指引》的要求，单位在应用管理会计时应遵循下列四项原则：

（1）战略导向原则。管理会计的应用应以战略规划为导向，以持续创造价值为核心，促进单位可持续发展。

（2）融合性原则。管理会计应嵌入单位相关领域、层次、环节，以业务流程为基础，利用管理会计工具方法，将财务和业务等有机融合。

（3）适应性原则。管理会计的应用应与单位应用环境和自身特征相适应。单位自身特征包括单位性质、规模、发展阶段、管理模式、治理水平等。

（4）成本效益原则。管理会计的应用应权衡实施成本和预期效益，合理、有效地推进管理会计应用。

特别注意：单位在应用管理会计时，应包括应用环境、管理会计活动、工具方法、信息与报告四要素，其应用主体视管理决策主体确定，可以是单位整体，也可以是单位内部的责任中心。

五、管理会计应用环境与工具方法

（一）管理会计应用环境

单位在应用管理会计时，应充分了解和分析其应用环境。管理会计应用环境，是单位应用管理会计的基础，包括内外部环境。

1. 管理会计的内部环境

内部环境主要包括与管理会计建设和实施相关的价值创造模式、组织架构、管理模式、资源保障、信息系统等因素。

在应用管理会计进行内部环境分析时，应重点注意以下几点：

（1）准确分析和把握价值创造模式，推动财务与业务等的有机融合。

（2）根据组织架构特点，建立健全能够满足管理会计活动所需的，由财务、业务等相关人员组成的管理会计组织体系。有条件的单位可以设置管理会计机构，组织开展管理会计工作。

（3）根据管理模式确定责任主体，明确各层级以及各层级内的部门、岗位之间的管理会计责任权限，制定管理会计实施方案，以落实管理会计责任。

（4）从人力、财力、物力等方面做好资源保障工作，加强资源整合，提高资源利用效率，确保管理会计工作顺利开展。

（5）注重管理会计理念、知识培训，加强管理会计人才培养。

（6）将管理会计信息化需求纳入信息系统规划，通过信息系统整合、改造或新建等途径，及时、高效地提供和管理相关信息，推进管理会计实施。

2. 管理会计的外部环境

外部环境主要包括国内外经济、市场、法律、行业等因素。外部环境又分为宏观外部环境和行业环境。宏观外部环境通常是指政治、法律、经济、社会文化和科学技术这四大因素。行业环境通常包括供应商定价能力、购买者的讨价还价能力、潜在进入者的威胁、替代品的威胁、同行业竞争者的力量这五大因素。

（二）管理会计工具方法

1. 管理会计工具方法的含义

管理会计工具方法是实现管理会计目标的具体手段。管理会计工具方法是企业应用管理会计时所采用的战略地图、滚动预算管理、作业成本管理、本量利分析、平衡计分卡等模型、技术、流程的统称。管理会计工具方法具有开放性，随着实践发展不断丰富完善。

2. 管理会计工具方法的应用领域

管理会计工具方法主要应用于以下领域：战略管理、预算管理、成本管理、运营管理、投融资管理、绩效管理、风险管理等。

（1）战略管理领域应用的管理会计工具方法包括但不限于战略地图、价值链管理等。

（2）预算管理领域应用的管理会计工具方法包括但不限于全面预算管理、滚动预算管理、作业预算管理、零基预算管理、弹性预算管理等。

（3）成本管理领域应用的管理会计工具方法包括但不限于目标成本管理、标准成本管理、变动成本管理、作业成本管理、生命周期成本管理等。

（4）运营管理领域应用的管理会计工具方法包括但不限于本量利分析、敏感性分析、边际分析、标杆管理等。

（5）投融资管理领域应用的管理会计工具方法包括但不限于贴现现金流法、项目管理、资本成本分析等。

（6）绩效管理领域应用的管理会计工具方法包括但不限于关键指标法、经济增加值、平衡计分卡等。

（7）风险管理领域应用的管理会计工具方法包括但不限于单位风险管理框架、风险矩阵模型等。

单位应用管理会计，应结合自身实际情况，根据管理特点和实践需要选择适用的管理会计工具方法，并加强管理会计工具方法的系统化、集成化应用。每种工具方法适用于不同的管理活动，单位应根据实际情况选择适合自身的工具方法。如果企业是追寻规模经济效益，应重视成本管理活动，优选成本管理方法；如果企业规模小，且投资风险较高，则应重视预算管理、投融资管理以及风险管理等，进行资本成本分析。

第三节　管理会计与财务会计的关系

目前，企业会计信息系统存在着两大子系统：管理会计信息系统和财务会计信息系统。管理会计信息系统主要是面向内部信息使用者提供财务与非财务信息，称为内部会计；而财务会计信息系统主要是为企业外部信息使用者提供财务信息，称为外部会计。下面具体来谈谈管理会计与财务会计的联系和区别。

一、管理会计与财务会计的联系

（1）两者同属于现代会计系统。管理会计和财务会计源于同一母体，管理会计是从传统会计中孕育、发展和分离出来的子系统，两者同属于现代会计系统。

（2）两者基本信息同源。管理会计所使用的信息尽管广泛多样，但基本信息来源于财务会计，有的甚至是财务会计信息的直接使用，有的则是财务会计信息的调整和延伸。当然，管理会计的部分信息也会列入对外公开发表的范围，如现金流量表，最初只是管理会计中长期投资决策使用的一种内部报表，后来陆续被我国及其他一些国家列为财务会计对外报告的内容。

（3）两者最终目标相同。两者都是以企业经济活动及其价值表现为研究对象，都必须服从现代企业会计的总体要求，共同为实现企业管理目标服务，实现价值的最大增值。

（4）两者服务对象交叉。前面已经讲过，管理会计可称为对内报告会计，财务会计可称为对外报告会计，这样比拟只是想说明两者的服务对象侧重点不同，但并不意味着在这个问题上两者完全割裂或对立。在许多情况下，管理会计的信息可以为外部利益相关者所使用，财务会计的信息也为企业内部利益相关者所使用。

二、管理会计与财务会计的区别

（1）两者的工作主体（范围）的层次不同。财务会计的工作主体是整个企业。主要以整个企业为核算对象，全面、系统、连续地核算和监督企业发生的全部经济业务，提供集中概括的财务信息，用来反映整个企业的财务状况和经营成果。

管理会计的工作主体可以是多层次的，它既可以把整个企业（如投资中心、利润中心）作为工作主体，也可以把企业内部的局部区域或个别部门甚至某一管理环节（如成本中心、费用中心）作为其工作的主体。

（2）两者的服务对象不同。管理会计主要向企业内部各管理层级提供所需的管理信息，强化单位内部经营管理，提高企业经济效益，属于对内报告会计；而财务会计主要侧重于对外部利益相关者提供财务信息，属于对外报告会计。

（3）两者的工作职能不同。管理会计的工作重点是创造价值，其职能是解析过去、控制现在和规划未来，规划未来是摆在首位的，解析过去只是为了更好地控制现在和规划未来。因此，管理会计实质上属于“活账”的经营型会计。

财务会计的工作重点是记录价值，通过确认、计量、记录和报告来核算和监督过去已经发生的经济业务。因此，财务会计实质上属于“呆账”的报账型会计。

（4）两者的工作依据（工作约束）不同。财务会计必须严格遵守会计法律法规以及相关的规章制度，必须严格执行固定的会计核算循环程序，灵活性很小。而管理会计不受上述法律法规和制度约束，其处理方法可以根据企业管理的实际情况和需要确定，工作程序不规定，可以自行设计工作流程，具有很大的灵活性。

（5）报告期间不同。管理会计不受会计期间要求的限制，可以按年、月、周、天、小时等编制管理会计报告；而财务会计则应受会计期间的限制，必须严格按照规定的会计期间，如月、季、半年、年编制财务报告。

（6）计算方法不同。管理会计的首要职能是规划未来，而未来经济活动是复杂多变的。因此，管理会计在对未来的经济活动进行预测、决策时，就需要用到大量的现代数学方法和计算技术；而财务会计则采用一般的简单的数学方法（如加、减、乘、除）基本上就能满足会计核算的需要。

（7）信息精确程度不同。管理会计的工作重点是面向未来，而未来影响经济活动的不确定因素较多，因此，这就决定了管理会计所提供的信息不可能绝对精确。财务会计反映已经发生或已经完成的经济活动，其提供的财务信息力求精确，计算必须准确，数字必须平衡。

（8）计量尺度不同。管理会计虽然大量使用货币量度，但也经常使用非货币量度，如实物量度、劳动量度、时间量度、比率量度等；而财务会计必须以货币计量，可以辅之以实物量度，没有货币计量就没有财务会计。

（9）报告责任不同。管理会计提供的信息主要用于内部管理决策，编制人员不对所编制的管理会计报告承担法律责任。而财务会计提供的财务信息主要用于外部利益相关者，它是按照法律法规以及相应的规章制度进行编制的。财务报告信息提供人员必须对财务报告的真实性、合法性承担法律责任。

第四节 企业导入管理会计系统

一、企业概念与特征

所谓企业，是指依法设立的，从事生产经营或服务活动的，在经济上实行独立核算、自负盈亏，具有独立或相对独立的法律人格的经济组织。

企业的基本特征可概括如下：

（1）企业是依法设立的。企业必须具备法律规定的设立条件，依照法律所规定的设立程序依法成立。

（2）企业从事的是以营利为目的生产经营或服务的经济活动。对于一般企业而言，其生产经营或服务的根本目的是盈利，实现企业利润。但是，也有个别的政策性和公益性企业不单纯为了经济效益，更重要的是为了实现社会效益。

（3）具有独立或相对独立的法律人格。独立或者相对独立的法律人格，是指企业的法律地位。企业依据其不同的企业形式具有不同的法律地位。需要说明的是企业并非都具有法人资格。企业可以分为法人企业和非法人企业，两类企业都享有法律赋予的主体资格，均可开展经营活动。不同的是法人企业享有独立的法律人格，而非法人企业的法律地位是相对独立的法律人格。

公司具有法人资格，因此，享有独立的法律人格。公司的财产与投资者的财产区分开来，公司以其全部财产对外承担债务责任，公司享有独立支配其财产的权利。合伙企业和独资企业不具有法人资格，企业财产与投资人的财产没有明显的区别，企业的债务由合伙人或个人投资者承担连带责任和无限责任。

（4）企业是一个经济实体或经济组织。所谓经济实体，是指企业拥有自己的名称、经营场所，有独立或相对独立支配的财产，由相应的组织机构组成的一种组织形态。

企业是从事经济活动的经济实体，具有一定的组织形式。企业需要汇集人和物，如技术、资金、设备、劳动力、管理等生产要素，以此形成一定的经济实体，开展经营活动或服务。这种生产经营活动或服务不是一次性的或瞬间的，而是长久的、连续的。

二、企业导入管理会计系统

管理会计在企业的导入早期主要起始于理论界学者们对管理会计的传播，同时得到民营企业的自发应用；导入后期则是通过政策引导的形式在企业中推广国外管理会计的经验与做法等。

（1）管理会计导入与改革开放同步形成与发展。从企业实践看，导入初期的管理会计具有一定的自发性与本土化特征。比如，民营企业通过市场化机制自发地将管理会计引入企业，表现为强烈的经济利益驱动。国有企业应用管理会计则以树立标杆的形式，通过本土化改造确立内部化标准或制度规范等进行推广，它关注的是企业整体利益和长效机制。企业管理会计的导入应该包括引进、吸收、消化、提高与创新等。我国企业导入管理会计采用的是渐进式策略，即企业应根据自身的特点和应用环境，选择性地应用管理会计理念和工具方法，并非一定要按部就班地套用某种模式，或者整体地采用管理会计的某种或几种工具。这样做的积极意义在于：①能够吸引更多的企业关注管理会计工具的应用，而不会对管理会计的工具方法望而生畏。②能够加强企业应用管理会计工具方法的信心。实践表明，管理会计的导入是企业自发且理性的选择，只要对企业有好处，有利于企业的经营决策，自然就有生命力和生存的土壤；反之，如果是盲目跟风或被动应付，不能给企业带来利益，那么这种工具终将消亡。

（2）管理会计导入的路径选择。企业导入管理会计情境特征，不仅要从需求出发，还要结合供给视角加以研究。从需求视角看，管理会计的发展是因为企业所处的竞争环境在不断变化，带来了企业组织结构与战略的改变，从而对导入管理会计有了新的驱动。从供给视角看，主要涉及能否得到来自企业实践方面的信息支持和是否符合成本效益导入的实践基础，如制度、文化及技术等是否存在。对此，企业导入管理会计具有两种情境选择：一是从企业需求视角来看管理会计工具方法的引进与传播体现的是企业市场需求的自发性；二是从企业供给视角的角度来看，本土管理会计经验与成果的总结与提炼在很大程度上体现的是政府导向性。从需求侧视角考察，管理会计控制系统中的传统盈利管理工具正面临挑战，如基于资产的价值增值模式已发生改变，企业管理重点由过去关注规模向注重质量转变。并且，在“互联网＋”、大数据、人工智能、物联网、区块链、云计算等的技术环境冲击下，企业的盈利模式也由过去单纯依靠业务部门，转向业财融合。会计核算由内部银行转向结算中心，进一步转向财务共享中心模式。

不可否认，不同性质的企业在市场竞争中存在一定的差异性，其管理会计的导入也面临市场自主选择与政府引导的具体情境。从理论上讲，管理会计导入体现了市场化条件下企业管理结构优化的自发要求，是一种非自然进程的形成过程。但是，管理会计的全面推进则离不开政府的制度规范与政策引导。换言之，政府引导与企业自主选择之间是一个动态的博弈过程。

（3）管理会计导入必须系统设计。管理会计系统的建设与设计必须能够直接涉及决策未来、监控过程、考评结果，即能涵盖管理的全过程［事前、事中与事后，或 PDCA（计划、实施、检查、处理）管控循环］。就像全面预算管理，管理会计系统的建设与设计绝不能仅停留在预算编制方面，而应该涵盖预算目标、预算编制、预算实施监控与预算考评分析等所有环节。再比如平衡计分卡或KPI（关键绩效指标）考核，不能仅停留在指标的选择与考评得分上，而应该包括战略目标、四个维度指标选择与权重、目标设定、行动方案、资源配置预算、过程分析、业绩结果评估等。

（4）导入管理会计系统必须能够支撑与推进企业战略、提升企业价值。首先，强调企业拟推进的管理会计系统必须具备战略管理功能，在系统中的目标设定必须对接企业战略目标；其次，战略决定了企业的发展思路与方针的差异，所以，不同企业和同一企业在不同时间其管理会计系统的目标与重点应不一样；最后，其战略性体现在管理会计系统必须能够评估战略的适当性及其实施的有效性、可行性与风险程度。

（5）必须因地制宜地选择导入管理会计工具。现行理论已经提供了越来越多的管理会计工具，如预算、KPI、EVA（经济增加值）、价值链管理等。有人归纳，现有可供企业选择使用的管理控制工具不下50种，这表明我国企业面临管理会计工具的选择性困局。

（6）需关注管理会计系统与企业文化、内部组织流程的匹配。管理会计系统实施不能成为企业内部的“空中楼阁”，不能孤立运作。事实上，无论借助于哪种管理会计工具，管理会计系统的导入都会需要。这也会引导企业内部形成管理会计的特有文化，比如“用数据说话”、业绩导向、权责利的匹配、强调沟通、战略牵引、目标分解落地、精细化分析等。

第五节 《全球管理会计原则》解读

在复杂多变的市场环境下，管理会计的决策价值越来越受到组织的重视，然而管理会计却一直缺乏全球统一的规范与框架指引，对管理会计也没有全球统一的定义。

英国皇家特许管理会计师公会（CIMA）和美国注册会计师协会（AICPA）在征询全球170多个国家意见并对全球五大洲20多个国家的各类组织的首席执行官（CEO）、财务总监（CFO）等高层管理人员进行调研的基础上于2014年10月联合发布了《全球管理会计原则》（Global management accounting principles，GMAP），旨在提供全球通用的管理会计基本框架，帮助组织提高在复杂环境下的决策能力。

GMAP的发布，填补了管理会计领域缺乏全球统一框架指导的空白，为全球各类组织规范管理会计工作提供了可参考的国际标准，具有重要的理论意义与实践价值。

一、《全球管理会计原则》基本框架

（一）定义、对象及适用范围

（1）《全球管理会计原则》对管理会计的定义。GMAP 首次给出了全球统一的管理会计定义，即“为了组织创造价值和保值而收集、分析、传递和使用与决策相关的财务和非财务信息”。

（2）《全球管理会计原则》的适用对象。GMAP 适用于所有对本报告感兴趣的人，既包括 CEO、CFO、董事会成员、管理会计师等内部利益相关者，也包括机构投资者、公众等外部利益相关者。而就 GMAP 的应用对象而言，“GMAP——如何应用全球管理会计原则”中明确规定，全球管理会计原则的应用对象是管理会计师。管理会计师将全球管理会计原则运用到管理会计的实际工作中，帮助组织提取有价值的信息，以支持组织做出更好的决策及从容应对风险，同时为其他利益相关者提供决策有用的信息。

（3）《全球管理会计原则》的适用范围。全球管理会计原则适用于各类组织，包括各种性质各种规模的商业组织、公用事业组织、政府机构、非营利组织和私人组织等。由此可见，GMAP 的适用范围十分广泛，涵盖了全球各类组织。

（二）《全球管理会计原则》的目的与成功因素

1. 目的

GMAP 为组织的管理者提供了一种有助于建立和发展组织战略的方法，旨在提升组织在多变商业环境以及信息过载背景之下的决策能力，帮助组织实现可持续的成功。GMAP 为管理会计师提供了一个用于检查他们是否给组织的内部和外部客户带来价值增值的指引，使他们可以从繁杂的数据中提取有价值的信息以帮助组织更好地决策，并对风险做出适当的回应，保护组织所创造的价值。

2. 成功因素

可以卓有成效地提高全球管理会计原则应用的有以下三个因素：

（1）了解需求。坚信管理会计能够帮助组织不断获得成功。而每个原则的应用就是管理会计能够为组织成功作出贡献的能力之所在。

（2）工具和技术。在原则的实际应用上，人们需要使用合适的工具和技术。随着客观情况的变化，这些工具和技术必须与时俱进，不断调整。

（3）诊断。人力技能、原则、实践领域和业绩管理系统可以帮助组织评估其管理会计职能的有效性，明确其可改进之处。

（三）《全球管理会计原则》的基本框架

由于每个组织的性质、规模、管理方式、内外部环境等不同，管理会计不可能像财务会计那样制定全球统一的准则来规范，在制定全球统一的管理会计规范时必须考虑管理会计的特点和灵活性。因此，CIMA 与 AICPA 在制定全球统一的管理会计规范时不是以准则而是以原则的形式来体现，在内容上也着重体现管理会计的原则框架而不是操作细节。

GMAP 主要由五个部分构成，即引言、全球管理会计原则、如何应用全球管理会计原则、在绩效管理中的应用、在实践中的应用。

引言部分对管理会计的职能及其决策有用性、GMAP 的目的及适用对象、提升 GMAP 应用效果的成功因素等进行了说明，指出高效的管理会计职能必须由能胜任的人将管理会计的原则应用到他们的工作中去管理组织的绩效和实践。

全球管理会计原则部分在给出管理会计定义的基础上，描述了管理会计职业需要具备的基本价值观、素质、标准和特征，提出了全球管理会计的四项基本原则，即沟通提供有影响力的建议；提供相关性信息；履行受托责任，建起信任；分析对价值的影响。

如何应用全球管理会计原则部分指出了全球管理会计原则的应用对象，提出了全球特许管理会计师职业能力框架，对管理会计师应具备的职业能力进行了要求；对管理会计作用的转变进行了说明，阐述了管理会计职能在组织战略与商业模式之间的桥梁作用；对管理会计在绩效管理中的应用进行了说明；规范了管理会计的主要实践领域。

在绩效管理中的应用部分规定了绩效管理的步骤及其内容，介绍了全球管理会计原则在绩效管理系统中的应用，分别从组织战略、计划、执行、修订与完善等环节详细阐述了全球管理会计原则在绩效管理中的运用。

在实践中的应用部分规定了全球管理会计原则应用的范围，即管理会计起作用的关键活动，并规定了各项活动的内容和范围；介绍了包括 CIMA 战略记分卡、平衡计分卡、价值链分析和企业风险管理（ERM）等在内的 20 项管理会计工具方法；规定了管理会计职能的14个核心实践领域，并对全球管理会计原则在各核心实践领域的应用进行了详细的阐述。

二、《全球管理会计原则》基本原则

作为一种职业，管理会计要求透彻地了解商业（包括商业模式）及其运营环境，由此确认组织的风险和机会。通过对风险的管理和适当的反应，组织可以把握机会，在各个时期为相关利益人创造价值。

CIMA与AICPA分别从影响力、相关性、价值和信任四个方面提出了全球管理会计原则，目标旨在帮助组织提升在复杂环境下的决策能力。

（一）通过沟通提供有影响力的建议

GMAP从沟通的目的、战略制定和执行、沟通的灵活性和沟通的决策价值四个方面详细阐述了该项原则。

（1）沟通的目的。管理会计沟通的目的是驱动组织做出更好的战略决策并全方位执行。管理会计始于沟通，止于沟通。通过沟通有价值的信息可以提高各阶段的决策能力。重要信息的良好沟通让管理会计可以绕过陷阱，有助于全方位思考。

（2）战略制定和执行是个对话的过程。GMAP认为，所有关于战略执行的讨论必须涉及组织的各个层面，应包括所有员工、组织顶层目标与个体目标。

（3）沟通应具有灵活性，因人而异。沟通方法和详尽程度应随着信息使用者、决策内容和决策方式的不同而调整。信息传递应以一种沟通对象的知识水平可理解的方式进行。有影响力的沟通应为组织过去的绩效、现在的状况、未来的前景和创新计划提供一个整体的、全面的和均衡的意见，保证信息的透明性、审慎性和可靠性，避免提供非实质性的信息、混乱的信息、不透明的信息和引导性弱的信息等。

（4）沟通有助于更好地决策。从决策方式、决策程序到决策制定都应采取适当的方式沟通，并简化沟通的复杂性，增加沟通的透明度，以此为组织提供有价值的信息，提升组织在工作各个阶段的决策能力。

（二）提供相关性的信息

（1）提供相关信息的目的。该原则的目的是帮助组织规划和收集战略制定与战术执行所需要的各类信息。管理会计的重要职能是提供决策相关的信息。因此，管理会计需要在了解利益相关者需求的基础上，在财务信息与非财务信息、内部信息与外部信息及过去、现在和未来的相关信息之间进行权衡，筛选出与价值创造和决策相关的信息。

（2）信息是可靠的和可掌握的。①与决策相关的信息具有全面性。用于分析的数据应该是清楚的、经过分类的和过滤好的。数据的价值建立在它的优质、准确、一致和及时上。它与一个给定时期里已经做出的或将要做出的决策适时相关。②保护数据以避免其损坏和丢失。如果不得不提供不完整或未经验证的数据，始终予以标示，以便决策者可以考虑他们在何种程度上愿意信任该数据。

（3）信息是有前后关联的。GMAP 认为，相关性信息应当具备三个方面的质量特征：一是时间相关。既包括过去与现在的信息，又包括未来的预测性信息。二是边界相关。信息不局限于传统的组织边界，也可以从组织内部与外部提取信息，包括从财务与运营系统、供应商、客户、市场和宏观经济中提取信息。三是数据相关。信息既应该有定量信息，如财务信息与非财务信息（环境和社会议题），也应该有定性信息。同时，GMAP 规定，信息必须是可获得的信息，既含有预测因素，也考虑信息对结果的显著影响。管理会计应从繁杂的数据中提炼出与需要决策的问题、决策者、决策方式和决策程序等相关的信息。

在管理会计中，在过去和现在的数据及相关预测建议的基础上为决策提供信息，定量方法和定性方法都必不可少。信息的类型既可以是财务方面的信息，也可以是非财务方面的信息，还可以与内部和外部问题相联系，包括环境和社会方面的问题。

（三）分析对价值的影响

（1）分析对价值影响的目的。该原则的目的是模拟不同的情景来演示投入与产出之间的因果关系，重在说明管理会计与商业模式之间的相互作用关系。该原则要求管理会计运用提供相关性信息原则中所定义的相关信息来建立机会与风险影响模型，评估特定机会和风险的影响，并对组织战略结果的影响程度进行量化，以评估机会、风险、价值创造和价值毁损的影响结果及其概率，使组织可以权衡机会和风险以做出更优的决策。在分析对价值的影响过程中，管理会计师需要透彻理解宏观经济环境和组织商业模式，分析市场竞争、法律法规和宏观经济形势等对组织机会、风险、成本及价值创造路径的影响，并将相关信息转化为报告和建议。

（2）场景模拟可提供不同选择。①场景分析使组织的决策评估更为严密。通过运行场景模型来评估特定机会和风险的影响，组织可以结合评估利用机会或减少风险的结果作出更好的决策。这类模型让组织可以量化机会的成功、风险的产生和价值的创造或价值毁损的概率。场景分析考虑组织运营的外部环境，尤其是竞争、法律和宏观经济情形。②场景分析还同时考虑到行为问题，例如，成本、风险和价值驱动要素方面的知识。当所需资源的长期可得性方面的信息也可以得到的话，就可以对商业模式在市场里的相关度和柔性进行评估。

（3）就对结果的作用而言，行动最重要。通过分析对所考虑场景结果的影响，管理会计将信息转化为建议。不同选择对组织的成本、风险和价值具有不同的影响作用。场景分析表明如何在不同选择之间进行权衡，从而使机会成本也成为决策要考虑的因素。使用场景模型可用于验证行动的严密逻辑，管理会计让行动变得最重要。深入了解组织的战略目标、相关利益人的需要和已达成的目标，这意味着就价值而不是成本而言，行动最重要。

（四）履行受托责任，建立相互信任

（1）履行受托责任，建立相互信任的目的。履行受托责任，建立相互信任的目的是积极进行关系管理与资源管理，以保护组织的金融资产和非金融资产，提高组织的声誉和价值

（2）责任感和公信力。责任感和公信力要求管理会计人员必须平衡决策制定过程中不同利益相关者的需求，解决任何受到组织决策影响或可以对组织决策施加影响的个人或群体提出的问题，积极回应客户和其他利益相关者所参与的决策，并通过利益相关者管理提高组织的公信力和合法性，从而对组织流程和组织声誉产生积极的影响

（3）可持续发展。可持续发展要求组织在创造长期经济绩效的同时应该积极地为社会创造价值，并将组织活动对环境的破坏达到最小

（4）职业操守和道德。职业操守和道德要求管理会计人员具有正直、客观的品行，遵守职业规范、准则和制度，并将职业行为与组织价值保持一致。管理会计人员应关注组织治理和社会责任，具有批判性思维和数据质疑的意识，避免提供误导性信息。GMAP 指出，高效的管理会计职能正是由具备胜任能

力的人将管理会计的原则应用到实践领域中，并对任何与组织价值不一致的决策提出建设性的建议。

三、《全球管理会计原则》应用框架

为了规范全球管理会计原则的应用，GMAP 为组织提供了全球管理会计原则的应用指引，分别从绩效管理和管理会计职能的核心实践领域两个方面指导管理会计师将全球管理会计原则应用到管理会计工作中。

（一）《全球管理会计原则》在绩效管理中的应用

GMAP 指出，全球管理会计原则由适用对象应用到组织的绩效管理中。管理会计通过“组织战略—管理会计职能—商业模式（投入、活动、产出、结果）”的绩效管理系统将组织战略与商业模式联系起来，帮助组织实现为利益相关者持续创造价值的目标。“GMAP——在绩效管理中的应用”中规定了绩效管理的步骤，即战略、计划、执行、复核与修订，并对绩效管理各个环节的具体内容和程序做了详细的说明。

绩效管理的步骤：

（1）战略环节。GMAP 指出，在绩效管理的战略环节，应阐明组织的目的、长期目标以及如何达到预期目标，并考虑竞争、经济、制度、法律等外部环境，以充分评估组织的战略地位、战略选择、战略风险和战略执行，进而制定相应的数据计划以确保战略执行过程中相关信息的可获取性。

（2）计划环节。该环节要求阐述为实现计划组织需要提供的各种资源、将资源转换为有价值的产出流程以及实现监督目标的手段。其中，数据规划是计划环节的重要内容，不仅包含组织的投入、活动、产出、成果等整个价值形成过程，还包括通过成本效益原则获取数据、提炼数据以及展示数据所需要的信息技术的详细情况。

（3）执行环节。执行环节是指通过及时提供资源并建立激励机制等手段驱动组织目标实现的行为。执行环节不仅应考虑组织商业模式、组织治理结构以及组织外部环境等因素，还应考虑满足利益相关者不断增长的期望，并为利益相关者提供决策有用的相关信息。

（4）复核与修订环节。该环节是指计划执行后的分析与预测，其目标是向决策者反馈行动方案和程序的效率、效果和效能等信息，并持续完善行动方案以改进未来的计划。

通过建立关系，从关系中获得资源，将资源转化为对客户有用的产出，从而创造价值。过程中会产生成本，产生的成本与所创造价值之间的联系经由风险进行调节。组织有各种关系，关系起杠杆作用，让组织可以获得资源。其他关系则让组织获得市场。组织的成功取决于关系、资源和相关风险管理孰先孰后。

关系：包括组织与供应商、客户、投资者、员工和社区之间的互动关系。这些关系让组织可以获得资源和市场，因此应当被看作是价值创造的伙伴关系。组织在维持这些关系时会产生成本，但同时也从中获得相应的价值。

资源：指组织用于创造价值的投入。包括人力、原材料、技术、金融和其他资源。供应量、质量和成本的保证是其最基本的影响因素。

风险：指目标无法实现以至于企业无法按计划经营的可能性。风险存在于企业所涉及的一切活动中。风险可能产生于关系和资源的互动中，也可能产生于外部商业环境的变化中。

（二）《全球管理会计原则》在管理会计实践中的应用

GMAP 将管理会计原则的实践应用范围限制在管理会计职能的关键活动，主要包括 14 个核心实践领域，即成本改造与管理，外部报告，财务战略，内部控制，投资评估，管理和预算控制，价格、折扣和产品决策，项目管理，守法与合规，资源管理，风险管理，战略性税收管理，司库和现金管理，内部审计。“GMAP——在实践中的应用”中对上述 14 个核心实践领域分别进行了定义，详细阐述了每一个实践领域对组织的价值以及管理会计师在该实践领域的贡献，并通过图表的形式予以列示。通过 GMAP 中的管理会计职能的核心实践领域表，CFO 或管理会计师可以明确其职能领域与管理会计关键活动的范围，理解其在各个实践领域对组织价值增值的贡献，同时也便于组织对管理会计职能的有效性进行客观评价。

此外，GMAP 详细阐述了全球管理会计原则在每一个核心实践领域的具体应用。在“GMAP——在实践中的应用”中，CIMA 与 AICPA 分别从有影响力的沟通、提供相关性信息、分析对价值的影响和履行受托责任建立信任四个方面详细阐明如何进行利益相关者沟通以及沟通的目的、沟通内容、该实践领域应向组织内外部传递哪些相关性信息、该实践活动对价值的影响及其价值创造机制、如何通过该实践活动履行受托责任以获得利益相关者的信任等。

GMAP不仅明确界定了管理会计的核心实践领域，为管理会计师将全球管理会计原则应用到具体实践领域并帮助组织决策提供了详细的指导，而且为组织建立自己的管理会计职能标准提供了基础。

综上分析可以看出，GMAP为全球各类组织建立了统一的管理会计框架，首次在全球范围内明确了管理会计的职能和管理会计活动的核心实践领域，为管理会计师提供了职业规范与工作指引，增强了管理会计实践在全球范围内的一致性，填补了管理会计领域缺乏全球性管理会计框架指引的空白，为推动全球管理会计的发展作出了重要贡献。

第六节　全面推进管理会计体系建设

一、管理会计体系建设的背景及意义

（一）管理会计体系的建设背景

构建管理会计理论体系，首先必须确定该体系的逻辑起点。所谓体系是指若干有关事物相互联系而构成的一个整体。管理会计理论和方法体系是由多种理论范畴，按一定的逻辑关系有机结合而形成的一个多层次、浑然一体的理论与方法体系。构建管理会计理论与方法体系，必须从逻辑起点开始，循序渐进地进行。对于管理会计逻辑起点可以有三种选择：一是本质论，即从管理会计的本质开始，只有在明确了管理会计是什么的基础上，才能确立管理会计的其他理论问题；二是对象论，即首先应明确管理会计的研究对象是什么，只有明确了对象，才能使管理会计与其他学科区别开来，进而研究其他理论问题；三是目标论，即研究管理会计理论与方法体系必须先明确管理会计的目标，管理会计的目标决定了管理会计理论与方法体系中的其他要素。

从逻辑的观点来看，应选择管理会计的目标为逻辑起点。这是因为，目标的含义是指人们从事某项活动要达到的结果。无目标的活动只能是盲目的、无价值的活动。任何一门学科的产生及其理论与方法体系的构建总是有其明确的动机和理由的。如果没有明确的目标，自然也就没有必要去构建和发展这一学科。

可见，管理会计的目标是构建管理会计理论与方法体系的逻辑起点，是管理会计理论与方法体系的最高层次。它是确立管理会计的本质、职能和对象等其他理论要素的基础。

(二) 管理会计体系建设的意义

(1) 全面推进管理会计体系建设，是推动经济转型升级的迫切需要。当前，世界经济进入增速减缓、结构转型、竞争加剧的时期；只有加快经济发展方式转变，充分挖掘管理潜力，才能实现社会经济持续发展。在会计领域要想贯彻落实全面深化改革要求，非常重要的一项内容就是要大力加强管理会计工作。一是要通过强化管理会计应用，推动企事业单位建立和完善现代企事业制度，实现管理升级，增强核心竞争力和价值创造力，进而促进经济转型升级；二是要推动更加科学、全面地衡量企业绩效，加快形成企业自主经营、公平竞争的市场环境，充分发挥市场在资源配置中的决定性作用。

(2) 全面推进管理会计体系建设，是建立现代财政制度、推进国家治理体系和治理能力现代化的内在要求。财政是国家治理的基础和重要支柱，管理会计是加强财政管理的一项基础性工作。要发挥好大国财政职能作用，必须具备国际先进的管理能力和宏观调控水平。管理会计重在利用有关信息参与决策、规划未来、控制和评价经济活动，其理念和方法对财政管理具有较大的借鉴意义。通过运用管理会计，有助于关注和重视政府管理中不同环节、不同岗位之间的相互衔接，加强规则制定、流程控制，提高政府管理效能；有助于推进行政事业单位加强预算绩效管理、决算分析和评价工作，推动建立与实现现代化相适应的现代财政制度，进而推进国家治理体系和治理能力现代化。

(3) 全面推进管理会计体系建设，是会计改革与发展的重要方向。改革开放以来，特别是市场经济体制建立以来，我国会计工作取得了显著成绩，有力地支持了经济社会发展，如会计准则、内控规范、会计信息化等标准体系基本建成，会计人才队伍建设取得显著成效，注册会计师行业蓬勃发展，具有中国特色的财务会计理论体系初步形成等。但是，一个时期以来，我国会计标准建设，以及会计学术研究和会计实务，考虑外部投资者、社会公众和外部审计较多而服务内部管理决策不够，管理会计发展相对滞后，为单位发展提供规划、决策、控制和评价等方面的作用未得到充分有效发挥。全面推进管理会计体系建设，是顺应会计科学发展的必然选择；是实现中国特色会计体系的自我超越和自我完善的必要举措；是推动中国会计工作转型升级的重点所在。

二、全面推进管理会计体系建设的内容

（一）管理会计体系建设内容

按照2014年发布的《财政部关于全面推进管理会计体系建设的指导意见》文件精神，管理会计体系建设内容如下：

（1）推进管理会计理论体系建设。推动加强管理会计基本理论、概念框架和工具方法研究，形成中国特色的管理会计理论体系。一是整合科研院校、单位等优势资源，推动形成管理会计产学研联盟、协同创新，支持管理会计理论研究和成果转化。二是加大科研投入，鼓励科研院校、国家会计学院等建立管理会计研究基地，在系统整合理论研究资源、总结提炼实践做法经验、研究开发管理会计课程和案例、宣传推广管理会计理论和先进做法等方面，发挥综合示范作用。三是推动改进现行会计科研成果评价方法，切实加强管理会计理论和实务研究。四是充分发挥有关会计团体在管理会计理论研究中的具体组织、推动作用，及时宣传管理会计理论研究成果，提升我国管理会计理论研究的国际影响力。

（2）推进管理会计指引体系建设。形成以管理会计基本指引为统领、以管理会计应用指引为具体指导、以管理会计案例示范为补充的管理会计指引体系。一是在课题研究的基础上，组织制定管理会计指引体系，推动其有效应用。二是建立管理会计专家咨询机制，为管理会计指引体系的建设和应用等提供咨询。三是鼓励单位通过与科研院校合作等方式，及时总结、梳理管理会计实践经验，组织建立管理会计案例库，为管理会计的推广应用提供示范。

（3）推进管理会计人才队伍建设。推动建立管理会计人才能力框架，完善现行会计人才评价体系。一是将管理会计知识纳入会计人员和注册会计师继续教育、企事业单位总会计师素质提升工程和会计领军（后备）人才培养工程。二是推动改革会计专业技术资格考试和注册会计师考试内容，适当增加管理会计专业知识的比重。三是鼓励高等院校加强管理会计课程体系和师资队伍建设，加强管理会计专业方向建设和管理会计高端人才培养，与单位合作建立管理会计人才实践培训基地，不断优化管理会计人才培养模式。四是探索管理会计人才培养的其他途径。五是推动加强管理会计国际交流与合作。

（4）推进面向管理会计的信息系统建设。指导单位建立面向管理会计的信息系统，以信息化手段为支撑，实现会计与业务活动的有机融合，推动管理会

计功能的有效发挥。一是鼓励单位将管理会计信息化需求纳入信息化规划，从源头上防止出现“信息孤岛”，做好组织和人力保障，通过新建或整合、改造现有系统等方式，推动管理会计在本单位的有效应用。二是鼓励大型企业和企业集团充分利用专业化分工和信息技术优势，建立财务共享服务中心，加快会计职能从重核算到重管理决策的拓展，促进管理会计工作的有效开展。三是鼓励会计软件公司和有关中介服务机构拓展管理会计信息化服务领域。

（二）如何理解“4＋1”的管理会计体系

《财政部关于全面推进管理会计体系建设的指导意见》科学创新了一个由理论、指引、人才、信息化加会计服务市场构成的“4＋1”管理会计有机系统。该系统各部分既相互独立，又彼此关联；既自成一体，又彼此促进。

（1）理论建设为基础。构建与时俱进、具有中国特色的现代管理会计理论体系，解决目前对管理会计认识不一、缺乏公认的定义和框架等问题。在管理会计理论建设中，不仅要引进国际先进理论和经验，更要结合中国管理会计实践发展，超越单纯就管理会计论管理会计的局限，融合多重主题、多重背景、多重理论，开展跨学科的管理会计研究，构建与时俱进的现代管理会计理论体系。同时，强化管理会计理论创新和机制完善，鼓励建立管理会计研究基地，发挥综合示范作用，积极推动形成管理会计产学研联盟，促进管理会计实践深化与理论体系的完善与创新，充分发挥理论与实践的互动作用。

（2）标准建设为保障。与时俱进地拓展和开发管理会计工具方法，为管理会计的实务应用提供指导示范。管理会计指引体系计划包括基本指引、应用指引和案例库；重点介绍管理会计工具方法，说明各种工具方法应用的环境、具体操作及各自的优缺点、预测达到的效果等；并从现行实务和指引体系建设的测试中提炼具体案例，为单位提供有力的抓手，确保管理会计工具方法在企业中应用的效果，达到提升单位价值创造力的目标。

（3）人才培养为关键。国以才立、政以才治、业以才兴。当前，我国正处于进一步发展的重要战略机遇期，时代呼唤人才，发展渴求人才，进步依托人才。会计人才是国家人才体系的重要组成部分。管理会计人才队伍作为管理会计体系中发挥主观能动性的核心，是体现“坚持人才带动，整体推进”原则的重点。我国要以提高单位持续价值创造能力为导向，以提升管理会计人员实务能力为重点，推动研究发布管理会计人才能力框架，积极探索和优化管理会计人才的多种培养模式，加强管理会计人才培养国际交流与合作，打造更多符合市场和企业需求的高端管理会计人才，为管理会计在我国的深入应用打下坚实的人才基础，为我国管理会计发展建立人才储备。

（4）信息化建设为支撑。管理会计信息系统以坚实的大数据为基础，通过充分利用信息技术优势，结合管理需要、经营业务和会计要求，灵活运用管理会计工具方法，加快会计职能从重核算向重管理决策的拓展。全面预算管理、资金集中管理、成本控制、绩效评价等能够更加高效、顺畅地运行和开展，这是管理会计应用和发展的有效支撑，有助于充分实现会计和业务的有机融合，最终实现单位价值创造目标。

（5）咨询服务是外部支持。开展管理会计咨询服务，是保证其他四大任务顺利实施推进的外部支持，为单位提供更为科学、规范的管理会计实务解决方案。管理会计咨询服务是现代会计服务市场体系的重要组成部分，是促进管理会计理论发展的重要参与者，是管理会计指引体系的重要实践者，是管理会计人才长袖善舞的重要平台。管理会计咨询公司、注册会计师行业、会计软件公司等会计服务机构通过加强自身建设和加大管理会计研发投入力度，拓展会计服务领域，提升会计服务层次，以满足市场对管理会计咨询服务的需要，同时，营造良好的管理会计咨询服务市场环境。

思考与练习题

一、思考题

1. 简述管理会计与财务会计的关系。

2. 管理会计的形成和发展与企业经营环境有什么联系？表现在哪些方面？

3. 管理理论对管理会计的产生和发展有哪些重要的影响，你从中得到什么样的启示？

4. 简述《全球管理会计原则》的意义及五个部分的主要内容。

二、单项选择题

1. 管理会计成为一门独立的学科是在（　　）。

A. 19 世纪 20 年代　　B. 19 世纪 50 年代

C. 20 世纪 20 年代　　D. 20 世纪 50 年代

2. 下列不属于管理会计基本职能的是（　　）。

A. 预测经济前景　　B. 参与经济决策

C. 核算经营成果　　D. 考核评价经营业绩

3. 学者认为管理会计的对象是企业及所属各级机构过去、现在和将来的资金总运动，这一观点属于（ ）。

A. 现金流量论 B. 资金运动论 C. 价值增值论 D. 价值运动论

4. 管理会计与财务会计的工作侧重点的差别是（ ）。

A. 前者服务于企业内部管理者，后者服务于企业外部利益相关者

B. 前者服务于企业投资者，后者服务于企业债权人

C. 前者的服务对象与企业有关，后者的服务对象与企业无关

D. 前者是预测评价企业的经营状况，后者记录反映企业的经营状况

5. 管理会计与财务会计的关系是（ ）。

A. 起源相同、最终目标不同 B. 最终目标相同、基本信息同源

C. 具体工作目标相同、服务对象交叉 D. 服务对象交叉、概念相同

三、多项选择题

1. 建设我国管理会计体系的主要内容有（ ）。

A. 推进管理会计理论体系建设

B. 推进管理会计指引体系建设

C. 推进管理会计人才队伍建设

D. 推进面向管理会计的信息系统建设

2. 下列选项中，属于管理会计工具方法的有（ ）。

A. 经济增加值 B. 本量利分析 C. 平衡计分卡 D. 作业成本法

3. 下列各项中，企业应用管理会计进行管理活动应当遵循的原则有（ ）。

A. 战略导向原则 B. 融合性原则 C. 适应性原则 D. 成本效益原则

4. 管理会计是（ ）。

A. 活账 B. 呆账 C. 报账型会计 D. 内部会计

E. 经营型会计

5. 通过分析管理会计职能的时间特征，可以发现管理会计信息横跨过去、现在和未来三个时态的时间特征，其中能够体现未来时态特征的职能有（ ）。

A. 预测 B. 决策 C. 控制 D. 考核

E. 评价

第二章　成本管理

【学习目的】通过本章的学习，学生要了解成本管理的基本框架；认识现代企业常用的各种成本管理工具方法；熟练掌握成本分类及成本性态分析的常用方法；掌握变动成本法与完全成本法的概念及特点。

【学习重点】成本分类及成本性态分析的常用方法；变动成本法与完全成本法的概念及特点。

【学习难点】管理会计中常用的成本概念；成本性态分析的常用方法；变动成本法与完全成本法对各期损益计算的影响。

第一节　成本管理的基本框架

一、成本管理的概念及原则

（一）成本管理的概念

成本管理是企业管理的重要组成部分，它是指企业生产经营过程中各项成本预测、成本计划、成本核算、成本分析和成本控制等一系列科学管理行为的总称。

具体内容包括以下几个方面：

（1）成本预测。即以现有条件为前提，在历史成本资料的基础上，根据未来可能发生的变化，利用科学的方法，对未来的成本水平及其发展趋势进行描述和判断的成本管理活动。

（2）成本决策。即在成本预测及有关成本资料的基础上，综合经济效益、质量、效率和规模等指标，运用定性和定量的方法对各个成本方案进行分析并选择最优方案的成本管理活动。

（3）成本计划。即以营运计划和有关成本数据、资料为基础，根据成本决策所确定的目标，通过一定的程序，运用一定的方法，针对计划期企业的生产耗费和成本水平进行的具有约束力的成本筹划管理活动。

（4）成本控制。即成本管理者根据预定的目标，对成本发生和形成过程以及影响成本的各种因素条件施加主动的影响或干预，把实际成本控制在预期目标内的成本管理活动。

（5）成本核算。即根据成本核算对象，按照国家统一的会计制度和企业管理要求，对营运过程中实际发生的各种耗费按照规定的成本项目进行归集、分配和结转，取得不同成本核算对象的总成本和单位成本，向有关使用者提供成本信息的成本管理活动。

（6）成本分析。即利用成本核算提供的成本信息及其他有关资料，分析成本水平与构成的变动情况，查明影响成本变动的各种因素和产生的原因，并采取有效措施控制成本的成本管理活动。

（7）成本考核。即是指对成本计划及其有关指标实际完成情况进行定期总结和评价，并根据考核结果和责任制的落实情况，进行相应奖励和惩罚，以监督和促进企业加强成本管理责任制，提高成本管理水平的成本管理活动。

（二）成本管理的原则

各单位在进行成本管理时，一般应遵循以下原则：

（1）融合性原则。成本管理应以企业业务模式为基础，将成本管理嵌入业务的各领域、各层次、各环节，实现成本管理责任到人、控制到位、考核严格、目标落实。

（2）适应性原则。成本管理应与企业生产经营特点和目标相适应，尤其要与企业发展战略或竞争战略相适应。

（3）成本效益原则。成本管理的工具和方法丰富多彩，在应用时，应权衡其为企业带来的收益和付出的成本，选择适当的方法，避免获得的收益小于其投入的成本。

（4）重要性原则。成本管理应重点关注对成本具有重大影响的项目，对于不具有重要性的项目可以适当简化处理。

二、成本管理工具方法及应用程序

在实施有效的成本管理之前，企业应建立健全相关的成本管理内部控制制度体系，一般包括费用审批制度、定额管理制度、责任成本制度等。

一是，企业应建立健全成本资料的相关原始记录体系，加强和完善成本数据的收集、记录、传递、汇总和整理工作，确保成本基础信息记录真实、完整。二是，企业应充分利用现代信息技术，规范成本管理流程，提高成本管理效率。

（一）常用的成本管理工具方法

企业成本管理工具方法是指成本管理领域应用的管理会计方法，一般包括目标成本法、标准成本法、变动成本法、完全成本法、作业成本法等。企业应结合自身的成本管理目标和实际情况，在保证产品功能和质量的前提下，选择适合企业的成本管理方法或综合应用，以便更好地实现成本管理的目标。

（1）目标成本法。目标成本法是指一种以市场为导向，从市场分析以及满足消费者的需要出发，通过技术创新，在产品生命周期的研发及设计阶段就设计好产品的成本，进行利润计划和成本管理的方法。而不是试图在制造过程中才去考虑怎么降低成本，使成本的控制范围向前移动，达到主动控制的作用。

（2）标准成本法。标准成本是早期管理会计的主要支柱之一。美国南北战争以后许多工厂的产量大大低于额定生产能力，为了提高工人的劳动生产率，他们首先改革了工资制度和成本计算方法，以预先设定的科学标准为基础，发展奖励计件工资制度，采用标准人工成本的概念。在此之后，又把标准人工成本的概念引申到标准材料成本和标准制造费用等。1920—1930 年，美国会计学界把标准成本纳入了会计系统，从此出现了真正的标准成本会计制度。由于标准成本法的种种优势，到目前为止，标准成本法仍然是现代规模化企业最常采用的成本控制方法。

（3）完全成本法与变动成本法。完全成本法是指在计算产品成本时，包括了产品生产过程中所消耗的全部料、工、费，而将非生产环节发生的资源耗费作为期间费用的成本核算方法。

变动成本法则是指在计算产品成本时，只计算产品生产过程中所消耗的直接材料、直接人工和制造费用中的变动性部分，而不计算制造费用中的固定性部分的成本核算方法。制造费用中的固定性部分被视为期间成本同时应从相应期间的收入中全部扣除。

两个成本方法各有其优点和缺点，在企业内部和外部信息提供上均发挥出重要的作用，本章后面会做详细的介绍。

（4）作业成本法。它是指以“作业消耗资源、产出消耗作业”为原则，按照资源动因将资源费用追溯或分配到各项作业，计算出作业成本，然后再根据作业动因，将作业成本追溯或分配至各成本对象，最终完成成本计算的成本管理方法。作业成本法的核心概念主要有资源费用、作业、成本对象、成本动因等，计算过程比较复杂，但作业成本法充分考虑到了企业所处的价值链，能从战略角度全面评估成本，被很多新兴行业所推崇。

本教材后续相关章节将详细介绍以上成本管理方法的理论框架、应用环境和实施程序等内容。至于其他的现代成本控制方法，例如质量成本法、智力资本成本法、环境成本法等，鉴于篇幅考虑就不作介绍了。

企业在综合应用不同成本管理工具方法时，应以各成本管理工具方法具体目标的兼容性、资源的共享性、适用对象的差异性、方法的协调性和互补性为前提，通过综合运用成本管理工具方法实现最大效益。

（二）成本管理的应用程序

企业在应用成本管理的各个工具方法时，一般是按照事前管理、事中管理、事后管理的程序进行的。

（1）事前成本管理阶段。主要是对未来的成本水平及其发展趋势所进行的预测与规划，一般包括成本预测、成本决策和成本计划等。

（2）事中成本管理阶段。主要是对运营过程中发生的成本进行监督和控制，并根据实际情况对成本预算进行必要的修正，即成本控制步骤。

（3）事后成本管理阶段。主要是指在成本发生之后进行的核算、分析和考核，一般包括成本核算、成本分析和成本考核等。

三、成本概念与成本分类

管理会计领域中，出于决策的需要，许多新的成本概念应运而生。因此，进行成本管理前应该对其管理的对象——成本，有一个全面的认知。

成本是指企业在生产经营的各项活动中，以货币表现的，为达到一定目的而应当或可能发生的各种经济资源的价值牺牲或代价。这个定义特别重视成本形成的原因和成本发生的必要性，而且在管理会计范畴中，成本的时态可以是过去时、现在时或将来时，这与财务会计强调的历史成本概念和把成本作为影响企业经营业绩评估的主要因素的观点有很大的差异，所以本教材有必要对成本概念进行重新梳理。

（一）按经济用途分类

成本按其经济用途可分为生产成本和期间成本。

生产成本也称产品成本或制造成本，是指为制造（生产）产品或提供劳务而发生的支出，即生产经营成本。

产品成本可根据其具体的经济用途分为直接人工、直接材料和其他制造费用三类。

期间成本也称期间费用或非制造成本，通常可分为销售成本、管理成本和财务成本。其共同特点是其成本支出可以使企业整体受益，但难以描述这项支出与特定产品之间的关系。

将成本按经济用途分类，是财务会计按完全成本法进行成本核算的基础，也是正确计算企业损益、满足对外报告的需要。但这种分类不能完全适应企业决策分析和成本控制的需要。

（二）按成本性态分类

成本性态也称成本习性，是指成本总额的变动与业务量之间的依存关系。这种依存关系是成本的固有性质，因此称为习性。这里的业务量在具体应用中，不仅限于实物量，也可以是比率等。

成本习性分析是管理会计诸多分析方法得以运用的前提，是管理会计学科的重要基础之一。成本按其成本性态可分为固定成本、变动成本和混合成本。

第二节　成本性态分析

成本性态是指成本总额与特定业务量之间在数量方面的依存关系，又称为成本习性。企业的各项成本，在相关范围内，按其与业务量的关系可以分为固定成本、变动成本和混合成本。

需要指出的是，这里的业务量不仅仅指实物量，还可以是价值量、时间量等绝对量，甚至可以是百分比、指数等相对量，比如产值、人工小时、机器开工率等。

成本性态揭示的是成本总额与业务量之间的定量关系：

$$成本 = f（业务量）$$

这种分类方法能使成本的预测、控制和考核更方便和准确。

传统的成本分类是指按其可辨认性，揭示成本总额与归集对象之间的定性关系的分类方法，即成本＝f（归集对象）

这种分类方法无法建立成本计算方程，对成本的进一步处理就比较麻烦。

还需要指出的是，在确认成本性态时，相关范围的存在使各项成本的性态具有相对性、暂时性和可转化性的特点，不能把成本性态的确定看成绝对的。

成本性态的相对性指出在同一时期内，同一成本项目在不同企业之间可能具有不同的性态。成本性态的暂时性指出就同一企业而言，同一成本项目在不同时期可能有不同的性态。因此，企业必须根据变化情况，经常进行成本性态分析，不能机械地把过去的分析结论看成是一成不变的。

成本性态的可转化性指出在同一时空条件下，某些成本项目可以在固定成本和变动成本之间实现相互转化。如空运公司支付的空运租金，在长期包租飞机时便是固定成本，而临时租用货位时则是变动成本。

一、固定成本

它是指在相关范围内，成本总额不随业务量的变动而发生变化的成本。这里所说的相关范围，是指不会改变固定成本、变动成本性态的期间和业务量的特定变动范围。

固定成本总额虽不受业务量变动的影响，但若站在单位业务量所负担固定成本的角度来考虑，单位产品所负担的固定成本与产量成反比关系，即产量的增加会导致单位产品负担的固定成本的下降，反之亦然。

【例 2-1】某企业生产一种产品，其专用生产设备的月折旧额为 10 000 元，该设备最大加工能力为 4 000 件/月。当该设备分别生产 1 000 件、2 000 件、3 000 件和 4 000 件时，单位产品所负担的固定成本如表 2.1 所示。

表 2.1　单位产品所负担的固定成本

产量（件）	总成本（元）	单位产品固定成本（元/件）
1 000	10 000	10.00
2 000	10 000	5.00
3 000	10 000	3.33
4 000	10 000	2.50

从上例中可以看出，单位产品所负担的固定成本与产量成反比关系，即产量的增加会导致单位产品负担的固定成本下降，反之亦然。若以 FC 或者 a 表示固定成本总额，x 表示业务量，y 表示单位业务量所负担的固定成本，上述关系则可以通过数学模型来表达：$y=a/x$

按照【例 2-1】的相关数据，绘制总固定成本和单位产品固定成本的性态模型如图 2.1 和图 2.2 所示。

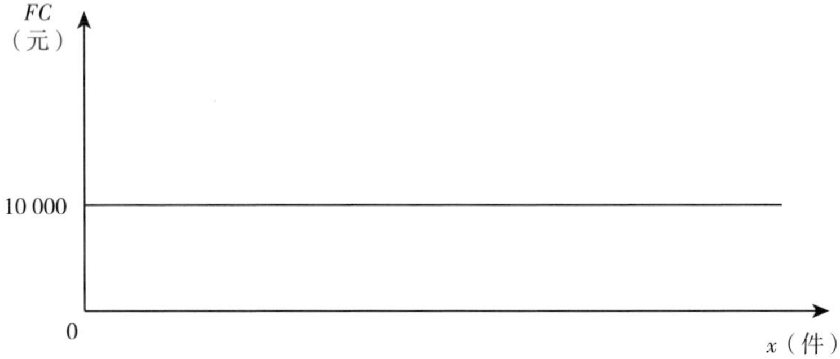

图 2.1　总固定成本的性态模型

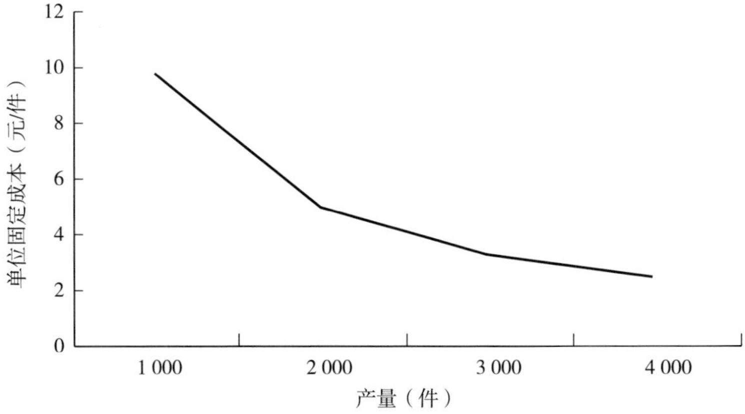

图 2.2　单位产品固定成本的性态模型

固定成本通常又细分为酌量性固定成本和约束性固定成本。

酌量性固定成本也称为选择性固定成本或者任意性固定成本，是指管理当局的决策可以改变其支出数额的固定成本。例如广告费、职工教育培训费、技术开发费等。这些成本的基本特征是其绝对额的大小直接取决于企业管理当局根据企业的经营状况而作出的判断。

约束性固定成本是指管理当局的决策无法改变其支出数额的固定成本。例如厂房及机器设备按直线法计提的折旧费、照明费、行政管理人员的工资等。约束性固定成本是企业维持正常生产经营能力所必须负担的最低固定成本，其支出的大小只取决于企业生产经营的规模与质量，因而具有很大的约束性，且企业管理当局的当前决策不能改变其数额。

二、变动成本

变动成本是指在相关范围内，成本总额随着业务量的变动而成正比例变动的成本。如直接材料费、产品包装费、按件计酬的工人工资、推销佣金以及按加工量计算的固定资产折旧费等，均属于变动成本。

【例 2-2】假定【例 2-1】中单位产品的直接材料成本为 20 元。当产量分别为 1 000 件、2 000 件、3 000 件和 4 000 件时，材料的总成本和单位产品的材料成本如表 2.2 所示。

表 2.2　单位产品材料变动成本

产量（件）	材料总成本（元）	单位产品的直接材料成本（元/件）
1 000	20 000	20
2 000	40 000	20
3 000	60 000	20
4 000	80 000	20

若以 VC 表示变动成本总额、x 表示业务量、b 表示单位变动成本，则变动成本的性态可以通过这样一个数学模型来表达：$VC=y=bx$

按照【例 2-2】中的相关数据，绘制总变动成本和单位产品变动成本的性态模型如图 2.3 所示。

与固定成本形成鲜明对照的是，在单位产品变动成本确定时，变动成本的总量随业务量的变化呈正比例变动，而单位业务量中的变动成本则是一个定量。

变动成本也可以分为酌量性变动成本和约束性变动成本。

酌量性变动成本是指企业管理当局的决策可以改变其支出数额的变动成本。如按产量计酬的工人薪金、按销售收入的一定比例计算的销售佣金等。

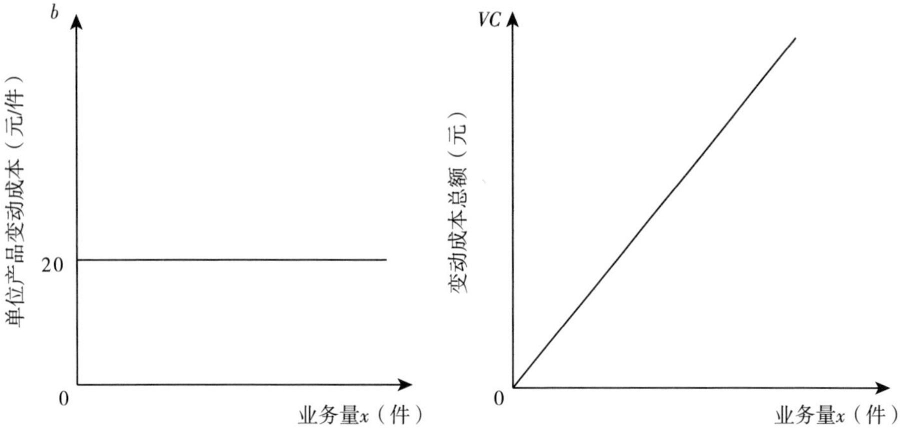

图 2.3　总变动成本和单位产品变动成本的性态模型

约束性变动成本是指企业管理当局的决策无法改变其支出数额的变动成本。这类成本通常表现为企业所生产产品的直接物耗成本，以直接材料成本最为典型。

对特定产品而言，酌量性变动成本和约束性变动成本的单位成本是确定的，其成本总量均随着产品产量（销量）的变动呈正比例变动。

与固定成本一样，变动成本也存在相关范围。也就是说，变动成本总额与业务量之间的这种正比例变动关系只是在一定业务范围内才能实现，超出这一业务范围，两者之间就不再存在这种正比例变动关系。

三、混合成本

它是指那些既包含了固定成本又包含了变动成本两种不同性质的成本。根据其发生的具体情况，通常可以分为：半变动成本、半固定成本、延伸变动成本和曲线式混合成本等。

1. 半变动成本

其特征是通常有基数部分，其不随业务量的变化而变化，体现固定成本性态；但在基数部分以上，则随业务量的变化而成比例的变化，又呈现出变动成本性态（图 2.4）。如企业的公用事业费中的电费、水费、电话费等均属半变动成本。

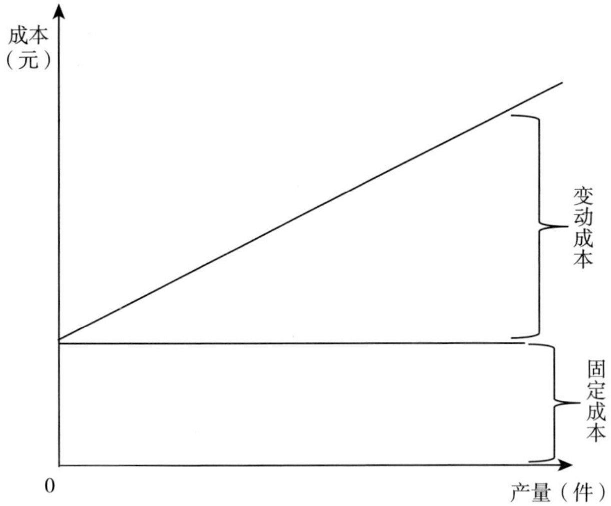

图 2.4　半变动成本的特征

2. 半固定成本

也称阶梯式变动成本。其特征是在一定业务量范围内其发生额的数量是不变的，体现固定成本性态；但当业务量的增长达到一定限额时，其发生额会突然跃升到一个新的水平；然后在业务量增长的一定限度内（即一个新的相关范围内），其发生额的数量又保持不变，直到另一个新的跃升为止。绘制阶梯式变动成本的特征如图 2.5 所示。

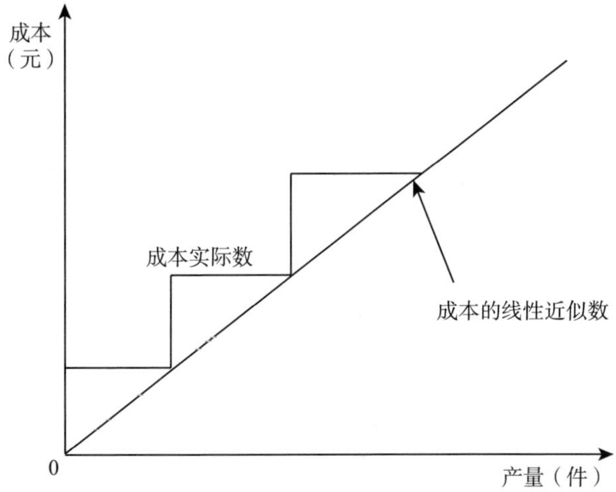

图 2.5　阶梯式变动成本的特征

3. 延伸变动成本

其特征是在业务量的某一临界点以下表现为固定成本，超过这一临界点则表现为变动成本。例如，当企业实行计时工资制时，其支付给职工的正常工作时间内的工资总额是固定不变的；但当职工的工作时间超过了正常水平，企业需按规定支付加班工资，且加班工资的多少与加班时间的长短存在着某种比例关系。绘制延伸变动成本的特征如图 2.6 所示。

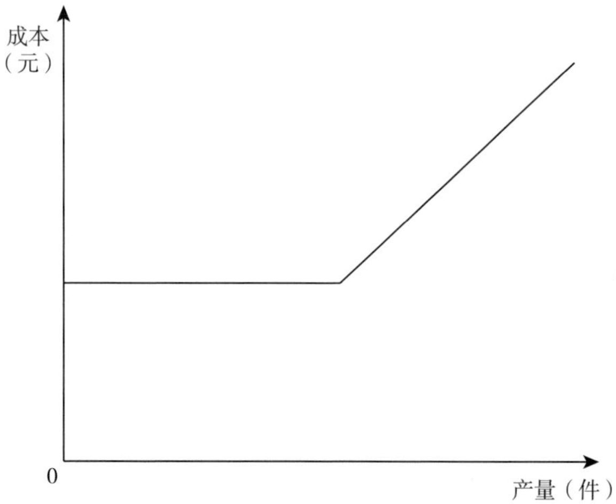

图 2.6　延伸变动成本的特征

4. 曲线式混合成本

曲线式混合成本通常有一个初始量，一般不变，相当于固定成本。在这个初始量的基础上，成本随业务量变动但并不存在线性关系，在平面直角坐标图上表现为一条抛物线。

例如递减型混合成本，其成本的增长幅度小于业务量的增长幅度，成本的斜率随业务量递减，反映在平面直角坐标图上是一条凸形曲线，如图 2.7 所示。

递增型混合成本，其成本的增长幅度随业务量的增长而呈更大幅度变化，成本的斜率呈递增趋势，在平面直角坐标图上表现为一条凹形曲线，如图 2.8 所示。

因为成本性态分析是有相关范围的，而且管理会计强调的是数据的相关性并非数据的精确性，所以为了简化数据的处理，一般可以将混合成本按照一定方法分解为固定部分和变动部分两部分。

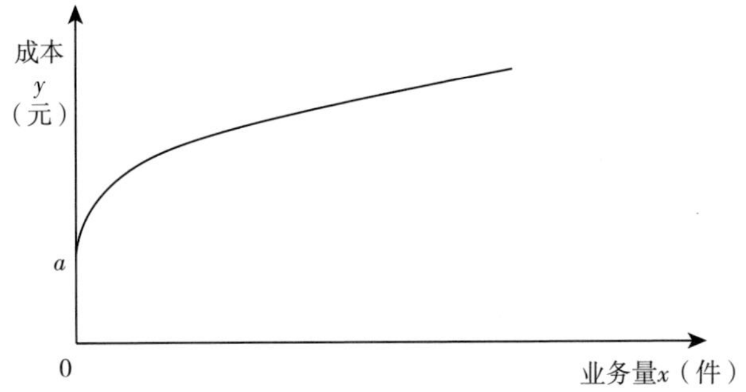

图 2.7　递减型混合成本的特征

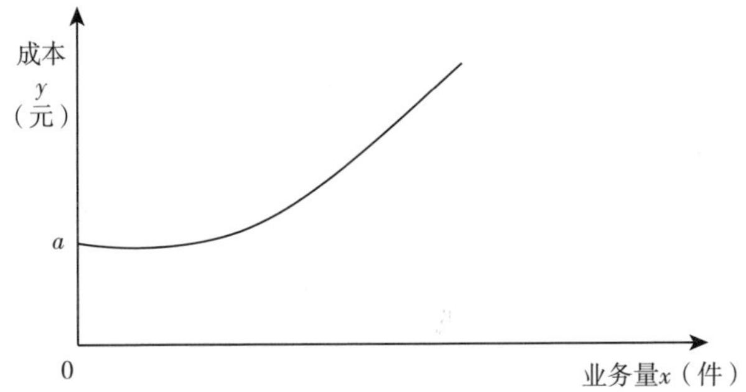

图 2.8　递增型混合成本的特征

各类混合成本都可以直接或间接地用一个直线方程去模拟，即 $y=FC+bx$ 或者 y—$a+bx$。

四、混合成本的分解方法

成本性态分析的方法是指完成成本性态分析任务时必须采取的技术手段。在管理会计实践中，固定成本与变动成本只是经济生活中诸多成本性态的两种极端类型。多数成本是以混合成本的形式存在的，需要将其进一步分解为固定成本和变动成木两部分。常用的成本性态分析的方法主要包括历史成本法、账户分析法和技术测定法。

（一）历史成本法

历史成本法就是指根据以往若干时期（若干月或若干年）的数据所表现出

来的实际成本与业务量之间的依存关系，运用一定的数学方法对其进行数据处理，从而确定固定成本（a）和单位变动成本（b），以此来描述成本性态的一种定量分析方法。

历史成本法包括高低点法、散布图法和一元线性回归法三种具体应用形式。

1. 高低点法

高低点法又称为两点法。它是指通过观察一定相关范围内的各期业务量与相关成本所构成的所有坐标点或者绘成的数据表，从中找出高低点坐标或高低点值，用最高业务量（即高点）的混合成本与最低业务量（即低点）的混合成本的差数，除以最高与最低业务量的差数，以确定业务量的成本变量（即单位业务量的变动成本额），进而确定混合成本中的变动成本部分和固定成本部分的一种成本性态分析方法。

高低点法的具体步骤如下：

一是，确定高低点坐标。假设最高点业务量为x_1，对应的成本为y_1；最低点业务量为x_2，对应的成本为y_2。

二是，计算单位变动成本 b 的值。根据高低点坐标值计算单位变动成本 b，其 b 值的计算公式如下：

$$b=\frac{y_1-y_2}{x_1-x_2}=\frac{\text{高低点混合成本的差数}}{\text{最高与最低业务量的差数}}$$

（1）计算固定成本 a 值。a 值的计算公式如下：

$$a=y_1-bx_1$$

$$\text{或 } a=y_2-bx_2$$

（2）建立成本性态模型。将上述 a 和 b 的值代入下述公式：

$$y=a+bx$$

【例 2－3】假定甲企业 20××年 12 个月的产量和电费支出的有关数据如表 2.3 所示，利用高低点法求该企业电费与产量之间的线性模型。

表 2.3　甲企业 20××年 12 个月的产量和电费支出的有关数据

月份	产量（件）	电费（元）
1	800	2 000
2	600	1 700
3	900	2 250

（续）

月份	产量（件）	电费（元）
4	1 000	2 550
5	800	2 150
6	1 100	2 950
7	1 000	2 460
8	1 000	2 520
9	900	2 320
10	700	1 950
11	1 100	2 650
12	1 200	2 900

解：甲企业该年产量最高在12月份，为1 200件，相应电费为2 900元；产量最低在2月份，为600件，相应电费为1 700元，按高低点法的公式计算如下：

$$b=\frac{2\ 900-1\ 700}{1\ 200-600}=2\text{（元/件）}$$

$$a=1\ 700-2\times 600=500\text{（元）}$$

或
$$a=2\ 900-2\times 1\ 200=500\text{（元）}$$

以上计算表明，甲企业电费成本中，固定成本为500元，单位变动成本为2元/件，其数学模型如下：

$$y=500+2x$$

值得注意的是，选择高低点坐标应该按照自变量（业务量）的高低为标准，而不是按因变量（成本）的高低来选择。因此，本例中6月份的成本最高，为2 950元，但不能以该期数据作为最高点坐标。

高低点法的优点在于简便易行，便于理解。其缺点在于它只选择了众多数据中两组数据作为计算依据，使建立起来的成本性态模型很可能不具有代表性，导致较大的计算误差。这种方法只适用于成本变化趋势比较稳定的企业。

2. 散布图法

散布图法又叫布点图法或目测画线法，它是指将若干期业务量和成本的历史数据标注在坐标图上，通过目测画一条尽可能接近所有坐标点的直线，并据此来推算固定成本（或混合成本中的固定部分）a 和单位变动成本（或混合成本中变动部分的单位额）b 的一种成本性态分析方法。其基本原理与高低点法一样，也认为混合成本的性态可以被近似地描述为一条 $y=a+bx$ 的直线，区

别在于 a 和 b 是通过坐标图而非通过方程式计算得到的。

散布图法的具体步骤如下：

（1）标出散布点。在坐标图中，以横轴代表业务量 x，以纵轴代表混合成本 y，将各期业务量与相应的成本的历史数据作为点的坐标标注在平面直角坐标图上。

（2）画线。通过目测，在各成本点之间画出一条反映成本变动平均趋势的直线（理论上这条直线距各成本点之间的离差平方和最小），使其尽可能通过或接近所有坐标点。

（3）读出 a 的值。上面所画出来的那条直线与纵轴的交点就是固定成本总额，即 a 的值。

（4）求出 b 值。在所画的直线上任取一点（x_1，y_1），按照下面公式计算 b 的值，公式为：

$$b=\frac{y_1-a}{x_1}$$

（5）建立成本性态模型。将 a 和 b 的值代入下列公式得出成本性态模型如下：

$$y=a+bx$$

【例 2-4】仍以【例 2-3】的数据，要求用散布图法对电费成本进行成本性态分析。

解：将表 2.3 中 12 个月的月产量以及对应月的电费成本的坐标分别标在平面直角坐标图上，形成散布点图，如图 2.9 所示。

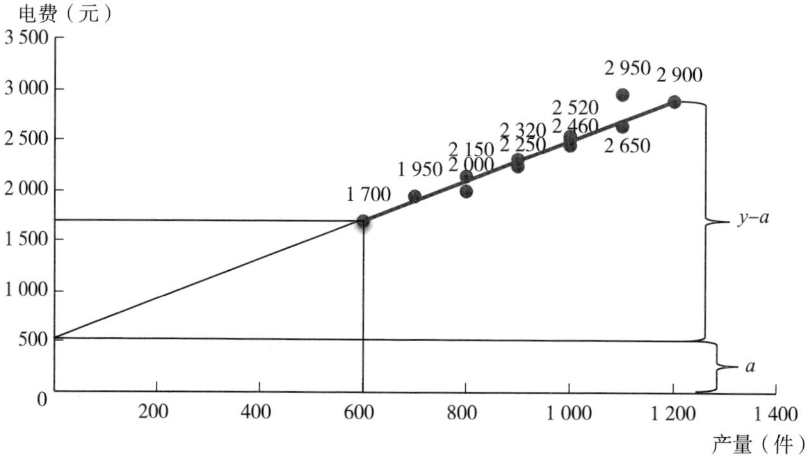

图 2.9 散布图法

在图 2.9 中所画直线截距 a 的值为 500，任取直线所经过的一点，测出其坐标为（600，1 700），则有：

$$b=\frac{1\ 700-500}{600}=2\text{（元/件）}$$

据此建立的总成本性态模型为：

$$y=500+2x$$

散布图法是通过目测的结果来勾画混合成本性态的，恐怕可以勾画出多条反映成本性态的直线来，而且很难判断哪一条直线描述得更为准确。

3. 一元直线回归法

一元直线回归法又称最小二乘法或最小平方法，是指利用微分极值原理对若干期全部业务量与成本的历史数据进行处理，并据此计算出混合成本中的固定成本 a 和单位变动成本 b 的一种成本性态分析方法。

一元直线回归法的具体步骤如下：

（1）列表求值。根据历史成本和业务量数据列表，求出 n、$\sum x$ 、$\sum y$ 、$\sum xy$ 、$\sum x^2$ 、$\sum y^2$ 的值。

（2）计算相关系数 r，并判断 y 和 x 之间是否存在必然的联系。相关系数 r 是指用于解释两组数据自变量 x 和因变量 y 之间关联程度的数学指标。

r 的取值范围在 0 到 ±1 之间。当 $r=-1$ 时，说明 x 与 y 之间完全负相关；当 $r-0$ 时，说明 x 与 y 之间不存在关联，为零相关，即 $y\neq a+bx$；当 $r=1$ 时，说明 x 与 y 之间完全正相关，即 $y=a+bx$。因此，一元直线回归法要求业务量 x 和成本 y 之间基本上保持线性关系，否则研究就没有意义。

r 值的绝对值介于 0～1 之间。通常来说，r 越接近 1，表示 x 与 y 两个量之间的相关程度就越强；反之，r 越接近于 0，表示 x 与 y 两个量之间的相关程度就越弱，$|r|$ 的取值与变量之间的相关程度见表 2.4。

表 2.4　$|r|$ 的取值与变量之间的相关程度

$\|r\|$ 的取值范围	变量之间的相关程度
[0.00，0.19]	极低相关
(0.19，0.39]	低度相关
(0.39，0.69]	中度相关
(0.69，0.89]	高度相关
(0.89，1.00]	极高相关

相关系数 r 的计算公式如下：

$$r=\frac{n\sum xy-\sum x\sum y}{\sqrt{[n\sum x^2-(\sum x)^2][n\sum y^2-(\sum y)^2]}}$$

(3) 计算回归系数 a 和 b 的值。a 和 b 的计算公式如下（推导过程省略）：

$$a=\frac{\sum y-b\sum x}{n}$$

$$a=\frac{\sum x^2\sum y-\sum x\sum xy}{n\sum x^2-(\sum x)^2}$$

$$b=\frac{n\sum xy-\sum x\sum y}{n\sum x^2-(\sum x)^2}$$

(4) 建立成本性态模型。将上述 a 和 b 的值代入一元直线回归模型得到：

$$y=a+bx$$

【例 2-5】20××年，A 企业甲产品每月产量及成本数据见表 2.5，用一元直线回归法进行成本性态分析。

表 2.5　A 企业甲产品 20××年的产量与成本数据

月份	产量（件）	总成本（元）
1	110	62 000
2	100	62 500
3	200	75 000
4	300	85 000
5	400	120 000
6	500	114 370
7	600	135 000
8	850	140 000
9	700	136 000
10	1 200	200 000
11	1 100	200 200
12	1 000	179 000

解：根据表 2.5 的资料加工整理，得出有关数据见表 2.6。

表 2.6　A 企业甲产品一元直线回归计算结果

月份	产量 x（件）	电费 y（元）	xy	x^2	y^2
1	110	62 000	6 820 000	12 100	3 844 000 000
2	100	62 500	6 250 000	10 000	3 906 250 000
3	200	75 000	15 000 000	40 000	5 625 000 000
4	300	85 000	25 500 000	90 000	7 225 000 000
5	400	120 000	48 000 000	160 000	14 400 000 000
6	500	114 370	57 185 000	250 000	13 080 496 900
7	600	135 000	81 000 000	360 000	18 225 000 000
8	850	140 000	119 000 000	722 500	19 600 000 000
9	700	136 000	95 200 000	490 000	18 496 000 000
10	1 200	200 000	240 000 000	1 440 000	40 000 000 000
11	1 100	200 200	220 220 000	1 210 000	40 080 040 000
12	1 000	179 000	179 000 000	1 000 000	32 041 000 000
合计	$\sum x=$ 7 060	$\sum y=$ 1 509 070	$\sum xy=$ 1 093 175 000	$\sum x^2=$ 5 784 600	$\sum y^2=$ 216 522 786 900

根据前述公式计算相关系数 r：

$$r=\frac{12\times1\ 093\ 175\ 000-7\ 060\times1\ 509\ 070}{\sqrt{[12\times5\ 784\ 600-7\ 060^2]\times[12\times216\ 522\ 786\ 900-1\ 509\ 070^2]}}$$

$\approx0.983\ 1\rightarrow1$

因此，x 与 y 基本正相关。根据上述公式计算 a 和 b 的值如下：

$$b=\frac{12\times1\ 093\ 175\ 000-7\ 060\times1\ 509\ 070}{12\times5\ 784\ 600-7\ 060^2}=125.9\text{（元/件）}$$

$$a=\frac{1\ 509\ 070-125.9\times7\ 060}{12}=51\ 684.67\text{（元）}$$

A 企业甲产品成本性态模型为：$y=51\ 684.67+125.9x$

一元直线回归法利用了微分极值原理，因此，计算结果比前两种方法更为准确，但手工计算工作量较大，比较麻烦。但如果利用计算机，这种方法将得到广泛应用。更简单的方法是，在 Excel 电子表格中，先根据产量和成本系列数据，自动生成坐标点（与散布图法相同），在添加趋势线的选项中，只选择显示公式和R^2，不设置截距 a 值，即可读出 a、b 和 r 的值。其中，相关系数

可按公式 $r=\sqrt{R^2}$ 求得。

（二）账户分析法

账户分析法是指根据各个成本、费用账户（包括明细账户）的内容，直接判断其与业务量之间的依存关系，从而确定其成本性态的一种成本分解方法。

基本做法是根据各有关成本账户的具体内容，判断其特征是接近于固定成本，还是更接近于变动成本，进而直接将其确定为固定成本或变动成本。

管理费用账内大部分项目发生额的大小在正常产量范围内与产量变动没有关系，至少没有明显关系，那么就将管理费用全部视为固定成本。制造费用账中的车间管理部门办公费、按折旧年限计算的设备折旧费等虽与产量的关系较管理费用密切一些，但基本特征仍属固定，所以也应视为固定成本。制造费用账内的燃料动力费、维修费等，虽然不似直接材料费那样与产量成正比例变动，但其发生额的大小与产量变动的关系很明显，因而可以将其视为变动成本。

【例 2－6】假设某企业的某一生产车间只生产单一产品，6 月份该产品产量为 1 000 件，对应的成本数据见表 2.7。假设工人工资实行计件工资制，生产设备按照年限平均法进行折旧，要求利用账户分析法分解该车间总成本中的固定成本、单位变动成本和变动成本，并确定成本性态模型。

表 2.7　某生产车间 6 月份总成本数据明细

账户名称	总成本（元）
生产成本——原材料	240 000
——工资	30 000
制造费用——燃料及动力费	12 000
——修理费	4 000
——工资	8 000
——折旧费	20 000
——办公用品费	6 000
合　计	320 000

解：由于该车间只生产单一产品，那么本月发生的 320 000 元费用将全部构成该产品的成本。根据表 2.7 中的相关数据，总成本的分解过程如表 2.8

所示。

表 2.8　某生产车间 6 月份总成本分解计算明细

账户名称	总成本（元）	固定成本（元）	变动成本（元）
生产成本——原材料	240 000		240 000
——工资	30 000		30 000
制造费用——燃料及动力费	12 000		12 000
——修理费	4 000		4 000
——工资	8 000		8 000
——折旧费	20 000	20 000	
——办公用品费	6 000	6 000	
合　计	320 000	26 000	294 000

根据表 2.8，该生产车间的总成本被分解为固定成本和变动成本两部分，其中：

a=26 000（元），又知该车间当月产量为 1 000 件，那么可知：

$$b=294\ 000/1\ 000=294\text{（元/件）}$$

总成本 320 000 元中，固定成本为 26 000 元，变动成本为 294 000 元，单位变动成本为 294 元/件。

其成本性态模型为：$y=26\ 000+294x$

（三）技术测定法

技术测定法又称工程技术法或工程分析法。它是指运用工业工程的研究方法来研究影响各有关成本项目数额大小的每个因素，并在此基础上直接估算出固定成本和单位变动成本的一种成本分解方法。

基本步骤：①确定研究的成本项目；②对导致成本形成的生产过程进行观察和分析；③确定生产过程的最佳操作方法；④以最佳操作方法为标准方法，测定标准方法下成本项目的每一构成内容，并按成本性态分析方法分别确定为固定成本和变动成本。

【例 2-7】假设某粉末冶金车间对精密金属零件采取一次模压成型、电磁炉烧结的方式加工。如果以电费作为成本研究对象，经观察，电费成本开支与电磁炉的预热和烧结两个过程的操作有关。按照最佳的操作方法，电磁炉从开始预热至达到可烧结的温度需耗电 1 500 千瓦时，烧结每千克零件耗电 500 千瓦时。每一工作日加工一班，每班电磁炉预热一次，全月共22个工作日。电费价格为0.7元/千瓦时。试用技术测定法确定该成本性态模型。

解：设每月电费总成本为y元，每月固定电费成本为a元，单位电费成本为b元/千克，x千克为烧结零件重量，则有：

$$a=22\times 1\,500\times 0.7=23\,100\text{（元）}$$

$$b=500\times 0.7=350\text{（元/千克）}$$

该车间电费总成本分解的数学模型即为：

$$y=23\,100+350x$$

第三节　变动成本法与完全成本法

一、变动成本法与完全成本法的概念及特点

（一）完全成本法的概念及特点

完全成本法是指在计算产品成本时，不仅计算包括产品生产过程中所消耗的直接材料、直接人工，还包括计算全部的制造费用（变动性的制造费用和固定性的制造费用）的一种成本核算方法。其特点是：

1. 符合公认会计准则的要求

完全成本法强调持续经营假设下经营的均衡性，认为会计分期既然是对持续经营的人为分割，那么这种分割取决于企业内部和外部多种因素。因此，固定制造费用转销的时间选择并不十分重要。

2. 强调成本补偿上的一致性

完全成本法认为，只要是与产品生产有关的耗费，均应从产品销售收入中得到补偿，固定制造费用也不例外。因为从成本补偿的角度讲，用于直接材料的成本与用于固定制造费用的支出并无区别。

3. 强调生产环节对企业利润的贡献

由于完全成本法下固定制造费用也被归集于产品并随产品流动，所以本期已销产品和期末未销产品在成本负担上是完全一致的。在一定销售量的条件下，产量大则利润高，因此，客观上完全成本法有刺激生产的作用，强调固定制造费用对企业利润的影响。

（二）变动成本法的概念及特点

变动成本法是指在计算产品成本时，只计算产品生产过程中所消耗的直接

材料、直接人工和制造费用中的变动性部分，而不计算制造费用中的固定性部分的一种成本核算方法。制造费用中的固定性部分被视为期间成本，应从相应期间的收入中全部扣除。其特点是：

1. 以成本性态分析为基础计算产品成本

变动成本法将产品的制造成本按成本性态划分为变动制造费用和固定制造费用两部分，认为只有变动制造费用才构成产品成本，而固定制造费用应作为期间成本处理。

2. 强调不同的制造成本在补偿方式上存在着差异性

变动成本法认为产品的成本应该在其销售的收入中获得补偿。而固定制造费用由于只与企业的经营有关，与经营的状况无关，所以应该在其发生的同期收入中获得补偿，其与特定产品的销售行为无关。

3. 强调销售环节对企业利润的贡献

由于变动成本法将固定制造费用列作期间成本，所以在一定产量条件下，损益对销量的变化更为敏感，这在客观上有刺激销售的作用。产品销售收入与变动成本的差量为边际贡献，而以边际贡献减去期间成本就是利润。不难看出，变动成本法强调的是变动成本对企业利润的影响。

二、变动成本法与完全成本法的区别

变动成本法与完全成本法的区别主要表现在以下几点：

（一）产品成本的构成内容不同

完全成本法将所有成本分为制造成本（包括直接材料、直接人工和制造费用）和非制造成本两大类，将制造成本完全计入产品成本，而将非制造成本作为期间成本，全额计入当期损益。

变动成本法则是指先将制造成本按成本性态划分为变动制造费用和固定制造费用两类，再将变动制造费用计入产品成本，而将固定制造费用与非制造成本一起列为期间成本的一种成本核算方法。

由于变动成本法将固定制造费用处理为期间成本，所以变动成本法下的单位产品变动成本与完全成本法下的单位产品变动成本相比较低。当然，变动成本法下的期间成本与完全成本法下的期间成本相比就高了。

产品成本构成内容上的区别，是变动成本法与完全成本法的主要区别，其他方面的区别均由此产生，见图 2.10。

不同	变动成本法	完全成本法
产品制造成本 构成不同	变动生产成本 直接材料 直接人工 变动制造费用	生产成本 直接材料 直接人工 制造费用
期间成本 构成不同	变动期间成本 固定制造费用 管理费用 销售费用 财务费用	期间成本 管理费用 销售费用 财务费用

图 2.10　变动成本法与完全成本法的主要区别

【例 2－8】已知：乙企业只生产经营一种产品甲，投产后第 2 年其销售单价为 20 元/件，有关的产销业务量与成本资料如表 2.9 所示。

表 2.9　甲产品总成本和单位产品成本数据

产销业务项目	产销业务量（件）	成本项目	变动性成本（元）	固定性成本（元）	合计（元）
期初存货量	500	直接材料	24 000		24 000
本期投产完工量	4 000	直接人工	12 000		12 000
本期销售量	3 000	制造费用	4 000	10 000	14 000
期末存货量	1 500	销售费用	600	1 000	1 600
		管理费用	300	2 500	2 800
		财务费用	0	600	600

要求：分别用变动成本法和完全成本法计算该企业当期的产品成本和期间成本。

解：依上述资料分别按变动成本法和完全成本法计算当期的产品成本和期间成本，计算结果如表 2.10 所示。

表 2.10　甲产品及期间成本计算结果

成本	项目	变动成本法		完全成本法	
		总额（元）	单位额（元/件）	总额（元）	单位额（元/件）
产品成本（产量 4 000 件）	直接材料	24 000	6	24 000	6.0
	直接人工	12 000	3	12 000	3.0
	变动性制造费用	4 000	1	—	—
	制造费用	—	—	14 000	3.5
	合　计	40 000	10	50 000	12.5
期间成本	固定性制造费用	10 000	—	—	—
	销售费用	1 600	—	1 600	—
	管理费用	2 800	—	2 800	—
	财务费用	600	—	600	—
	合　计	15 000	—	5 000	—

在变动成本法下，单位产品成本的构成都是单位变动成本，所以单位产品成本就是一个常量，无论各期产量是多少，单位产品成本都不变。

但在完全成本法下，单位产品成本＝单位变动生产成本＋固定制造费用/当期产量，如果第一年的产量为 2 000 件，则第一年的单位产品成本为 15 元/件（$10+\frac{10\ 000}{2\ 000}$＝15 元/件），并且第 2 年的期初存货单位成本就是 15 元/件，与本期的单位成本不同。

由于单位变动生产成本和固定制造费用都是常量，所以在完全成本法下，单位产品成本随各期产量不同而变化，并且产量越大，单位产品成本越低。

（二）存货成本及销货成本不同

由于变动成本法与完全成本法下产品成本构成内容的不同，所以产成品和在产品存货的成本构成内容也就不同。

采用变动成本法，不论是库存产成品、在产品还是已销产品，其成本均只包括制造成本中的变动部分，期末存货计价也只是这一部分。而采用完全成本法时，不论是库存产成品、在产品还是已销产品，其成本中均包括了一定份额的固定制造费用。当各期的产量不同、存货计价方法不同时，就会得到不同的存货成本和销货成本。

期末存货成本＝期末存货量×期末存货的单位成本

本期销货成本＝期初存货成本＋本期生产成本－期末存货成本

由于变动成本法下各期的单位产品成本是一样的，而完全成本法下各期的单位产品成本随产量和存货计价方法不同而变化。所以：

变动成本法下本期销货成本＝(期初存货量＋本期生产量－期末存货量)×单位产品成本＝本期销量×单位产品成本

完全成本法下的本期销货成本由于各期单位产品成本不同及存货计价方法不同，计算起来比较复杂。

根据【例 2－8】的数据，甲产品第 2 年的存货成本和销售成本计算分析过程及结果如表 2.11 所示。

表 2.11　存货成本和销货成本的计算分析（存货计价采用先进先出法）

序号	项目	变动成本法	完全成本法	差额
①	期初存货成本（元）	10×500＝5 000	15×500＝7 500	－2 500
②	本期产品成本（元）	40 000	50 000	－10 000
③＝①＋②	可供销售商品成本合计（元）	45 000	57 500	－12 500
④＝③÷产量	单位产品成本（元/件）	10	12.5	－2.5
⑤	期末存货量（件）	1 500	1 500	0
⑥＝④×⑤	期末存货成本（元）	15 000	12.5×1 500＝18 750	－3 750
⑦＝③－⑤	本期销货成本（元）	30 000	500×15＋2 500×12.5＝38 750	－8 750

（三）损益确定步骤不同

变动成本法确定损益的步骤为：

第一步：营业收入—变动成本＝边际贡献

第二步：边际贡献—固定成本＝营业利润

完全成本法的步骤是：

第一步：营业收入—营业成本＝营业毛利

第二步：营业毛利—非生产成本＝营业利润

其中：营业成本＝期初存货成本＋本期生产成本—期末存货成本

由于所编制的利润表格式及提供的中间指标有所不同，所以通常把变动成本法编制的利润表叫贡献式利润表，完全成本法编的叫传统式利润表。把上述步骤用简化利润表表达出来，如表 2.12 所示：

表 2.12　利润表格式（简化）

贡献式利润表	传统式利润表
营业收入	营业收入
减：变动成本	减：营业成本
变动销售成本	期初存货成本
变动期间费用	本期生产成本
变动成本合计	期末存货成本
边际贡献	营业成本合计
减：固定成本	营业毛利
固定制造费用	减：期间费用
固定销售和管理费用	销售和管理费用
固定财务费用	财务费用
固定成本合计	期间费用合计
营业利润	营业利润

【例 2-9】某企业经营丙产品，第一年生产 2 000 件，销售 1 500 件；第二年生产 2 500 件，销售 2 800 件；第三年生产 2 800 件，销售 3 000 件。单位丙产品的直接材料 1.5 元/件，直接人工 2.5 元/件，变动制造费用 0.8 元/件，变动销售和管理费用 0.5 元/件；全年该企业固定制造费用 2 500 元，固定销售及管理费用 1 500 元。存货计价采用先进先出法。丙产品的单价为 10 元/件。

请用两种成本方法编制其利润表，贡献利润表见表 2.13，传统式利润表见表 2.14。

解：变动成本法下，第 1 年丙产品的单位成本＝第 2 年丙产品的单位成本＝第 3 年年丙产品的单位成本＝1.5＋2.5＋0.8＝4.8（元/件）

第 1 年销售成本＝4.8×1 500＝7 200（元）

第 2 年销售成本＝4.8×2 800＝13 440（元）

第 3 年销售成本＝4.8×3 000＝14 400（元）

第 1 年变动期间费用＝0.5×1 500＝750（元）

第 2 年变动期间费用＝0.5×2 800＝1 400（元）

第 3 年变动期间费用＝0.5×3 000＝1 500（元）

表 2.13　贡献式利润表

单位：元

项目	第 1 年	第 2 年	第 3 年
营业收入	15 000	28 000	30 000
减：变动成本			
变动销售成本	7 200	13 440	14 400
变动期间成本	750	1 400	1 500
变动成本合计	7 950	14 840	15 900
边际贡献	7 050	13 160	14 100
减：固定成本			
固定制造费用	2 500	2 500	2 500
固定期间成本	1 500	1 500	1 500
固定成本合计	4 000	4 000	4 000
营业利润	3 050	9 160	10 100

完全成本法下，第 1 年丙产品的单位成本＝4.8＋2 500÷2 000＝6.05（元/件）

第 2 年丙产品的单位成本＝4.8＋2 500÷2 500＝5.8（元/件）

第 2 年的期末存货成本＝200×5.8＝1 160（元）

第 3 年丙产品的单位成本＝4.8＋2 500÷2 800≈5.69（元/件）

第 1 年的期间费用＝750＋1 500＝2 250（元）

表 2.14　传统式利润表

单位：元

项目	第 1 年	第 2 年	第 3 年
营业收入	15 000	28 000	30 000
减：营业成本			
期初存货成本	0	3 025	1 160
本期生产成本	121 000	14 500	15 932
期末存货成本	3 025	1 160	0
营业成本合计	9 075	16 365	17 092
营业毛利	5 925	11 635	12 908
减：期间费用	2 250	2 900	3 000
营业利润	3 675	8 735	9 908

第一年变动成本法算出来的利润比完全成本法算出来的少了 625 元（3 675－3 050＝625 元）；第二年，变动成本法算出来的利润比完全成本法算

出来的多了 425 元（9 160－8 735＝425 元），这是因为两个方法中对固定制造费用的处理不同。

接下来把两个方法 3 年的利润分别加总，变动成本法 3 年总利润＝3 050＋9 160＋10 100＝22 310（元），完全成本法 3 年总利润＝3 675＋8 735＋9 908＝22 318（元）（8 元的差异是由于计算造成的）。可以看到当期初存货成本等于期末存货成本时，两种成本计算方法对利润的计算结果没有影响。

如前所述，变动成本法下的产品成本只包括变动制造成本，而将固定制造成本当作期间成本，也就是说对固定制造成本的补偿由当期销售的产品承担。而完全成本法下的产品成本既包括变动制造成本，又包括固定制造成本。完全成本法下对固定制造成本的补偿是由当期生产的产品承担，期末未销售的产品与当期已销售的产品承担着相同的份额。

固定制造成本在处理上述分歧上对两种成本计算方法下的损益计算有影响，影响的程度取决于产量和销量的平衡程度，且表现为相向关系。即产销越平衡，两种成本计算法下所计算的损益相差就越小，反之则越大。只有当本期产销平衡时，损益计算上的差异才会消失。

依照产量与销量之间的相互关系，可以将变动成本法与完全成本法对各期损益计算的影响归纳为以下三种情况：

（1）当产量等于销量时，两种成本法下计算的损益完全相同。表 2.12 与表 2.13 中的第 1 年就属于这种情况。在这种情况下，固定制造费用无论是作为固定成本还是作为产品成本，对损益计算来说并不重要，重要的是它已全额列为收入的减项而进入了损益。

（2）当产量大于销量时，按变动成本法计算的损益小于按完全成本法所计算的损益。这是因为固定制造费用在变动成本法下被列作了当年的成本；而在完全成本法下，相应份额的固定制造费用被列作了当年的资产（即期末存货成本的一部分）。表 2.12 与表 2.13 中的第 2 年就属于这种情况。

（3）当产量小于销量时，按变动成本法计算的损益大于按完全成本法所计算的损益。

三、两种成本计算方法的评价

（一）变动成本法的优缺点

变动成本法的优点主要体现在：

（1）变动成本法可以提供有用的成本信息，便于进行企业的成本分析与控制，有利于企业的短期经营决策。

（2）变动成本法更符合会计的配比原则，便于企业对各部门的业绩进行评价。

（3）变动成本法能够揭示企业利润和业务量之间的正常关系，有利于促使企业重视销售工作，防止盲目生产。

（4）变动成本法既可以简化成本计算工作，也可以避免固定制造费用分摊中的主观臆断性。

当然，变动成本法也有一定的局限性，主要体现在：

（1）按变动成本法计算的产品成本不符合传统的成本观念，不符合税法的有关要求。

（2）按成本性态将成本划分为固定成本与变动成本本身的局限性，即这种划分在很大程度上是假设的结果。

（3）变动成本法不适应企业的长期决策，因为变动成本法中的相关范围假设在长时间里不可能不会发生改变。

（4）变动成本法不能编制对外报表。

（二）完全成本法的优缺点

完全成本法的优缺点是相对于变动成本法而言的，亦如变动成本法的优缺点是相对于完全成本法而言。比如，变动成本法下的产品成本不符合传统的成本概念，自然完全成本法下的产品成本符合传统的成本概念。但变动成本法与完全成本法之间也并非是一种简单的“此是彼非”和“此非彼是”关系。例如，变动成本法使人们更加重视销售环节，当然是优点；而完全成本法使人们重视生产环节（有刺激生产的作用），也不一定就是缺点，至少不一定总是缺点（如当产品供不应求时，生产就是第一位的）。此外，变动成本法与完全成本法还有共同的局限性，决策是面向未来的，而不论是完全成本法还是变动成本法，都是面向过去的，都是有关过去经济活动的反映。因此，除非它们能协助决策，否则，它们所提供的成本信息的价值就都仅限于提供本身了。在评价变动成本法与完全成本法的优劣时，有一个问题应该引起足够的认识，那就是社会经济的发展必然导致资本有机构成的提高，固定制造费用当然也会提高。相对而言，直接成本特别是直接人工成本在制造成本中所占的比重会越来越小，变动成本法下的成本信息于决策的作用恐怕就要另当别论了。

通过上述分析，完全成本法的优点主要表现在：

（1）能够完整地计算产品成本和存货价值，有利于企业产品的定价及长期决策。

（2）便于直接编制对外会计报表，满足企业外部利益相关者的需要。它是企业对外提供财务会计报表的主要依据。

（3）能够激励企业提高产品产量。

完全成本法的局限性主要体现在：

（1）该方法计算出来的单位产品成本会掩盖企业生产部门节约与浪费的真实情况。

（2）该方法计算出来的分期损益，其结果令人费解。

（3）该方法不能为企业提供变动成本和固定成本的资料，不利于企业进行预测与决策分析，也不利于企业对经济活动的规划与控制。

（4）该方法不利于简化成本核算，产品成本带有一定的主观性。

思考与练习题

一、思考题

造成完全成本法与变动成本法下计算的利润不相等的根本原因是什么？

二、判断题

1. 采用高低点法进行成本性态分析时，若业务量最高点、最低点与成本最高点、最低点不一致时，高低点坐标的选择以业务量为准。（　　）

2. 如现在持有的某设备在购置时价值是 10 万元，而现在购置同款设备需要 12 万元，若不考虑折旧问题，那么相关决策的成本应该以 12 万元为参考值。（　　）

3. 完全成本法揭示了利润与销售量之间的正常关系。（　　）

4. 利用回归直线法进行成本性态分析的计算结果最精确，但计算工作量最大。（　　）

5. 定期支付的广告费属于约束性固定成本。（　　）

6. 如果期初存货成本中包含的固定制造费用大于期末存货成本中的固定制造费用时，完全成本法确定的营业净利润小于变动成本法确定的营业净利润。（　　）

7. 运用一元线性回归法推导出的成本模型可以准确地表达成本发生额。（　　）

8. 不论何种条件下，固定成本总额都不随业务量的增减而发生变化。 （　　）

9. 将全部成本分为固定成本、变动成本和混合成本所采用的分类标志是成本的经济用途。 （　　）

10. 不论何种形式的租赁费都属于酌量性固定成本。 （　　）

三、单项选择题

1. 在历史资料分析法的具体应用方法中，计算结果最为精确的方法是（　　）。

A. 高低点法　B. 散布图法　C. 回归直线法　D. 直接分析法

2. 在应用高低点法进行成本性态分析时，选择高点坐标的依据是（　　）。

A. 最高的业务量　B. 最高的成本

C. 最高的业务量和最高的成本　D. 最高的业务量或最高的成本

3. 技术研发费应该归属为（　　）。

A. 酌量性固定成本　B. 约束性固定成本

C. 技术性变动成本　D. 约束性变动成本

4. 分解混合成本的方法很多，但常用的数学分解方法有高低点法、散布图法和（　　）。

A. 本量利分析　B. 公式法

C. 数学模型法　D. 回归直线法

5. 如果某企业连续三年按变动成本法计算的营业利润分别为 10 000 元、12 000 元和 11 000 元。则下列表述中唯一正确的是（　　）。

A. 第三年的销量最小　B. 第二年的销量最大

C. 第一年的产量比第二年少　D. 第二年的产量比第三年多

6. 若期初的存货中包含的固定制造费用大于期末存货中包含的固定制造费用，则用完全成本法算出的税前利润（　　）按变动成本法计算出的税前利润。

A. 大于　B. 小于　C. 等于　D. 不能确定

四、计算题

某企业生产的甲产品 1—8 月份的产量及总成本资料如表 2.15 所示：

表 2.15　甲产品 1—8 月份的产量及总成本

月份	1	2	3	4	5	6	7	8
产量（件）	18	20	19	16	22	25	28	21
总成本（元）	6 000	6 600	6 500	5 200	7 000	7 900	8 200	6 800

要求：(1) 采用高低点法进行成本性态分析；

(2) 采用回归直线法进行成本性态分析。

五、分别用完全成本法和变动成本法编制利润表（按照利润表的标准格式编制）

D公司产销丙产品，第一年、第二年的产量分别为8 000件和5 000件，销量分别为7 000件和4 000件，存货的计价采用先进先出法。每件产品售价为130元，生产成本为：单位变动生产成本60元/件，固定生产成本全年发生额80 000元，变动性销售与管理费用为每件18元，固定性销售、管理与财务费用每年150 000元。

要求：(1) 分别采用两种成本计算法计算第一年和第二年的单位产品成本。

(2) 分别用两种成本方法编制利润表。

(3) 分析利用两种成本方法计算得到的第一年和第二年税前利润产生差异的原因及利弊。

第三章　本量利分析

【学习目的】 通过本章的学习，学生要理解和掌握本量利分析的概念界定、核心要素和基本公式；理解本量利分析在企业的经营管理中的应用范围；能够运用单一品种的保本分析和多品种条件下的本量利分析，以及敏感性分析。

【学习重点】 本量利分析的基本假设；本量利分析中的常用概念及分析方法；盈利条件下的保利点、保净利点等相关计算方法；盈亏平衡点和利润的敏感性分析。

【学习难点】 本量利分析的基本假设的理解与运用；保本分析和盈利条件下的计算方法；敏感性分析的应用。

第一节　本量利分析概述

一、本量利分析的基本涵义

（一）本量利分析的概念界定

本量利分析也称为 CVP（Cost-Volume-Profit）分析，对成本、业务量、利润之间的相互关系进行分析，是现代管理会计中的一项重要分析工具。它在变动成本计算模式的基础上，以数学化的会计模型与图式来揭示固定成本、变动成本、销售量、单价、销售额以及利润等变量之间的内在规律性联系，为企业进行预测、决策、计划和控制等活动提供必要的财务信息。本量利分析作为定量分析方法中的一种，可以帮助企业清晰地看到不同销售数量、成本水平和价格策略对利润的影响，从而制定出更加合理的经营策略。

（二）本量利分析的核心要素

本量利分析的核心要素主要包括以下几个方面：

（1）成本习性分析。它需要区分固定成本和变动成本。固定成本是指在一定时期内不随业务量增减而变动的成本；变动成本则是指随业务量增减而呈正比例变动的成本。正确区分这两种成本是进行本量利分析的基础。

（2）销售量与销售额。销售量反映了企业产品或服务的市场需求情况，而销售额则是销售量与单价的乘积，直接影响了企业的营业收入。

（3）单位产品贡献毛益。单位产品贡献毛益是销售单价与单位变动成本的差额，它表示每销售一个单位产品所能为企业带来的毛利润。

（4）贡献毛益总额。贡献毛益总额是指销售收入减去变动成本总额后的余额，它反映了企业通过销售活动能够覆盖固定成本并创造利润的潜力。

（5）盈亏平衡点。盈亏平衡点是指企业利润为零时的销售量或销售额，它是企业经营决策的重要参考指标。

（三）本量利分析的应用范围

本量利分析在企业的经营管理中具有广泛的应用范围，主要体现在以下几个方面：

（1）利润预测。对不同销售数量、成本和价格水平下的利润进行预测，从而为企业制定经营计划提供依据。

（2）决策分析。帮助企业决策者评估不同方案下的盈利状况，从而选择最优方案。

（3）成本控制。分析成本习性，找出成本控制的关键点，从而制定有效的成本控制措施。

（4）风险评估。计算盈亏平衡点，评估企业面临的市场风险和经营风险，进而为风险管理和应对提供依据。

二、本量利分析的基本公式

成本按性态分析明确了成本与业务量之间的数量关系。以此为基础进一步扩展和延伸，引入利润因素，则可确立成本、业务量和利润三者之间的数量依存关系。这种数量关系用数学方程式来描述就可得到本量利分析的基本公式，即：

税前利润＝销售收入－总成本

＝销售单价×销售数量－（变动成本＋固定成本）

＝（销售单价－单位变动成本）×销售数量－固定成本

假定税前利润表示为 I，销售收入表示为 S，销售单价表示为 P_i，销售量表示为 X，变动成本表示为 V，单位变动成本表示为 V_i，固定成本表示为 F，则在本量利分析中涉及的利润、销售收入、变动成本和固定成本等变量之间存在的关系就可以表示为：

$$\begin{aligned} I &= S - V - F \\ &= P_i X - V_i X - F \end{aligned}$$

该公式可以经过形式上的各种变换，通过已知变量来预测未知变量。一般情况下，在规划期间计算净利润的时候，通常将销售单价 P_i、单位变动成本 V_i 和固定成本 F 视为稳定常量，只有销售量 X 和税前利润 I 是自由变量。

三、本量利分析的基本假设

（一）相关范围假设

相关范围是指在一定的期间和一定的业务量范围。相关范围分为期间假设和业务量假设。期间假设表示固定成本和单位变动成本只有在一定的期间才会保持不变；业务量假设表示固定成本和变动成本的数量规律是在一定业务量范围内才成立的。

（二）线性假设

在固定成本总额和单位变动成本均保持不变的情况下，总成本性态模型表现为线性方程式（$y=a+bx$）。同时，在相关范围内，单价也保持不变，使销售收入函数也是一个直线方程式（$y=px$）。此外，总成本函数和收入函数均以同一产销业务量为自变量。

（三）产销平衡假设

即本期生产的产品全部实现销售或者前后期间期末存货数量和种类保持不变。

（四）品种结构不变假设

在企业产销多品种产品的条件下，各产品的获利能力一般会有所不同。为简化问题，在进行本量利分析时，假设在多种产品生产和销售的企业中，多种产品的销售收入在总收入中所占比重不变。

四、边际贡献及其相关指标的计算

（一）边际贡献的含义及计算

（1）边际贡献。边际贡献是本量利分析中的一个重要概念，也称贡献毛益、贡献边际、边际利润等。它是指产品销售收入与相应的变动成本之间的差额。其公式表示如下：

边际贡献＝销售收入－变动成本

边际贡献通常有两种表现形式：一是单位概念，称为单位边际贡献，是指每种产品的销售单价减去该产品的单位变动成本的差额；二是总额概念，称为边际贡献总额，是指全部产品的销售收入总额减去全部产品的变动成本总额后的差额。

（2）单位边际贡献。其计算公式如下：

单位边际贡献＝销售单价－单位变动成本

用字符表示为：$M_i = P_i - V_i$

式中：M_i表示单位边际贡献。

单位边际贡献的本质是反映各种产品的盈利能力，即每增加一个单位产品的销售可提供的边际贡献。

（3）边际贡献总额。其计算公式如下：

边际贡献总额＝销售收入总额－变动成本总额

用字符表示为：$M = S - V$

式中：M 表示边际贡献总额。

边际贡献总额可以反映边际贡献将为企业的营利利润作出多大贡献。

（二）边际贡献率

边际贡献率是指单位边际贡献除以销售单价的百分率；或以边际贡献总额除以销售收入总额的百分率。边际贡献率是相对数指标，反映每百元销售额中能提供的边际贡献金额。边际贡献率的计算公式如下：

$$\text{边际贡献率} = \frac{\text{单位边际贡献}}{\text{销售单价}} \times 100\% = \frac{\text{边际贡献总额}}{\text{销售收入总额}} \times 100\%$$

用字符表示为：$MR = \frac{M_i}{P_i} \times 100\% = \frac{M}{S} \times 100\%$

式中：MR 为边际贡献率。

当企业产销多种产品时，一般可以用加权平均边际贡献率来反映边际贡献水平。其计算公式如下：

$$加权平均边际贡献率=\frac{\sum 各产品边际贡献}{\sum 各产品销售收入}\times 100\%$$

或：加权平均边际贡献率$=\sum$（各产品边际贡献率×各产品的销售比重）

【例 3-1】某企业只生产一种产品，单价为 5 元/件，单位变动成本为 3 元/件，销售量为 600 件，固定成本为 900 元。要求：计算该产品的边际贡献总额、单位边际贡献、边际贡献率以及产品利润。

解：根据公式得：

$$边际贡献总额\ M=S-V=5\times 600-3\times 600=1\ 200（元）$$

$$单位边际贡献 M_i=P_i-V_i=5-3=2（元/件）$$

$$边际贡献率\ MR=\frac{M}{S}\times 100\%=\frac{1\ 200}{5\times 600}\times 100\%=40\%$$

$$利润=M-F=1\ 200-900=300（元）$$

【例 3-2】某企业生产甲、乙两种产品，甲产品的销售单价为 20 元/件，单位变动成本为 10 元/件，本月销售量为 600 件；乙产品销售单价为 25 元/件，单位变动成本为 20 元/件，本月销售量为 1 000 件。试计算企业产品的加权平均边际贡献率。

解：根据公式得：

$$\begin{aligned}\begin{array}{c}加权平均\\边际贡献率\end{array}&=\frac{\sum 各产品边际贡献}{\sum 各产品销售收入}\times 100\%\\&=\frac{(20-10)\times 600+(25-20)\times 1\ 000}{20\times 600+25\times 1\ 000}\times 100\%\approx 29.73\%\end{aligned}$$

也可以这样计算：甲产品的边际贡献率$=\frac{M_i}{P_i}\times 100\%=\frac{20-10}{20}\times 100\%=50\%$

$$甲产品的销售比重=\frac{20\times 600}{20\times 600+25\times 1\ 000}\times 100\%\approx 32.43\%$$

同理，乙产品的边际贡献率＝20%，乙产品的销售比重≈67.57%

$$加权平均边际贡献率=50\%\times 32.43\%+20\%\times 67.57\%\approx 29.73\%$$

（三）变动成本率

与边际贡献率密切相关的一个指标是变动成本率。所谓变动成本率是指变动成本在销售收入中所占的百分率。变动成本率指标反映每百元销售额中变动成本所占的金额。其计算公式如下：

$$变动成本率=\frac{变动成本}{销售收入总额}\times100\%=\frac{V}{S}\times100\%$$

$$变动成本率=\frac{单位变动成本}{销售单价}\times100\%=\frac{V_i}{P_i}\times100\%$$

由于边际贡献率和变动成本率都是以销售收入总额为分母进行计算的，两者相加之和为 100%，所以它们之间存在互补关系，可用以下公式表示：

$$边际贡献率+变动成本率=1$$

由此可见，变动成本率越高，边际贡献率越低，盈利能力越小；反之，变动成本率越低，边际贡献率越高，盈利能力越强。对企业的经营决策来说，边际贡献率或变动成本率是具有重要作用的导向性指标。

【例 3－3】沿用【例 3－2】的资料计算变动成本率。

解：根据公式计算得：

$$甲产品的变动成本率=\frac{10}{20}\times100\%=50\%$$

$$乙产品的变动成本率=\frac{20}{25}\times100\%=80\%$$

第二节　单一品种的保本分析

一、保本分析的基本概念

（一）保本分析的含义

保本分析是基于本量利关系原理进行的损益平衡分析或盈亏临界分析。它主要研究如何确定保本点，以及有关因素变动的影响，为决策提供超过哪个业务量企业会盈利，或者低于哪个业务量企业会亏损等信息。

（二）保本量分析

对生产销售单一产品的企业来说，保本点的计算并不困难。

由于计算利润的公式为：

息税前利润＝销售单价×销售量－单位变动成本×销售量－固定成本

令息税前利润＝0，此时的销售量即为保本量：

$$0=\text{销售单价}\times\text{保本量}-\text{单位变动成本}\times\text{保本量}-\text{固定成本}$$

$$\text{保本量}=\frac{\text{固定成本}}{\text{销售单价}-\text{单位变动成本}}$$

又因为：销售单价－单位变动成本＝单位边际贡献

所以，上式又可写成：$\text{保本量}=\frac{\text{固定成本}}{\text{单位边际贡献}}$

【例 3－4】某企业仅产销一种产品，销售单价为 2 元/件，单位变动成本为 1.2 元/件，固定成本为 1 600 元/月，计算其每月盈亏保本量。

解：$\text{保本量}=\frac{1\ 600}{2-1.2}=2\ 000$（件）

（三）保本额分析

保本额分析是指计算单位产品的固定成本和可变成本，以确定企业需要实现的最低销售额，从而保证不亏损的一种方法。它通过计算保本额来确定销售额的底线。保本额是指当销售达到该额度时，企业能够弥补的全部成本。其计算公式如下：

$$\text{保本额}=\frac{\text{固定成本}}{\text{边际贡献率}}$$

【例 3－5】沿用【例 3－4】的资料计算每月保本额。

解：$\text{保本额}=\frac{1\ 600}{(2-1.2)\div 2}=\frac{1\ 600}{0.4}=4\ 000$（元）

二、保本点的确定

（一）保本点的含义与意义

保本点，也称盈亏平衡点，是指企业收入与成本相等的经营状态，即边际贡献等于固定成本时企业所处的既不盈利又不亏损的状态。当企业销售水平低于盈亏平衡点时，企业处于亏损状态；随着销售水平的提高，企业亏损逐渐得到弥补，达到盈亏平衡点；当销售水平高于盈亏平衡点时，企业处于盈利状态。由此可见，确定企业经营的盈亏平衡点是十分重要的。

根据盈亏平衡点的定义可知：

$$\text{盈亏平衡点销售量}=\frac{\text{固定成本}}{\text{销售单价}-\text{单位变动成本}}=\frac{F}{P_i-V_i}$$

$$盈亏平衡点销售额=盈亏平衡点销售量\times销售单价=\frac{F}{P_i-V_i}\times P_i$$

与盈亏平衡点相联系的另外一个指标是盈亏平衡点作业率。其计算公式如下：

$$盈亏平衡点作业率=\frac{盈亏平衡点销售量}{实际或预计销售量}\times 100\%$$

（二）保本点的表现形式

保本点有两种表现形式：一种用实物数量表现，称为保本销售量，即销售多少数量的产品能够保本，简称保本量；另一种是用货币金额来表现，称为保本销售额，即销售多少金额的产品才能够保本，简称保本额。

（三）单一品种保本点的确定方法

1. 公式法

【例 3－6】假设某企业生产和销售单一产品。产品的售价为 50 元/件，单位变动成本为 30 元/件，全年固定成本为 600 000 元。计算盈亏平衡点的销售量和销售额。

解：由前面公式计算盈亏平衡点的销售量和销售额如下：

$$盈亏平衡点的销售量=\frac{600\ 000}{50-30}=30\ 000（件）$$

$$盈亏平衡点的销售额=30\ 000\times 50=1\ 500\ 000（元）$$

2. 边际贡献法

边际贡献法是指在本量利分析中，利用边际贡献指标与业务量、利润之间的关系计算盈亏平衡点的一种方法。其计算公式如下：

$$盈亏平衡点的销售量=\frac{固定成本}{单位边际贡献}=\frac{F}{M_i}$$

$$盈亏平衡点的销售额=\frac{固定成本}{边际贡献率}=\frac{F}{MR}$$

【例 3－7】某企业只生产 A 产品，单价为 100 元/件，单位变动成本为 70 元/件，企业全年的固定成本总额为 300 000 元，本年销售量为 1 500 件。试用边际贡献法计算盈亏平衡点的销售量和销售额。

解：根据公式计算得：

$$单位边际贡献=100-70=30（元/件）$$

边际贡献率＝(30÷100)×100%＝30%

则：　　盈亏平衡点销售量＝300 000÷30＝10 000（件）

盈亏平衡点销售额＝300 000÷30%＝1 000 000（元）

3. 图示法

盈亏平衡点也可以用本量利分析图来表示。本量利分析图是指在平面直角坐标系上反映项目（产品）在不同业务量水平条件下的盈亏状况的图形，也称盈亏平衡图。本量利关系图按照数据的特征和目的不同，通常分为传统式、边际贡献式和利量式三种，其中，传统式本量利关系图在管理会计中运用最为广泛且能反映最基本的本量利关系。

（1）传统式。下面仅介绍传统式本量利关系的绘制方法，其余从略。其图形分别如图 3.1、图 3.2、图 3.3 所示。

第一步，在直角坐标系中，以横轴表示业务量，以纵轴表示成本或业务收入。

第二步，在纵轴上找出固定成本数值，即以（0，固定成本数值）为起点，绘制一条与横轴平行的固定成本线。

第三步，以（0，固定成本数值）为起点，以单位变动成本为斜率，绘制总成本线。

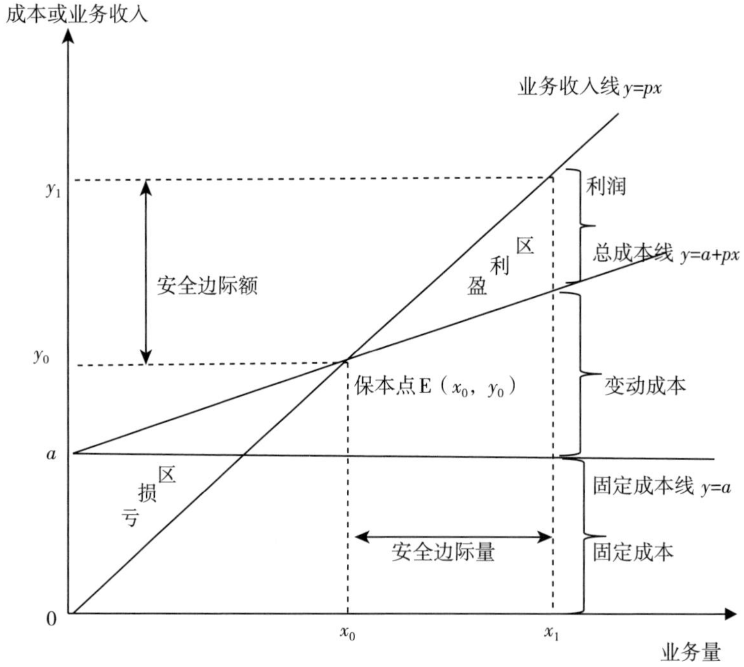

图 3.1　传统式本量利关系

第四步，以坐标原点（0，0）为起点，以单价为斜率，绘制业务收入线。

第五步，总成本线和业务收入线的交点就是盈亏平衡点（保本点）。

（2）边际贡献式。边际贡献式本量利关系见图 3.2。

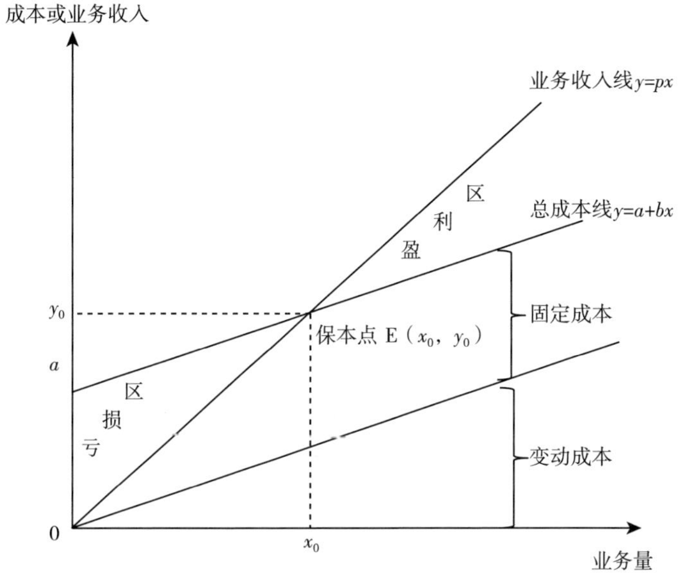

图 3.2　边际贡献式本量利关系

（3）利量式。利量式本量利关系如图 3.3 所示。

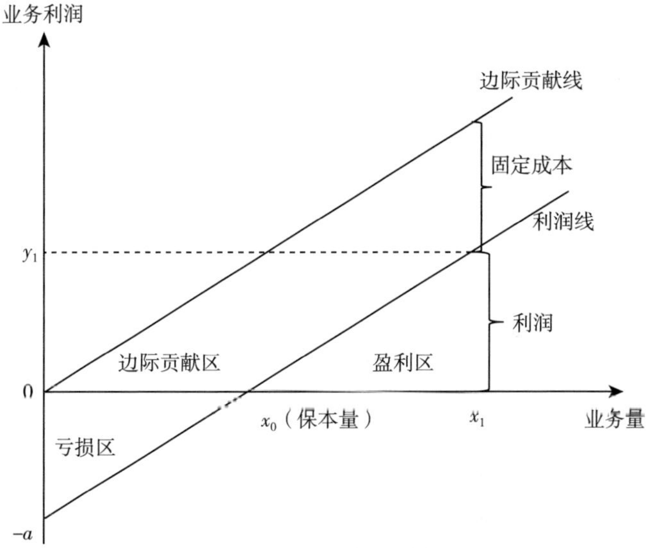

图 3.3　利量式本量利关系

三、企业经营安全程度的评价指标

（一）安全边际指标

1. 安全边际

安全边际是指现有或预计的销售业务量与保本点业务量之间的差量，是正指标。它是反映企业生产经营安全性的重要指标，是表示企业销售水平超出企业盈亏平衡点的程度。安全边际数值越大，企业发生亏损的可能性越小，企业的生产经营获得就越安全。

安全边际有两种表示方式，一种是以实物单位表示，称为安全边际量；另一种是以货币金额表示，称为安全边际额。它们的计算公式如下：

安全边际量＝实际或预期的销售量－盈亏平衡点销售量

安全边际额＝实际或预期的销售额－盈亏平衡点销售额

2. 安全边际率

安全边际率是指安全边际与实际或预期销售水平的比值。其计算公式如下：

$$\text{安全边际率}=\frac{\text{安全边际}}{\text{实际销售额（或预期销售额）}}\times 100\%$$

安全边际率同样可以衡量企业生产经营的安全性。安全边际率越大，企业生产经营的安全程度越高，经营风险就越低。企业安全性的检验数据如表 3.1 所示。

表 3.1　企业生产经营安全性检验标准

安全边际率	40%以上	30%～40%	20%～30%	10%～20%	10%以下
安全等级	很安全	安全	较安全	值得注意	危险

3. 安全边际与利润的关系

利润是由安全边际提供的，只有超过盈亏平衡点的销售收入才能为企业创造利润，因此有以下公式：

营业利润＝(销售单价－单位变动成本)×销量－固定成本

＝单位边际贡献×安全边际销售量

＝边际贡献率×安全边际销售额

$$销售利润率=安全边际率\times边际贡献率$$

【例 3-8】某企业生产甲产品，根据有关资料计算，单位变动成本为 80 元/件，固定成本总额为 10 000 元，若销售单价为 100 元/件，当年的产销量是 800 件。试计算该产品的安全边际量、安全边际额和安全边际率。

解：
$$安全边际量=800-500=300（件）$$
$$安全边际额=300\times100=30\ 000（元）$$
$$安全边际率=\frac{300}{800}\times100\%=37.5\%$$

（二）保本作业率的指标

保本作业率又叫危险率，是指保本点业务量占现有或预计销售业务量的百分比，该指标是一个反指标，越小说明越安全。其计算公式如下：

$$保本作业率=\frac{保本量}{现有或预计销售量}\times100\%$$
$$=\frac{保本额}{现有或预计销售额}\times100\%$$
$$安全边际率+保本作业率=1$$

【例 3-9】沿用【例 3-8】的资料试计算该产品的保本作业率。

解：
$$保本作业率=\frac{500}{800}\times100\%=62.5\%$$

结果表明，开工率至少达到正常销售量的 62.5%才能保本。

第三节　多品种条件下的本量利分析

一、综合边际贡献率法

综合边际贡献率法也称加权平均法，是指将各种产品的边际贡献率按照其各自的销售额比重进行加权平均，得出综合边际贡献率，然后再据此计算企业盈亏临界点的销售额、每种产品的盈亏临界点以及保净利点销售额的方法。其基本公式为：

$$盈亏临界点销售额=\frac{固定成本总额}{综合边际贡献率}$$

$$保净利点销售额=\frac{固定成本总额+目标利润}{综合边际贡献率}$$

企业盈亏临界点的具体计算步骤是：

（1）计算各种产品的边际贡献率。其计算公式如下：

$$边际贡献率=\frac{单位边际贡献}{销售单价}$$

（2）计算各种产品的销售比重。其计算公式如下：

$$某种产品的销售比重=\frac{该种产品的销售总额}{全部产品的销售总额}\times 100\%$$

（3）计算综合边际贡献率。其计算公式如下：

$$综合边际贡献率=\sum(各种产品边际贡献率\times 该种产品的销售比重)$$

（4）计算企业盈亏临界点销售额。其计算公式如下：

$$盈亏临界点销售额=\frac{固定成本总额}{综合边际贡献率}$$

$$保净利点销售额=\frac{固定成本总额+目标利润}{综合边际贡献率}$$

（5）计算各种产品的盈亏临界点销售额及保净利点销售额。它们的计算公式如下：

$$\begin{matrix}某种产品的盈亏\\临界点销售额\end{matrix}=\begin{matrix}企业盈亏\\临界点销售额\end{matrix}\times 该种产品的销售比重$$

$$\begin{matrix}某种产品的\\保净利点销售额\end{matrix}=\begin{matrix}企业保净利点\\销售额\end{matrix}\times 该种产品的销售比重$$

【例 3-10】A 公司生产甲、乙、丙三种产品，全年预计固定成本为 21 万元，预计销售量分别是 8 000 件、5 000 件、3 000 件，预计销售单价分别是 40 元/件、80 元/件、100 元/件，单位变动成本分别是 20 元/件、50 元/件、80 元/件，预计利润为 20 万元。

要求：通过表 3.2 完成多品种保本点的计算。

表 3.2　多品种保本点和保利点的计算

产品	甲产品	乙产品	丙产品	合计
销售额（元）	320 000.00	400 000.00	300 000.00	1 020 000.00
销售额比重（%）	31.37	39.22	29.41	100.00
边际贡献（元/件）	160 000.00	150 000.00	60 000.00	370 000.00
边际贡献率（%）	50.00	37.50	20.00	107.50
保本额（元）	181 629.45	227 080.23	170 281.22	578 990.90
保利额（元）	354 609.87	443 347.12	332 453.82	1 130 410.81

解：综合边际贡献率＝31.37％×50.00％＋39.22％×37.50％＋29.41％×20.00％＝36.27％

盈亏临界点销售额＝固定成本总额/综合边际贡献率＝210 000/36.27％≈578 990.90 元

保净利点销售额＝（固定成本总额＋目标利润）/综合边际贡献率＝（210 000＋200 000）/36.27％≈1 130 410.81 元

二、联合单位法

所谓联合单位法，是指企业各种产品之间存在相对稳定的产销量比例关系，这一比例关系的产品组合先可以视作同一个联合单位，然后确定每一联合单位的售价和单位变动成本，最后进行多品种的盈亏临界点分析的一种方法。如企业 A、B、C 三种产品，其销量比为 1∶2∶3，则这三种产品的组合就构成一个联合单位。然后按照这种销量比来计算各种产品共同构成的联合单价和联合单位变动成本。即：

联合销售单价＝A 产品单价×1＋B 产品单价×2＋C 产品单价×3

联合单位变动成本＝A 产品单位变动成本×1＋B 产品单位变动成本×2＋C 产品单位变动成本×3

然后就可以计算出联合保本量，即：

$$联合保本量=\frac{固定成本}{联合单价-联合单位变动成本}$$

某产品保本量＝联合保本量×该产品销量比

同理，也可计算出联合保利量：

$$联合保利量=\frac{固定成本+目标利润}{联合单价-联合单位变动成本}$$

某产品保利量＝联合保利量×该产品销量比

这种方法主要适用于有严格产出规律的联合产品生产企业。

【例 3－11】某公司生产销售 A、B、C 三种产品，销售单价分别为 20 元/件、30 元/件、40 元/件；预计销售量分别为 30 000 件、20 000 件、10 000 件；预计各产品的单位变动成本分别为 12 元/件、24 元/件、28 元/件；预计固定成本总额为 180 000 元。

要求：按联合单位法进行多种产品的保本点分析。

解：产品销售比=A∶B∶C=30 000∶20 000∶10 000=3∶2∶1

联合单价=20×3+30×2+40×1=160（元/件）

联合单位变动成本=12×3+24×2+28×1=112（元/件）

联合保本量=180 000/(160−112)=3 750（件）

各种产品保本销售量计算：

A产品保本销售量=3 750×3=11 250（件）

B产品保本销售量=3 750×2=7 500（件）

C产品保本销售量=3 750×1=3 750（件）

A产品保本销售额=11 250×20=225 000（元）

B产品保本销售额=7 500×30=225 000（元）

C产品保本销售额=3 750×40=150 000（元）

三、分算法

分算法是指在一定条件下，企业可以将全部固定成本按一定标准在各种产品之间进行分配，然后再对每一个品种分别进行盈亏临界点分析的方法。全部固定成本中的专属固定成本直接划归某种产品负担，而共同固定成本则要按照一定标准（如产品重量、体积、长度、工时、销售额等）分配给各种产品。如若产品种类过多，可先将边际贡献率相同或相近的产品归为一类，然后按类分别计算。

其做题步骤如下：假设企业只生产A、B两种产品。

第一步，分摊固定成本（假设固定成本按边际贡献的比重分配），其具体见表3.3。

表3.3 分摊固定成本的方法

项目	金额
方法一，计算成本分配率	固定成本分配率=固定成本/(A产品的边际贡献+B产品的边际贡献) ——相当于每1元的边际贡献，分摊了多少固定成本 分配给A产品的固定成本=A产品边际贡献×固定成本分配率 分配给B产品的固定成本=B产品边际贡献×固定成本分配率
方法二，直接按比例分配	分配给A产品的固定成本=固定成本×［A产品边际贡献/(A产品的边际贡献+B产品的边际贡献)］ 分配给B产品的固定成本=固定成本×［B产品边际贡献/(A产品的边际贡献+B产品的边际贡献)］

第二步，将各产品作为单一产品进行本量利分析。

在分配固定成本时，专属于某种产品的固定成本应直接计入该产品的固定成本。由多种产品共同负担的固定成本，则应选择适当的分配标准在各产品之间进行分配。

【例 3－12】某公司生产销售 A、B、C 三种产品，销售单价分别为 20 元、30 元、40 元；预计销售量分别为 30 000 件、20 000 件、10 000 件；预计各产品的单位变动成本分别为 12 元、24 元、28 元；预计固定成本总额为 180 000 元。

要求：按分算法进行多种产品的本量利分析。

解：固定成本分配率＝180 000/480 000＝0.375

分配给 A 产品的固定成本＝240 000×0.375＝90 000（元）

分配给 B 产品的固定成本＝120 000×0.375＝45 000（元）

分配给 C 产品的固定成本＝120 000×0.375＝45 000（元）

或：

分配给 A 产品的固定成本＝180 000×(240 000/480 000)＝90 000（元）

分配给 B 产品的固定成本＝180 000×(120 000/480 000)＝45 000（元）

分配给 C 产品的固定成本＝180 000×(120 000/480 000)＝45 000（元）

A 产品的盈亏平衡销售量＝90 000/(20－12)＝11 250（件）

A 产品的盈亏平衡销售额＝11 250×20＝225 000（元）

同理，B 产品和 C 产品的盈亏平衡销售量分别为 7 500 件、3 750 件，它们的盈亏平衡销售额分别为 225 000 元、150 000 元。

第四节　盈利条件下的本量利分析

前述保本分析是基于企业利润为 0（不亏也不盈）的前提，但是，企业并不会满足于只保本的状态。企业的根本目标是取得盈利，否则就无法生存和发展。

本章所讲的盈利条件下的本量利分析，是基于本量利的基本关系原理进行的。为确保企业达到既定目标利润，本章主要研究如何确定保利点和保净利点。

一、保利点及其计算

（一）保利点含义

保利点是指在单价和成本水平一定的情况下，为确保预先确定的目标利润（税前利润）能够实现，而应当达到的销售量或销售额的统称。

按照前面所讲述的本量利分析基本公式，可以将企业的税前利润表示为：

利润＝（销售单价×销售量）－［固定成本总额＋（单位变动成本×销售量）］

$=px-(a+bx)$

（二）达保利点的销售水平

根据上述公式，得出达到保利点应当实现的销售水平公式，具体为：

$$\text{目标销售量}=\frac{\text{固定成本总额}+\text{税前目标利润}}{\text{单位边际贡献}}$$

$$\text{目标销售额}=\frac{\text{固定成本总额}+\text{税前目标利润}}{\text{边际贡献率}}$$

【例 3－13】假设有一家甲公司，销售其所生产的 A 产品，销售单价为 200 元/件，单位变动成本为 120 元/件，固定成本总额为 10 000 元。已经确定明年的税前目标利润为 20 000 元，试分析甲公司应当实现的销售水平。

$$\text{目标销售量}=\frac{\text{固定成本总额}+\text{税前目标利润}}{\text{单位边际贡献}}=\frac{10\ 000+20\ 000}{200-120}=375\text{（件）}$$

$$\text{目标销售额}=\frac{\text{固定成本总额}+\text{税前目标利润}}{\text{边际贡献率}}=\frac{10\ 000+20\ 000}{\frac{200-120}{200}}=75\ 000\text{（元）}$$

（三）达保利点的销售单价水平

根据上述公式，得出达到保利点应当实现的销售单价水平公式，具体为：

$$\text{目标销售单价}=\frac{\text{固定成本总额}+\text{单位变动成本}\times\text{销售量}+\text{税前目标利润}}{\text{销售量}}$$

【例 3－14】承接【例 3－13】，甲公司销售其所生产的 B 产品，销售量为 400 件，单位变动成本为 120 元/件，固定成本总额为 10 000 元。已经确定明年的目标利润为 20 000 元，试分析甲公司应当实现的销售单价水平。

$$\text{目标销售单价}=\frac{\text{固定成本总额}+\text{单位变动成本}\times\text{销售量}+\text{税前目标利润}}{\text{销售量}}$$

$$=\frac{10\ 000+120\times400+20\ 000}{400}=195\ （元/件）$$

（四）达保利点的成本水平

根据上述公式，得出达到保利点应当实现的成本水平公式，具体为：

$$目标单位变动成本=\frac{销售单价\times销售量-固定成本总额-税前目标利润}{销售量}$$

【例 3－15】承接【例 3－13】，甲公司销售其所生产的 B 产品，销售量为 400 件，销售单价为 200 元/件，固定成本总额为 10 000。已经确定明年的目标利润为 20 000 元，试分析甲公司应当实现的成本水平。

$$目标单位变动成本=\frac{销售单价\times销售量-固定成本总额-税前目标利润}{销售量}$$

$$=\frac{200\times400-10\ 000-20\ 000}{400}=125\ （元/件）$$

二、保净利点及其计算

达到保净利点即要实现目标税后利润。税前利润和税后利润存在以下关系：

$$税前利润=\frac{税后利润}{1-税率}$$

（一）达保净利点的销售水平

根据上述公式，得出达到保净利点应当实现的销售水平公式，具体为：

$$目标销售量=\frac{固定成本总额+\frac{税后目标利润}{1-税率}}{单位边际贡献}$$

$$目标销售额=\frac{固定成本总额+\frac{税后目标利润}{1-税率}}{边际贡献率}$$

【例 3－16】承接【例 3－13】，甲公司销售其所生产的 B 产品，销售单位为 200 元/件，单位变动成本为 120 元/件，固定成本总额为 10 000 元。已经确定明年的目标利润为 22 500 元，税率为 25%。试分析甲公司应当实现的销售水平。

$$目标销售量=\frac{固定成本总额+\frac{税后目标利润}{1-税率}}{单位边际贡献}$$

$$=\frac{10\ 000+\frac{22\ 500}{1-25\%}}{200-120}=500\text{（件）}$$

$$\text{目标销售额}=\frac{\text{固定成本总额}+\frac{\text{税后目标利润}}{1-\text{税率}}}{\text{边际贡献率}}$$

$$=\frac{10\ 000+\frac{22\ 500}{1-25\%}}{\frac{200-120}{200}}=100\ 000\text{（元）}$$

（二）达保净利点的销售单价水平

根据上述公式，得出达到保净利点应当实现的销售单价水平公式，具体为：

$$\text{目标销售单价}=\frac{\text{固定成本总额}+\text{单位变动成本}\times\text{销售量}+\frac{\text{税后利润}}{1-\text{税率}}}{\text{销售量}}$$

【例 3－17】承接【例 3－13】，甲公司销售其所生产的 B 产品，销售量为 1 000 件，单位变动成本为 120 元/件，固定成本总额为 10 000 元。已经确定明年的目标利润为 22 500 元，税率为 25%。试分析甲公司应当实现的销售单价水平。

$$\text{目标销售单价}=\frac{\text{固定成本总额}+\text{单位变动成本}\times\text{销售量}+\frac{\text{税后利润}}{1-\text{税率}}}{\text{销售量}}$$

$$=\frac{10\ 000+120\times1\ 000+\frac{22\ 500}{1-25\%}}{1\ 000}=160\text{（元/件）}$$

（三）达保净利点的成本水平

根据上述公式，得出达到保净利点应当实现的成本水平公式，具体为：

$$\text{目标单位变动成本}=\frac{\text{销售单价}\times\text{销售量}-\text{固定成本总额}-\frac{\text{税后利润}}{1-\text{税率}}}{\text{销售量}}$$

【例 3－18】承接【例 3－13】，甲公司销售其所生产的 B 产品，销售单价为 200 元/件，销售量为 1 000 件，固定成本总额为 10 000 元。已经确定明年的目标利润为 22 500 元，税率为 25%。试分析甲公司应当实现的成本水平。

$$目标单位变动成本=\frac{销售单价\times销售量-固定成本总额-\frac{税后利润}{1-税率}}{销售量}$$

$$=\frac{200\times1\ 000-10\ 000-\frac{22\ 500}{1-25\%}}{1\ 000}=160\ （元/件）$$

（四）相关因素变动对实现目标利润的影响

对于相关因素变动对实现目标利润的影响，需要分别掌握单因素变动和多因素变动对实现目标利润的影响。具体来讲，就是单价、单位变动成本、固定成本、销售量、所得税税率对企业实现目标利润的影响。此外，需要考虑以上因素同时变动对企业实现目标利润的影响。对于企业来说，应该结合自身情况，从对实现目标利润影响较大的因素开始，按由大到小的顺序进行考虑和权衡。

三、保利成本、保利单价及其计算

（一）保利成本的含义

保利成本是指在其他因素既定的条件下，为保证目标利润的实现，特定成本应当达到的水平，包括保利单位成本和保利固定成本两项指标。

$$单位变动成本=\frac{销售收入-目标利润-固定成本}{销售量}$$

固定成本=销售单价×销售量－单位变动成本×销售量－目标利润

【例 3-19】假设有一家乙企业，销售其所生产的 A 产品，销量为 10 000 件，固定成本总额为 50 000 元，目标利润为 40 000 元，销售单价为 20 元/件，为保证目标利润的实现，该产品的单位变动成本应为多少？

$$单位变动成本=\frac{销售收入-目标利润-固定成本}{销售量}$$

$$=\frac{20\times10\ 000-50\ 000-40\ 000}{10\ 000}=11\ （元/件）$$

（二）保利单价的含义

保利单价是指在其他因素既定的条件下，为保证目标利润实现应当达到的单价，又称目标单价。

第五节　敏感性分析

一、敏感性分析概述

（一）敏感性分析的定义

1. 敏感性分析

敏感性分析是一种研究和分析一个系统（如经济模型、财务模型等）的输出变量如何因其输入变量的变化而变化的定量分析方法。本量利分析下，敏感性分析主要关注成本、销售数量、价格等关键变量的变动对企业利润的影响程度。若某个因素的小幅度变动引起利润较大幅度的变动，那么该因素属于敏感性因素；反之，则为非敏感性因素。敏感性分析有助于确定哪些风险对项目具有最大的潜在影响。在所有其他不确定因素保持在基准值的条件下，它能够考察项目每项要素的不确定性对目标会产生多大程度的影响。通过敏感性分析，企业可以识别出哪些因素对利润的影响最为显著，从而在日常经营和决策过程中对这些因素给予更多的关注。

2. 敏感性分析目标

敏感性分析具有广泛的适用性，有助于识别、控制和防范短期运营决策、长期投资决策等给企业带来的相关风险。在运营计划的制定、调整以及运营监控分析等程序中，通常会用到敏感性分析。

敏感性分析的目的主要包括以下几点：

第一，找出影响目标实现值变动的敏感性因素，分析敏感性因素变动的原因，并为下一步的管理决策提供依据。

第二，研究由不确定性因素变动引起目标值变动的范围，分析判断企业的风险承担能力。

第三，比较多方案的敏感性大小，以便在目标值相似的情况下，选出风险较低的方案。

3. 敏感性分析分类

敏感性分析可分为单因素敏感性分析和多因素敏感性分析。

单因素敏感性分析：是指在每次只变动一个因素而其他因素保持不变时所做的敏感性分析。敏感系数反映的是某一因素值变动对目标值变动的影响程度。

多因素敏感性分析：是指假定其他因素不变时，分析两种或两种以上不确定性因素同时变化对目标的影响程度所做的敏感性分析。

（二）敏感性分析与其他财务分析方法比较

1. 与盈亏平衡分析比较

敏感性分析能够揭示多个变量变动对利润的综合影响，而盈亏平衡分析主要关注单一变量（如销售量）变动对盈亏的影响。因此，敏感性分析在复杂性和全面性上更胜一筹。相较于盈亏平衡分析，敏感性分析可能需要更多的数据和计算资源，且其结果的解释和应用专业性要求更高。

2. 与回归分析比较

敏感性分析更注重于单一变量变动对利润的影响，结果直观易懂。而回归分析虽然能够揭示变量之间的复杂关系，但其结果可能较为抽象，不易于直接应用于决策。回归分析能够提供更精确的数量关系预测，而敏感性分析则更多地停留在定性分析层面。

3. 与场景分析比较

敏感性分析通过量化各变量变动对利润的影响，为企业决策者提供了更为精确的信息。而场景分析虽然能够模拟不同市场环境下的经营情况，但其结果可能受到主观假设的影响。场景分析能够更全面地考虑各种可能的市场环境和经营策略，而敏感性分析则可能忽略一些非关键变量的影响。

（三）经营杠杆系数的定义

经营杠杆系数（Degree of Operating Leverage，DOL）是指企业由于存在固定成本而导致息税前利润（Earnings Before Interest and Taxes，EBIT）变动率大于产销量变动率的规律。它反映了企业经营风险的大小，系数越高，说明企业的经营风险越大。

（四）经营杠杆系数的计算及解读

1. 经营杠杆系数的计算

经营杠杆系数的计算公式为：

$$DOL=\text{息税前利润变动率}/\text{产销量变动率}$$

$$DOL=(\text{息税前利润}+\text{固定成本})/\text{息税前利润}$$

其中，固定成本是指在一定范围内不随产销量变化而变化的成本，如设备折旧、租金、管理人员工资等。息税前利润是指企业在支付利息和缴纳所得税之前的利润。

2. 经营杠杆系数的解读

经营风险评估：经营杠杆系数的高低直接反映了企业的经营风险。系数越高，说明固定成本占比较大。如果企业息税前利润的变动对产销量变动的敏感度越高，那么经营风险也越大。

盈利稳定性分析：经营杠杆系数可以帮助企业分析盈利的稳定性。在市场需求波动较大的情况下，高经营杠杆系数的企业更容易受到市场波动的冲击，盈利稳定性较差。

决策参考：企业在制定经营策略时，可以考虑通过调整固定成本和变动成本的比例，来优化经营杠杆系数，从而降低经营风险，提高盈利稳定性。

二、盈亏平衡点的敏感性分析

（一）盈亏平衡点的定义

盈亏平衡点（BEP）也称保本点、盈亏临界点等。是指企业在一定时期内，其总收入与总成本相等（即利润为零的经营状态），所对应的业务量或销售额，也是指企业开始实现盈利的临界点。

（二）盈亏平衡点的计算与解读

1. 盈亏平衡点的计算

盈亏平衡点可以通过以下公式计算：

$$\text{盈亏平衡点}（BEP）=\frac{\text{固定成本}}{\text{销售单价}-\text{单位变动成本}}=\frac{F}{P_i-V_i}$$

其中，固定成本是指企业在生产经营过程中不随业务量变化而变化的成本，如租金、折旧、管理人员薪酬等。单位售价是销售每个单位产品所获得的收入。单位变动成本是随着业务量的增减而变化的成本，如原材料成本、直接人工等。

2. 盈亏平衡点的解读

当企业销售水平低于盈亏平衡点时，企业处于亏损状态；随着销售水平的提高，企业亏损逐渐得到弥补，达到盈亏平衡点；当销售水平高于盈亏平衡点时，企业处于盈利状态。由此可见，确定企业经营的盈亏平衡点是十分重要的。

【例 3-20】假设某企业只经营一种产品，20×7 年实际销售量为 10 000 件，单位售价为 100 元/件，单位变动成本为 70 元/件，固定成本为 200 000 元，实现利润 100 000 元。要求：假定 20×8 年各种条件均不发生变化，计算 20×8 年的保本量并进行敏感性分析。

解：依题意，根据公式计算得：

20×8 年产品保本量＝200 000÷(100－70)≈6 667（件）

20×8 年产品保本销售单价＝70＋200 000÷10 000＝90（元/件）

20×8 年产品保本单位变动成本＝100－200 000÷10 000＝80（元/件）

20×8 年产品保本固定成本＝(100－70)×10 000＝300 000（元）

只要 20×8 年单位售价不低于 90 元/件，或者单位变动成本不超过 80 元/件，或者固定成本不超过 300 000 元，该企业就不会亏损。

（三）盈亏平衡点的敏感性分析

盈亏平衡点的敏感性分析是指在现有或预计销售量的基础上，测算影响盈亏平衡点的各因素单独达到什么水平时仍能满足企业不亏损的一种敏感性分析方法。该方法的实质是在销售水平和其他因素不变的情况下，分别计算保本单价、保本单位变动成本和保本固定成本，从而确定各因素的变动范围，以便企业采取相应的应对措施。

盈亏平衡点的敏感性分析通常会有三个具体假定，即销售量为常数的假定、企业正常盈利的假定以及因素单独变动的假定。

在这三个具体假定后，企业盈亏平衡点敏感性分析的相关计算公式就可以写为：

保本销售单价＝现有单位变动成本＋现有固定成本÷现有销售量

保本单位变动成本＝现有销售单价－现有固定成本÷现有销售量

保本固定成本＝(现有销售单价－现有单位变动成本)×现有销售量

三、利润的敏感性分析

（一）利润的敏感性分析含义

利润敏感性分析是指当制约利润的有关因素发生变化时，这些变化对利润所产生影响的一种定量分析方法。它有利于进行利润预测分析，尤其是对目标利润进行预测分析具有积极的指导意义。

（二）敏感系数的计算与解读

利润的敏感性分析主要涉及影响利润的各因素临界值的确定以及敏感系数的计算。

1. 盈亏临界值的确定

当影响利润的各因素（比如销售单价、单位变动成本、固定成本和销售量）单独发生变化时，不会使企业产品发生亏损的最大或最小允许值。根据本量利基本等式：利润＝销售收入－变动成本－固定成本，即 $I=S-V-F$ 或 $I=P_iX-V_iX-F$，可知当 $I=0$ 的时候，便可以求出产品的盈亏临界值：

保本销售单价＝现有单位变动成本＋现有固定成本÷现有销售量

保本单位变动成本＝现有销售单价－现有固定成本÷现有销售量

保本固定成本＝(现有销售单价－现有单位变动成本)×现有销售量

2. 敏感系数的确定

企业产品的销售量、销售单价、单位变动成本和固定成本等这些因素的变化都会引起利润发生变化，但是，各因素变化引起利润发生变化的程度是不一样的。有的因素影响较大，而有的因素影响较小，各因素的敏感程度不一样。敏感系数是用来衡量利润对各因素变化的敏感程度的一个指标，敏感系数为正数，表明它与利润同向增减；敏感系数为负数，表明它与利润反向增减。敏感系数的计算公式为：

敏感系数＝利润变动百分比÷因素变动百分比

3. 敏感系数的解读

从上述公式分析可知，如果敏感系数的绝对值大于1，即当某影响因素发生变化时，利润会发生更大程度的变化，那么该影响因素为敏感因素；如果敏感系数的绝对值小于1，即利润变化的幅度小于影响因素变化的幅度，那么该因素为非敏感因素；如果敏感系数的绝对值等于1，即影响因素变化会导致利润相同程度的变化，该因素同样为非敏感因素。

【例3-21】假设某企业只生产一种产品，销售单价为30元/件，单位变动成本为20元/件，固定成本总额为20 000元，若计划销售量为5 000件，要求计算各因素的盈亏临界值。

解：

(1) 计算销售单价的最小值。其计算结果如下：

销售单价的最小值＝20＋20 000÷5 000＝24（元/件）

即产品销售单价不能低于 24 元/件，或价格下降幅度不能高于 20%（$\frac{6}{30}$×100%=20%），否则，就会发生亏损。

（2）计算单位变动成本最大值。其计算结果如下：

单位变动成本最大值=30−20 000÷5 000=26（元/件）

即当单位变动成本由 20 元/件上升到 26 元/件时，企业由盈利转为盈亏平衡。若单位变动成本超过 26 元/件，或者成本上升幅度超过 30%（$\frac{6}{20}$×100%=30%），企业将发生亏损。

（3）计算销售量最小值。其计算结果如下：

销售量最小值=20 000÷(30−20)=2 000（件）

即企业产品的销售规模下限是 2 000 件，再低则会发生亏损。或者说，实际销售量只要达到计划年度预计销售量的 40%（$\frac{2\ 000}{5\ 000}$×100%=40%），企业就可以达到盈亏平衡。

（4）计算固定成本最大值。其计算结果如下：

固定成本最大值=(30−20)×5 000=50 000（元）

即固定成本的最大允许值为 50 000 元，超过此限额，企业就会亏损。此时，固定成本的上升幅度为 150%（$\frac{30\ 000}{20\ 000}$×100%=150%）。

【例 3-22】假设【例 3-21】中的销售单价、单位变动成本、固定成本和销售量均分别增长 10%。要求：计算各因素的敏感性系数并排序。

解：计算目标利润如下：

目标利润 I=5 000×(30−20)−20 000=30 000（元）

（1）销售单价的敏感性系数。单价提高 10%，则有：

销售单价P_i=30×(1+10%)=33（元/件）

利润 I=5 000×(33−20)−20 000=45 000（元）

利润变化百分比=(45 000−30 000)÷30 000×100%=50%

销售单价的敏感系数=50%÷10%=5

（2）单位变动成本的敏感性系数。单位变动成本增长 10%，则有：

单位变动成本V_i=20×(1+10%)=22（元）

利润 I=5 000×(30−22)−20 000=20 000（元）

利润变化百分比=(20 000−30 000)÷30 000×100%≈−33.33%

单位变动成本的敏感系数＝－33.33％÷10％＝－3.33

（3）固定成本的敏感系数。固定成本增长10％，则有：

固定成本 F＝20 000×(1＋10％)＝22 000（元）

利润 I＝5 000×(30－20)－22 000＝28 000（元）

利润变化百分比＝(28 000－30 000)÷30 000×100％≈－6.67％

固定成本的敏感系数＝－6.67％÷10％＝－0.67

（4）销售量的敏感性系数。销售量增长10％，则有：

销售量X_i＝5 000×(1＋10％)＝5 500（件）

利润 I＝5 500×(30－20)－20 000＝35 000（元）

利润变化百分比＝(35 000－30 000)÷30 000×100％≈16.67％

销售量的敏感系数＝16.67％÷10％＝1.67

将上述四个因素的敏感性系数按照其绝对值大小进行排列，其排列顺序依次为：销售单价的敏感系数＞单位变动成本的敏感系数＞销售量的敏感系数＞固定成本的敏感系数。即首先影响程度最大的是销售单价，其次是单位变动成本，再次是销售量，最后才是固定成本。值得注意的是，该排列顺序仅对所举的例子而言，并不适应于所有情况。

思考与练习题

一、思考题

本量利分析的基本假设有哪些？说明它们的具体含义。

二、单项选择题

1. 与边际贡献率之和为1的指标是（　　）。

A. 安全边际率　B. 变动成本率　C. 保本开工率　D. 销代利润率

2. 某企业的一种产品，销售量为9 000件，销售收入为81 000元，变动成本45 000元，则其单位边际贡献为（　　）元/件。

A. 1　B. 2　C. 3　D. 4

3. 某企业开发一种新产品，变动成本率为40％，固定成本总额为1 000 000元，预计销售量为20 000件，若要获利200 000元，单价不能低于（　　）。

A. 30元/件　B. 40元/件　C. 100元/件　D. 120元/件

4. 与安全边际率之和为1的是（　　）。

A. 边际贡献率　B. 变动成本率

C. 销售利润率　D. 盈亏平衡点作业率

5. 企业上年实现利润 280 万元，计划年度销售增长率为 20%，固定成本总额仍维持 140 万元，则预计目标利润为（　　）。

A. 420 万元　　B. 280 万元　　C. 490 万元　　D. 364 万元

6. 某企业只生产一种产品，其单位变动成本为 45 元/件，固定成本总额为 60 000 元，产品单位价格为 120 元/件，为了使安全边际率达到 60%，则该企业应该销售产品量为（　　）。

A. 800 件　　B. 1 290 件　　C. 1 333 件　　D. 2 000 件

7. 假设某企业只生产一种产品，单价为 6 元/件，单位变动成本为 4 元/件，固定成本为 800 元，企业的正常销售额为 3 000 元，则盈亏临界点作业率为（　　）。

A. 80%　　B. 70%　　C. 60%　　D. 40%

三、多项选择题

1. 在单价大于单位变动成本时，关于敏感系数，下列说法正确的有（　　）。

A. 敏感系数为正值的，说明它与利润同向增减

B. 敏感系数能直接显示变化后利润的值

C. 单价对利润的敏感程度超过单位变动成本的敏感程度

D. 若单价的敏感系数为 4，则说明单价每降价 1%，企业利润将降低 4%

2. 企业为实现目标利润可采取的措施有（　　）。

A. 在其他因素不变的情况下，增加销量

B. 在其他因素不变的情况下，提高单价

C. 在其他因素不变的情况下，降低固定成本

D. 在其他因素不变的情况下，降低单位变动成本

3. 下列说法正确的有（　　）。

A. 边际贡献率与变动成本率之和大于 1

B. 安全边际率与保本作业率之间互为倒数

C. 销售利润率等于安全边际率与边际贡献率之积

D. 在多品种条件下，既可以确定总的保本额，也可以确定各种产品的保本量

4. 下列各项中，可以判定企业恰好处于保本状态的标志有（　　）。

A. 收支相等　　B. 边际贡献等于固定成本

C. 不盈不亏　　D. 利润为零

5. 安全边际指标包括（　　）。

A. 安全边际率　　B. 安全边际额　　C. 边际贡献率　　D. 安全边际量

6. 保本点的表现形式包括（　　）。

A. 保本销售额　　B. 边际贡献率　　C. 变动成本率　　D. 保本销售量

四、判断题

1. 因为本量利分析的各种模型都是建立在各种假设的前提之下的，所以它们都存在一定的局限性。（　　）

2. 若单位产品售价和单位变动成本发生同方向同比例变动，则保本量不变。（　　）

3. 边际贡献首先用于补偿固定成本，之后若有余额才能为企业提供利润。（　　）

4. 安全边际率和保本作业率是互补的，安全边际率高则保本边际率低，其和为1。（　　）

5. 单价、单位变动成本和固定成本总额的变动，均会引起保本点、保利点的同方向变动。（　　）

五、计算题

1. 某公司2010年生产并销售A产品4 000件，单价80元/件，单位变动成本50元/件，固定成本50 000元，实现利润70 000元。预计计划年度2011年的目标利润为100 000元。

要求：(1) 计算2010年保本点销售量和保本点销售额。

(2) 计算2010年安全边际量、安全边际额和安全边际率。

(3) 计算销售量、单价、单位变动成本、固定成本的敏感系数。

(4) 计算实现计划期目标利润的销售量。

2. 已知：某企业只产销一种产品，2017年销售量为8 000件，单价为240元/件，单位成本为180元/件，其中单位变动成本为150元/件，该企业计划2018年利润比2017年增加10%。

要求：运用本量利分析原理进行规划，从哪些方面采取措施，才能实现目标利润（假定采取某项措施时，其他条件不变）。

第四章　短期运营预测

【学习目标】通过本章的学习，学生要了解短期运营预测的基本原则和基本程序；掌握销售的定性预测和定量预测；熟悉成本预测中两种不同情况的预测步骤和方法；掌握利润预测中的相关比率法和因素分析法；了解资金需要总量预测和流动资金需要量预测。

【学习重点】销售的定性预测和定量预测；可比产品成本预测和不可比产品成本预测；利润预测的方法。

【学习难点】因果预测分析法、不可比产品成本预测等方法的应用；产品寿命周期判断法。

第一节　短期运营预测概述

一、短期运营预测的含义及意义

1. 短期运营预测的含义

预测是指用科学的方法来预计、推断事物发展趋势的过程，即根据过去和现在预计未来、由已知推断未知的过程。

短期运营预测是指根据现有的经济条件、掌握的历史资料以及客观事物的内在联系，对生产经营活动的未来发展趋势及其状况所进行的预计和推算。

2. 短期运营预测的重要性

（1）运营预测是运营决策的基础和依据。在社会主义市场经济条件下，企业的生存发展与市场息息相关，经营成败的关键是决策，而决策的基础是预测。运营预测通过利用生产、销售、利润和资金的内在逻辑联系，在销售预测的基础上，预测成本、利润和资金需要量等，进而为企业的运营决策提供科学的依据。

（2）运营预测有利于提高企业的竞争能力。企业依靠科学的经营预测，可以充分了解竞争的形势和竞争对手的情况，通过采取合理的策略，在竞争中争取主动，从而提高竞争能力。

（3）运营预测是企业进行科学管理的基础。现代企业管理中大量采用全面预算、目标成本管理、绩效考评等科学管理手段，而这些手段都必须建立在运营预测基础之上。科学的运营预测为科学管理提供了依据。

3. 短期运营预测内容及逻辑关系

短期运营预测以业财融合为基础，主要包括销售预测、成本预测、利润预测和资金预测。四个方面内在逻辑为以销定产，以销售预测为起点，先预测出年度销售量（额），然后预测成本（耗费），再预测出年度可能实现的利润额，最后预测要实现前面收入和利润需要的资金量，为年度融资计划提供依据。

4. 短期运营预测与长期预测区别

短期的市场环境变化以及企业的生产经营活动相较长期而言更加稳定，因此其短期运营预测的精确度要高于长期运营预测的精确度。

二、短期运营预测的基本原则

1. 延续性原则

延续性原则表示过去和现在的某种发展规律将会延续下去，并假设决定过去和现在发展的条件同样适用于未来。运营预测根据这一原则，就可以把未来作为过去和现在的延伸进行推测。

2. 相关性原则

相关性原则表示企业经营活动过程中一些经济变量之间存在相互依存、相互制约的关系。运营预测根据这一原则，就可以利用这些经济变量之间存在的相互依存、相互制约的关系来推测经济活动发展的规律。

3. 统计规律性原则

统计规律性原则表示企业经营活动过程中对于某个经济变量多次观测的结果会出现某种统计规律性的情况。运营预测根据这一原则，利用概率分析及数理统计的方法进行推测。

4. 实事求是原则

实事求是原则要求依据真实可靠的数据信息进行预测。即收集数据信息时，要根据实事求是的原则从实际出发，既要收集有利条件下的信息，也要收集不利因素的信息，要充分掌握财务和非财务信息，非财务信息对于分析销售尤为重要。

5. 成本效率原则

成本效率原则表示预测活动本身花费的成本不应该超出其未来预计带来的收益。

三、短期运营预测的基本程序

1. 确定预测目标

在进行预测时，首先要明确预测目标，从目标出发进行预测。如基于战略和市场环境的企业年度销售目标、生产目标、利润目标等。

2. 收集和整理数据资料

在明确目标的基础上收集与此预测目标相关的详尽资料，并对这些进行整理，用以满足预测方法选择的需要。

3. 数据分析和模型建立

在明确预测目标和收集大量详尽资料的基础上，先可依据目标建立预测的数学模型，再选定科学、合理、适当的方法对已有的资料进行加工、计算和科学分析，并利用管理人员所积累的经验进行判断、比较、鉴别，最后求出预测结果，以此实现对预测目标的科学预测。

4. 评估预测结果

预测活动结束后，可根据实际情况对前期预测结果进行验证，比较分析预测误差，修正预测值，从而调整计划，指导实际经营活动。

5. 出具预测报告

预测结果产生以后，应将修正过的预测值以预测报告的形式向企业管理当局和有关管理人员公布，供企业的利益相关者使用。

第二节　销售预测

一、销售预测的意义

销售预测是指以过去的历史资料为基础，运用一定的方法，预测未来一定期间有关产品的销售数量、销售状态及其变化趋势的一种方法。销售预测是短期运营预测中的重要内容。销售预测活动开展的好坏对于企业生产经营活动的开展、经济效益的取得、科学决策的实施都有很重要的作用，具体表现在以下几个方面：

1. 销售预测是企业生产运营活动的起点

销售预测的目的之一是了解有关产品在市场的销售情况及其变化趋势。通过销售预测可以使企业的管理人员心中有数，在充分了解市场的情况下合理组织企业生产经营活动，做到以销定产、产销均衡、避免产销脱节，为企业生产运营活动的正常开展打下基础。

2. 销售预测是其他经营活动预测的前提

销售预测与利润预测、成本预测、资金需要量预测共同组成企业短期运营预测。它们的具体内容虽各不相同，但利润预测、成本预测、资金需要量预测都必须以销售预测为前提，搞好销售预测，就会为正常开展利润预测、成本预测和资金需要量预测打下基础。

二、销售的定性预测

销售的定性预测又称非数量分析法，它主要是指依靠预测人员丰富的实践经验和知识以及主观的分析判断能力，在考虑到政治经济形势、市场变化、经济政策、消费倾向等各项因素对经营影响的前提下，对事物的性质和发展趋势进行预测和推测的分析方法。销售的定性预测有以下几种。

1. 判断分析法

判断分析法是指销售人员根据直觉判断进行预估，然后由销售经理加以综合，从而得出企业总体的销售预测的一种方法。由于销售人员接近和了解市场、熟悉自己所负责区域的情况，这种方法得出的预测数据比较接近实际情况。另外，这种方法的采用，便于确定分配给各销售人员的销售任务，发挥其积极性，激励他们努力完成各自的销售任务。但是，由于受各种因素的影响，销售人员的预测也会出现偏差，所以对销售人员的预测往往需要进行修正。

【例 4-1】甲公司要预测某型号手机在某省明年第一季度的销售量，调查了三个营销人员对该型号手机的销售量做出的估计，如表 4.1 所示。

表 4.1　甲公司某型号手机销售量估计情况

营销人员	估计销售量（万部）		概率（%）
A	最高	900	20
	最可能	700	50
	最低	600	30
B	最高	1 000	30
	最可能	900	60
	最低	800	10
C	最高	700	20
	最可能	600	60
	最低	500	20

分析：A 的期望值：900×20%+700×50%+600×30%=710（万部）

B 的期望值：1 000×30%+900×60%+800×10%=920（万部）

C 的期望值：700×20%+600×60%+500×20%=600（万部）

综合预测销售量=(710+920+600)/3≈743（万部）

2. 调查分析法

调查分析法是指通过对有代表性顾客的消费意向进行调查，了解市场需求的变化趋势，从而进行销售预测的一种方法。公司的销售取决于顾客的购买，顾客的消费意向是销售预测中最有价值的信息。如果通过调查，可以了解到顾客明年的购买量，顾客的财务状况和经营成果，顾客的爱好、习惯和购买力的变化，顾客购买本公司产品占其总需求量的比重和选择供应商的标准，那么这对销售预测会很有帮助。

在调查时应当注意：首先，选择的调查对象要具有普遍性和代表性，调查对象应能反映市场中不同阶层或行业的需要及购买需要；其次，调查的方法必须简便易行，使调查对象乐于接受调查；最后，对调查所取得的数据与资料要进行科学的分析，特别要注意去伪存真、去粗取精。只有这样，所获得的资料才具有真实性、代表性，才能作为预测的依据。

凡是顾客数量有限、调查费用不高、每个顾客意向明确又不会轻易改变的，均可以采用调查分析法进行预测。

【例 4－2】甲公司是一家电冰箱生产企业，根据调查资料可测算出市场潜能和该公司的销售量，如表 4.2 所示：

表 4.2 甲公司电冰箱销售潜能调查情况

家庭组别（按年收入划分）①	家庭户数（户）②	每户年均购买额（元）③	市场潜量（元）④=③×②	本企业最高市场占有率（%）⑤	本企业销售潜能（元）⑥=④×⑤
100 000 元以下	80 000	100	8 000 000	30	2 400 000
100 000～199 999 元	10 000	200	2 000 000	20	400 000
200 000～299 999 元	5 000	300	1 500 000	20	300 000
300 000 元以上	1 000	400	400 000	10	40 000
合计	96 000		11 900 000		3 140 000

3. 产品寿命周期判断法

产品寿命周期判断法，是利用产品销售量在不同寿命周期阶段上的变化趋势进行销售预测的一种定性分析方法，它是对其他预测分析方法的补充。

产品寿命周期一般包括萌芽期、成长期、成熟期和衰退期。在产品寿命周期的不同阶段，销售量的发展趋势是不同的。企业通常采用计算销售增长率的方法来判断产品所处的寿命周期阶段。一般来讲，萌芽期增长率不稳定，成长期增长率最大，成熟期增长率稳定，衰退期增长率小于零。产品寿命周期判断法的利用不仅可以帮助企业了解产品寿命周期各阶段销售量的特点，还可以指导预测方法的正确使用。

三、销售的定量预测

销售的定量预测又称数量分析法，它主要是指应用数学的方法，对与销售有关的各种经济信息进行科学的加工处理，建立相应的数学模型，充分揭示各有关变量之间的规律性联系并作出相应的预测结论的一种方法。

1. 趋势预测分析法

趋势预测分析法就是指根据本企业按时间顺序排列的历史销售数据，采用一定数学方法进行加工处理，借以预测销售发展趋势的一种方法。它实质上就是应用事物发展的连续性原理，即把未来视为历史的延伸，运用数理统计的方法来预测销售发展的趋势。常见的趋势预测分析法有算术平均法、加权平均法和指数平滑法。

（1）算术平均法。算术平均法是指将过去若干历史时期的实际销售量（额）进行算术平均计算，以算术平均值作为预测期销售值的一种预测方法。

其计算公式如下：

$$Y=\frac{\sum_{i=1}^{n}X_i}{n}$$

其中，Y 为销售量（额）预测数；X_i 为第 i 个观察值；n 为观察值的个数。

（2）加权平均法。加权平均法是指按照过去若干历史时期的销售量（额）对预测期影响程度的大小分别进行加权，并以加权平均数作为预测期销售值的一种预测方法。运用加权平均法的关键在于根据各个观察值与预测值不同的相关程度分别规定适当的权数。通常，近期的观察值的权数规定得大一些，远期的观察值的权数规定得小一些。其计算公式如下：

$$Y=\frac{\sum_{i=1}^{n}X_iW_i}{\sum_{i=1}^{n}W_i}$$

其中，Y 为销售量（额）预测数；X_i 为第 i 个观察值；W_i 为第 i 个观察值的权数；n 为观察值的个数。

【例 4－3】甲水泥厂连续 6 年的销售情况如表 4.3 所示。

表 4.3　甲水泥厂水泥销售情况

年份	2018	2019	2020	2021	2022	2023
水泥销售量（万吨）	140	120	170	190	230	235

要求：（1）用算术平均法预测该水泥厂 2024 年水泥的销售量。

（2）假设各年的权数依次是 0.1、0.1、0.1、0.15、0.25、0.3，用加权平均法预测该水泥厂 2024 年水泥的销售量。

分析：（1）算术平均法。其计算公式如下：

2024 年销售量预测数＝(140＋120＋170＋190＋230＋235)/6≈180.83（万吨）

（2）加权平均法。其计算公式如下：

2024 年销售量预测数＝(140×0.1＋120×0.1＋170×0.1＋190×0.15＋230×0.25＋235×0.3)/1＝199.5（万吨）

（3）指数平滑法。指数平滑法是指根据平滑系数（即加权因子）对过去若干历史时期的销售量（额）进行加权计算，计算出预测期销售值的一种预测方法。其计算公式如下：

$$F_t = F_{t-1} + \alpha\ (A_{t-1} - F_{t-1})$$
$$= \alpha A_{t-1} + (1-\alpha)\ F_{t-1}$$

其中，F_t 为销售量（额）预测数；F_{t-1} 为上一期销售量（额）预测数；A_{t-1} 为上一期销售量（额）实际数；α 为平滑系数（$0<\alpha<1$）。

设立平滑系数（一般取值在 0.3 至 0.7 之间）的基本目的在于考虑远近各期实际值对预测值的影响程度不同，排除在实际销售额中所含偶然因素的影响。平滑系数越大，近期实际值对预测值的影响越大；反之，平滑系数越小，近期实际数对预测值的影响越小。

【例 4-4】已知，甲企业生产一种产品，2023 年 1—12 月份的销售资料如表 4.4 所示。

表 4.4　甲企业产品销售情况

月份	1	2	3	4	5	6	7	8	9	10	11	12
销量（吨）	10	12	13	11	14	16	17	15	12	16	18	19

（假设 2023 年 12 月份销售量预测数为 16 吨，平滑指数为 0.3）

分析：2024 年 1 月的销售量预测数＝0.3×19＋(1－0.3)×16＝16.9（吨）

2. 因果预测分析法

因果预测分析法就是指根据销售量（额）与其他有关指标之间的相互依存、相互制约的规律性联系，建立相应的数学模型并进行预测的一种方法。它的实质就是利用事物发展的因果关系来推测事物发展的趋势。常见的因果预测分析法有一元回归法、多元回归法和非线性回归法。

（1）一元回归法。一元回归法是指以过去若干历史时期的销售量（额）资料，在直角坐标系中作图，能大致形成一条直线（直线可用 $y=a+bx$ 表达），借助这条直线求出预测期销售值的一种方法。其计算公式如下：

$$\begin{cases} a = \dfrac{\sum y - b\sum x}{n} \\ b = \dfrac{n\sum xy - \sum x \sum y}{n\sum x^2 - (\sum x)^2} \end{cases}$$

其中，y 为销售量（额）预测数；x 为自变量；n 为观察值的个数。

【例 4-5】甲公司专门生产电视机显示屏，而决定电视机显示屏销量的主要因素是电视机的销量，假设近 5 年全国电视机的实际销售量和甲公司电视机显示屏的销售量如下表所示。试预测下一年全国电视机销售量估计为 180 万台时，甲公司电视机显示屏的销售量，具体数据见表 4.5。

表 4.5　全国电视机的实际销售量和甲公司电视机显示屏的销售量

年份	2019	2020	2021	2022	2023
电视机销售量（万台）	100	120	140	150	165
电视机显示屏销售量（万台）	20	25	30	36	40

分析：在 $y=a+bx$ 公式中，设 y 为电视机显示屏销售量，x 为电视机销售量，a 为原来拥有电视机对电视机显示屏的年需要量，b 为每销售 1 万台电视机对电视机显示屏的需要量。具体计算数据见表 4.6。

表 4.6　全国电视机的实际销售量和甲公司电视机显示屏的销售量

年份	电视机销售量（万台）x	电视机显示屏销售量（万台）y	xy	x^2
2019	100	20	2 000	10 000
2020	120	25	3 000	14 400
2021	140	30	4 200	19 600
2022	150	36	5 400	22 500
2023	165	40	6 600	27 225
$n=5$	$\sum x=675$	$\sum y=151$	$\sum xy=21\ 200$	$\sum x^2=93\ 725$

$$b=\frac{n\sum xy-\sum x\sum y}{n\sum x^2-(\sum x)^2}=\frac{5\times 21\ 200-675\times 151}{5\times 93\ 725-675\times 675}\approx 0.313$$

$$a=\frac{\sum y-b\sum x}{n}=\frac{151-0.313\times 675}{5}\approx -12.06$$

$$y=a+bx=-12.06+0.313\times 180=44.28\text{（万台）}$$

（2）多元回归法。一元回归法假定预测期销售值的影响因素只有一个，即构建只有一个自变量的回归方程。但在实际的生产经营过程中，影响经济变动的因素是多种多样的，在这种情况下，必须考虑多个自变量，构建多元回归方程来计算预测期销售值。其计算公式如下：

$$y=a+b_1x_1+b_2x_2+b_3x_3+\cdots+b_nx_n$$

其中，y 为销售量（额）预测数；x_i 为各个自变量；b_i 为每个 x_i 变动一个单位时，y 的变动值；n 为观察值的个数。

（3）非线性回归法。非线性回归法也称曲线趋势法，是指根据过去若干历史时期的销售量（额）资料，在直角坐标系中作图并形成一条曲线（曲线方程为 $y=a+bx+cx^2$），借助于这条曲线求出预测期销售值的一种方法。其计算公式如下：

$$\begin{cases}\sum y = na + b\sum x + c\sum x^2 \\ \sum xy = a\sum x + b\sum x^2 + c\sum x^3 \\ \sum x^2 y = a\sum x^2 + b\sum x^3 + c\sum x^4\end{cases}$$

其中，y 为销售量（额）预测数；x 为自变量；n 为观察值的个数。

3. 季节预测分析法

季节预测分析法就是指根据产品销售季节性变动的特点，在考虑季节变动影响的情况下通过季节加量或季节指数，对上述各种方法进行调整和修正后得到预测结果的一种方法。通常，农产品的季节性变动高于工业品；消费品高于生产资料；非耐用消费品高于耐用消费品。季节性变动对产品销售的影响方式有以下两种：

（1）观察值的季节波动与趋势值不成比例。其计算公式如下：

$$Y_t=T_t+S_t$$

其中，Y 为销售量（额）预测数；T 为趋势值；S 为季节加量或季节指数；t 为时间。T 与 S 在不同时间取值不同。

（2）观察值的季节波动与趋势值成比例。其计算公式如下：

$$Y_t=T_tS_t$$

其中，Y 为销售量（额）预测数；T 为趋势值；S 为季节加量或季节指数；t 为时间。T 是一种长期趋势。

这里所说的季节可以是季度、月份、周、日等。S 以一定的周期循环取值。例如，Y 代表某企业每个月某产品的销售量，则周期为 12；如果代表每季度的销售量，则周期为 4。

4. 购买力指数法

购买力指数法是指企业按照国家统计部门发表的各地区的购买力指数，将本企业产品的销售潜量分配给各地区市场的一种销售预测的方法。购买力指数是指各地区市场上某类商品的购买力占整个市场上购买力的百分比。

影响商品购买力的因素主要有人口和个人收入等。因此，在预测各地区购买力指数时，企业应根据这些因素对商品购买力影响的大小，分别为每个因素设定相应的权数或比重，建立数学预测模型。其预测模型如下：

$$B_i=a_iy_i+b_ir_i+c_ip_i$$

其中，B_i为 i 地区购买力占全国总购买力的百分比；y_i为 i 地区可支配的个人收入占全国可支配个人收入的百分比；r_i为 i 地区零售额占全国零售额的百分比；p_i为 i 地区人口占全国人口的百分比；a_i、b_i、c_i为上述三个因素相应的权数。

【例 4-6】甲公司拟将该公司电视机显示屏的销售潜能 5 000 000 元分配给 A、B、C、D 四个地区，假设a_i、b_i、c_i三个权数分别为 0.2、0.3、0.5，依据表 4.7 的数据，计算甲公司在四个地区的购买力指数和销售潜能。

表 4.7　A、B、C、D 四个地区指标情况

地区	个人有效收入（万元）	零售额（万元）	人口数（万人）
A	52 000	20 000	26
B	156 800	104 000	84
C	95 000	54 000	57
D	68 200	42 000	33
合计	372 000	220 000	200

分析：A 地区购买力指数＝0.2×26/200＋0.3×20 000/220 000＋0.5×52 000/372 000≈0.123

B 地区购买力指数＝0.2×84/200＋0.3×104 000/220 000＋0.5×156 800/372 000≈0.437

C 地区购买力指数＝0.2×57/200＋0.3×54 000/220 000＋0.5×95 000/372 000≈0.258

D 地区购买力指数＝0.2×33/200＋0.3×42 000/220 000＋0.5×68 200/372 000≈0.182

由此计算出四个地区的销售潜能分别为 615 000、2 185 000、1 290 000、910 000。

由于经济生活的复杂性，并非所有影响因素都可以进行定量分析，某些因素（例如，政治经济形势的变动、消费倾向、市场前景、宏观环境的变化等）

只有定性的特征；再者，定量分析本身也存在局限性，任何数学方法都不能概括所有复杂的经济变化情况。如果不结合预测期间的政治、经济、市场以及政策方面的变化情况，预测结果必然会脱离客观实际。因此，必须根据具体情况，把定量分析与定性分析方法结合起来使用，这样才能得到良好的效果。

第三节　成本预测

一、成本预测的意义

成本预测是指运用一定的科学方法，对未来成本水平及其变化趋势作出科学估计的过程。通过成本预测，企业可以掌握未来的成本水平及其变动趋势。这将有助于减少决策的盲目性；易于经营管理者选择最优方案，作出正确决策。

成本预测在成本管理中具有重要的地位和作用。成本预测是指对企业一定时期生产经营过程中所发生的各种耗费进行事前管理的过程。它是成本管理的基础环节，为成本事中管理和成本事后评价与分析提供依据、制定目标。企业管理者运用成本变动趋势及一定时期的业务量，能够科学合理地确定企业未来时期的成本水平。企业管理者依据所确定的成本目标，实施有效的成本控制，在保证产品质量的前提下，降低材料消耗，提高劳动生产率。企业充分利用现有生产能力，扩大产销数量，降低成本总额，提高经济效益，提高产品乃至企业的竞争能力。成本预测有助于编制经营预算，制订标准成本，为经营决策提供成本信息。

二、可比产品成本预测

可比产品是指以往年度正常生产过的产品。由于其过去的成本资料比较健全和稳定，所以可以利用产品过去成本预测未来成本。可比产品成本预测的步骤如下：

1. 确定初选目标成本

目标成本是指企业为实现经营目标所应达到的成本水平，也是指企业未来期间成本管理所应达到的目标。确定可比产品的初选目标成本主要有两种方法。

（1）选择某一先进的成本水平作为初选目标成本。它可以根据本企业上年实际平均单位成本和上级下达的成本降低率来计算，可以是国内外同种产品的先进成本、本企业历史上先进水平的实际成本；也可以是按本企业平均先进的消耗定额制定的定额成本或计划成本。

(2) 根据企业预测期的目标利润来测算目标成本。即首先确定目标利润，然后从销售收入中减去目标利润和应纳税金，最后余额就是确定的初选目标成本。用公式表示如下：

$$目标成本=\frac{按市场可接受价格}{计算的销售收入}-\frac{企业预算的}{目标利润}-\frac{应纳}{税金}$$

2. 成本初步预测

成本初步预测是指在当前生产条件下，不采取任何新的降低成本措施确定预测期可比产品能否达到初选目标成本要求的一种预测。通常可采用以下两种方法：

(1) 按上年预计平均单位成本测算预测期可比产品成本。由于成本计划通常是在上年第四季度编制的，所以上年预计平均单位成本可按下列公式进行预计：

$$\frac{上年预计平}{均单位成本}=\left(\frac{上年一\sim三季度实}{际平均单位成本}\times\frac{上年一\sim三季度}{实际产量}+\frac{上年第四季度}{预计单位成本}\times\frac{上年第四季}{度预计产量}\right)\div\left(\frac{上年一\sim三季度}{实际产量}+\frac{上年第四季度}{预计产量}\right)$$

$$\frac{预测期可比}{产品总成本}=\sum\left(\frac{各年可比产品上年}{预计平均单位成本}\times\frac{预测期各种可比}{产品预计产量}\right)$$

(2) 根据前 3 年可比产品成本资料测算预测期可比产品成本。根据前 3 年可比产品成本资料测算预测期可比产品成本的具体方法有简单平均法和加权平均法。企业在采用这两种方法时，首先，对过去 3 年的成本资料进行必要的调整，剔除成本中的那些偶然费用，特别是数额较大的，如自然灾害和意外事故造成的停工损失等；其次，对涉及产品设计、工艺改变耗用的价格有重大变化的情况也要进行调整；最后，根据实际资料，将前 3 年可比产品成本划分为变动成本和固定成本两部分，对于混合成本也要采用一定的方法分解为变动成本和固定成本，以便进行预测。

①简单平均法。简单平均法适用于前 3 年销售和成本基本稳定的产品成本预测。其计算公式如下：

$$\frac{预测期可比}{产品总成本}=\frac{前3年单位变动成本之和}{3}\times\frac{计划年度}{生产销售量}+\frac{前3年固定成本总额之和}{3}$$

②加权平均法。在前 3 年销售和成本变动较大的情况下，为了反映接近预测年份的成本变动对预测值的影响，最接近预测年份的成本资料在计算平均数时须加大其比重。预测期前 1 年的权数可确定为 3；预测期前 2 年的权数可确

定为 2；预测期前 3 年的权数可确定为 1。其计算公式如下：

$$\text{预测期可比产品总成本}=\left(\text{前1年单位变动成本}\times3+\text{前2年单位变动成本}\times2+\text{前3年单位变动成本}\times1\right)\div6\times\text{计划年度生产销售量}+\left(\text{前1年固定成本总额}\times3+\text{前2年固定成本总额}\times2+\text{前3年固定成本总额}\times1\right)\div6$$

【例 4-7】甲公司近 3 年来生产销售某产品的固定成本总额和单位变动成本资料如表 4.8 所示。公司预计今年的销售量为 100 000 件，利用简单平均法和加权平均法预测第 4 年的成本总额。

表 4.8　甲公司销售某产品的成本资料

年份	单位变动成本（元/件）	固定成本总额（元）
第 1 年	22	46 000
第 2 年	20	45 000
第 3 年	18	53 000

分析：简单平均法：

$$\text{第 4 年可比产品总成本}=\frac{22+20+18}{3}\times100\ 000+\frac{46\ 000+45\ 000+53\ 000}{3}=2\ 048\ 000$$

加权平均法：

$$\text{第 4 年可比产品总成本}=\frac{22\times1+20\times2+18\times3}{6}\times100\ 000+\frac{46\ 000\times1+45\ 000\times2+53\ 000\times3}{6}=1\ 982\ 500$$

3. 提出各种成本降低方案

成本降低方案的提出主要可以从改进产品设计、改善生产经营管理、控制管理费用三个方面着手。

(1) 改进产品设计，开展价值分析，努力节约原材料、燃料和人力等消耗。

(2) 改善生产经营管理，合理组织生产。

(3) 严格控制费用开支，努力降低管理费用。

4. 正式确定目标成本

企业在确定成本降低措施和方案后，应进一步测算各项措施对产品成本的影响程度，据以修订初选目标成本，正确确定企业预测期的目标成本。

在测算各项措施对产品成本的影响程度时，应抓住影响成本的重点因素进行测算，一般可以从节约原材料消耗、提高劳动生产率、合理利用设备、节约管理费用、减少废品损失等方面进行测算。

（1）测算材料费用对成本的影响。原材料费用是构成产品成本的主要项目之一，在产品成本中一般占有较大的比重。在保证产品质量的前提下，合理、节约地使用原材料，降低原材料费用，是不断降低产品成本的主要途径。影响原材料费用变动的因素有材料消耗定额和材料价格。材料消耗定额降低，会使产品单位成本中的材料费用相应地降低，两者的降低幅度是一致的。例如，材料消耗定额降低 1%，材料费用也会相应降低 1%。但是，由于材料费用只是产品成本的一个组成部分，材料费用的降低率并不等于产品成本的降低率。材料消耗定额降低形成的节约，其计算公式如下：

$$\begin{matrix}\text{材料消耗定额降低}\\\text{影响的成本降低率}\end{matrix}=\begin{matrix}\text{材料费用占}\\\text{成本的百分率}\end{matrix}\times\begin{matrix}\text{材料消耗定额}\\\text{降低的百分率}\end{matrix}$$

如果在材料消耗定额发生变动的同时，价格也发生变动，那么可以得出材料价格变动会对成本产生影响。其计算公式如下：

$$\begin{matrix}\text{材料价格变动}\\\text{影响的成本降低率}\end{matrix}=\begin{matrix}\text{材料费用占}\\\text{成本的百分率}\end{matrix}\times\left(1-\begin{matrix}\text{材料消耗定额}\\\text{降低的百分率}\end{matrix}\right)\times\begin{matrix}\text{材料价格}\\\text{降低的百分率}\end{matrix}$$

以上两个公式可合并计算如下：

$$\begin{matrix}\text{材料消耗定额和价格同时}\\\text{降低影响的成本的降低率}\end{matrix}=\begin{matrix}\text{材料费用占}\\\text{成本的百分率}\end{matrix}\times\left[1-\left(1-\begin{matrix}\text{材料消耗定额}\\\text{降低的百分率}\end{matrix}\right)\times\left(1-\begin{matrix}\text{材料价格}\\\text{降低的百分率}\end{matrix}\right)\right]$$

在一些制造业企业里，提高原材料利用率是节约材料费用的重要途径。在产品重量不变的情况下，原材料利用率的提高就会相应节约原材料的消耗。因此，也可以单独测算提高原材料利用率对产品成本的影响程度。其计算公式如下：

$$\begin{matrix}\text{原材料利用率提高}\\\text{影响的成本降低率}\end{matrix}=1-\left(\frac{\text{上年的原材料利用率}}{\text{计划年度的原材料利用率}}\right)\times\begin{matrix}\text{材料费用占}\\\text{成本的百分率}\end{matrix}$$

（2）测算工资费用对成本的影响。①测算在生产工人人数和工资不变的情况下，由于劳动生产率提高而形成的节约。劳动生产率提高，说明单位时间内的产量增加，在其他因素不变的条件下，单位产品所分担的工资费用减少。因此，在只有劳动生产率一个因素变动时，它对成本的影响可按下列公式计算：

$$\text{劳动生产率提高影响的成本降低率}=\text{生产工人工资占成本的百分率}\times\left(1-\frac{1}{1+\text{劳动生产率提高的百分率}}\right)$$

②测算由于劳动生产率提高超过平均工资增长率率而形成的节约。因为劳动生产率的变动与同单位产品中工资费用的变动呈反比例的关系，而平均工资的增长与同单位产品中工资费用的增长呈正比例关系，所以当劳动生产率的增长速度超过平均工资的增长速度时，就能节约产品成本中的工资费用。其计算公式为：

$$\text{劳动生产率和平均工资相互作用影响的成本降低率}=\text{生产工人工资占成本的百分率}\times\left(1-\frac{1+\text{平均工资增长的百分率}}{1+\text{劳动生产率增长的百分率}}\right)$$

③测算生产增长超过管理费用增加而形成的节约。在企业的制造费用、管理费用中，有一部分费用属于固定费用，如管理人员工资、办公费、差旅费、折旧费用等，这些费用一般不随产量的增加而变动；另一部分费用属于变动费用，如消耗性材料、运输费等，这些费用则随产量增长而有所增加，但只要采取适当的节约措施，其增长速度一般会小于生产增长速度。因此，企业生产的增长会使单位产品中应分摊的管理费用减少，从而使产品单位成本降低。其计算公式为：

$$\text{生产增长超过管理费用增加影响成本降低率}=\text{管理费用占成本的百分率}\times\left(1-\frac{1+\text{管理费用增加的百分率}}{1+\text{生产增长的百分率}}\right)$$

④测算废品率降低而形成的节约。生产中发生废品，意味着人力、物力和财力的浪费，合格产品的成本也会随之提高。而降低废品率可以减少废品损失，从而降低产品成本。其计算公式为：

$$\text{废品损失减少影响的成本降低率}=\text{废品损失占成本的百分率}\times\text{废品损失减少的百分率}$$

上述各因素影响成本降低率乘以按上年预计（或实际）平均单位成本计算的预测期可比产品总成本，可得到各因素变动影响成本的降低额，汇总之后即为预测期可比产品总降低额。也可以综合上述计算结果，先求得预测期可比产品成本总降低率，再乘以按上年预计（或实际）平均单位成本计算的预测期可比产品总成本，最后计算出预测期可比产品总降低额。

【例 4-8】甲公司预测期的目标成本初步测算可比产品成本降低率为 7%，国家下达的降低任务为 6%。经过充分论证，确定预测期影响成本的主要因素见表 4.9。

表 4.9　甲公司预测期影响成本的主要因素

主要因素	各因素预计变动率
可比产品生产增长	25%
原材料消耗定额降低	10%
原材料价格平均上涨	8%
劳动生产率提高	20%
生产工人工资增加	4%
管理费用增加	4%
废品损失减少	10%

甲公司按上年预计平均单位成本计算的预测期可比产品总成本为 772 800 元，可比产品各成本项目的比重见表 4.10。

表 4.10　甲公司可比产品各成本项目的比重

成本构成要素	各要素所占比重
原材料	70%
生产工人工资	15%
管理费用	10%
废品损失	5%
总计废品损失	100%

根据上述资料可以分项计算可比产品成本降低率和降低额。

①由于原材料消耗定额下降及平均价格上升而形成的节约。此时成本降低率和成本降低额的计算结果如下：

$$\text{成本降低率}=70\%\times[1-(1-10\%)\times(1+8\%)]=1.96\%$$

$$\text{成本降低额}=772\ 800\times1.96\%\approx15\ 147\text{（元）}$$

②由于劳动生产率提高超过平均工资增长率形成的节约。此时成本降低率和成本降低额的计算结果如下：

$$\text{成本降低率}=15\%\times\left(1-\frac{1+4\%}{1+20\%}\right)=2\%$$

$$\text{成本降低额}=772\ 800\times2\%=15\ 456\text{（元）}$$

③由于生产增长超过管理费用增加而形成的节约。此时成本降低率和成本降低额的计算结果如下：

$$成本降低率=10\%\times\left(1-\frac{1+4\%}{1+25\%}\right)=1.68\%$$

$$成本降低额=772\ 800\times1.68\%\approx12\ 983（元）$$

④由于废品损失减少而形成的节约。此时成本降低率和成本降低额的计算结果如下：

$$成本降低率=5\%\times10\%=0.5\%$$

$$成本降低额=772\ 800\times0.5\%=3\ 864（元）$$

综合以上计算结果，预测期可比产品成本总降低率为6.14%，总降低额为47 450元，接近初步预测的目标成本降低率7%，并可以实现上级下达的可比产品成本降低任务6%，因此可以把6.14%的可比产品成本总降低率作为正式的目标，并据以编制成本计划。

三、不可比产品成本预测

不可比产品是指企业以前年度没有正式生产过的产品，其成本水平无法与过去进行比较。

在新技术高速发展、产品更新换代加快的情况下，不可比产品的比重不断上升。因此，为了全面控制企业费用支出，企业要加强成本管理，除了对可比产品成本进行预测外，还有必要对不可比产品成本进行预测。预测常用的方法有以下三种：

1. 技术测定法

技术测定法是指在充分挖掘生产潜力的基础上，根据产品设计结构、生产技术条件和工艺方法，对影响人力、物力消耗的各项因素进行技术测试和分析计算，从而确定产品成本的一种方法。该方法比较科学，但工作量较大。当对品种少、技术资料比较齐全的产品成本进行预测时，可以采用技术测定法。

2. 产值成本法

产值成本法是指按工业总产值的一定比例确定产品成本的一种方法。产品的生产过程同时也是生产的耗费过程。在这一过程中，产品成本体现生产过程中的资金耗费，而产值则以货币形式反映生产过程中的成果。产品成本与产品产值之间客观存在着一定的比例关系，比例越大说明消耗越大，成本越高；比例越小说明消耗越小，成本越低。企业进行预测时，就可以参照同类企业相似产品的实际产值成本率加以分析确定。其计算公式如下：

$$某种不可比产品的预测单位成本=\frac{某产品的总产值\times预计产值成本率}{预计产品产量}$$

该方法虽然不太准确，但工作量小，简便易行。

3. 目标成本法

目标成本法是指根据产品的价格构成来指定产品目标成本的一种方法。产品价格包括产品成本、销售税金和利润三个部分。企业在实行目标管理的过程中，先确定单位产品价格和单位利润目标，然后就可以按下列公式计算单位产品的目标成本。

单位产品目标成本=预测单位售价-单位产品销售税金-单位产品目标利润

$$或单位产品目标成本=预测单位售价\times(1-税率)-\frac{目标利润总额}{预测产量}$$

第四节　利润预测

一、利润预测的意义

利润反映企业在一定会计期间的经营成果，是指营业收入减去与之相配比的费用之后的余额。利润预测是指企业在预测营业收入的基础上，通过对销售商品或服务成本、营业费用以及其他对利润产生影响的因素进行分析与研究，进而对企业在未来某一时期内可以实现的利润预期数进行预计和测算的过程。

在市场经济条件下，现代企业既要自主经营、自负盈亏，又要自我发展。企业只有不断改善经营，加强管理，增加利润，提高获利能力，才能有充足可靠的财力资源，保证企业独立经营和持续发展；否则，就会经营混乱、长期亏损，不仅无力发展，还易在激烈的竞争中被淘汰。因此，预测企业利润对企业经营管理者制定经营发展决策、投资者衡量投资效益和制定投资决策都具有重要意义。

二、利润预测的方法

因为公司的利润包括营业利润、投资净收益、营业外收支净额三部分，所以利润的预测也包括营业利润的预测、投资净收益的预测和营业外收支净额的预测。在利润总额中，通常营业利润占的比重最大，这是利润预测的重点；其余两部分可以用较为简便的方法进行预测。

利润预测的方法主要有本量利分析、相关比率法和因素分析三种，本量利分析在前一章已有所讲解，本节着重分析后两种方法。

1. 相关比率法

相关比率法是指根据利润与有关指标之间的内在关系，对计划期间的利润进行预测的一种方法。常用的相关比率主要有销售收入利润率和资金利润率等。

（1）销售收入利润率。销售收入利润率用来反映企业销售收入与利润之间的关系。当销售收入增加时，实现的利润总额也会增加，当降低成本、费用时，企业的销售收入利润率也会增加。通常以企业基期或者同行业平均先进水平的销售收入利润率来确定企业下年度的目标利润。其计算公式如下：

目标利润＝下年度预计销售收入×销售收入利润率

【例 4－9】甲企业使用销售收入利润率和产值利润率来进行利润预测，若预计计划期的总产值为 500 万元，可实现销售收入为总产值的 80％，已知销售收入利润率为 10％，计算计划期产品销售利润额。

分析：目标利润＝500×80％×10％＝40（万元）

（2）资金利润率。资金利润率是指利润总额占资本金（即注册资本）总额的百分比，是反映投资者投入企业资本金的获利能力的指标。企业根据上年度的实际资金占用量，结合下年度的预定投资和资金利润率，确定企业下年度的目标利润。其计算公式如下：

目标利润＝预计资金平均占用额×资金利润率

【例 4－10】甲公司上年度实际占用的资金总额为 120 万元，为扩大有关产品的产销规模，下半年将购置有关机器设备，其价值为 50 万元，另需追加流动资金 8 万元，预定资金利润率为 16％。计算企业下年度的目标利润。

分析：目标利润＝(120＋50＋8)×16％＝28.48（万元）

根据上述预测可见，用相关比率法进行利润预测，方法简单，但关键在于预测所依据的相关利润率指标必须稳定可靠，否则将造成较大误差。

2. 因素分析法

因素分析法是指在基期利润水平的基础上，根据计划期间影响利润变动的各项因素，预计出企业计划期间的利润总额的一种方法；是指以本量利分析的基本原理为基础的一种分析方法。影响利润变动的因素有销售量、销售价格、销售成本和销售税金等。

企业在预测下一会计期间的产品销售利润额时，应首先计算本期的成本利润率，其计算公式如下：

$$\text{本期成本利润率}=\frac{\text{本期产品销售利润率}}{\text{本期产品销售成本}}\times 100\%$$

计算出本期成本利润率后，就可以进一步预测下期各相关因素变动对产品销售利润的影响。

（1）预测产品销售量变动对利润的影响。在其他因素不变的情况下，当预测期产品销售数量增加时，利润额也会随之增加；反之，当预测期产品销售数量减少时，利润额也会随之下降。

因为在测算下期的产品销售成本时，已将因销售量变动而使生产量变动的因素考虑在内了，所以由产品销售数量变动而使利润增加或减少的数额，可用本期的销售成本与下期预测销售成本相比较，再根据本期的成本利润率求得。其计算公式如下：

$$\begin{matrix}\text{因销售量变动而}\\\text{增减的利润额}\end{matrix}=\left(\begin{matrix}\text{预测下期}\\\text{产品销售成本}\end{matrix}-\begin{matrix}\text{本期产品}\\\text{销售成本}\end{matrix}\right)\times\begin{matrix}\text{本期成本}\\\text{利润率}\end{matrix}$$

（2）预测产品销售价格变动对利润的影响。如果在预测期产品销售价格比上期提高，则销售收入也会增多，从而使利润额增加；反之，如果产品销售价格降低，也会导致利润额减少。其影响的计算公式如下：

$$\begin{matrix}\text{因销售价格变动}\\\text{而增减的利润额}\end{matrix}=\begin{matrix}\text{预测期产品}\\\text{销售数量}\end{matrix}\times\begin{matrix}\text{变动前}\\\text{售价}\end{matrix}\times\begin{matrix}\text{价格}\\\text{变动率}\end{matrix}\times(1-\text{税率})$$

（3）预测产品销售成本变动对利润的影响。在产品价格不变的情况下，降低产品成本会使利润相应增加，反之，增加产品成本会使利润相应减少。其影响的计算公式如下：

$$\begin{matrix}\text{因销售量变动而}\\\text{增减的利润额}\end{matrix}=\begin{matrix}\text{按本期产品成本计算的}\\\text{预测期成本总额}\end{matrix}\times\begin{matrix}\text{本期利润}\\\text{成本率}\end{matrix}$$

（4）预测产品销售税金变动对利润的影响。产品销售税率变动直接影响利润额的增减。如果税率提高，利润额就会减少；反之，如果税率降低，利润额就会增加。其影响的计算公式如下：

$$\begin{matrix}\text{因销售税率变动}\\\text{而增减的利润额}\end{matrix}=\begin{matrix}\text{预测期产品}\\\text{销售收入}\end{matrix}\times\left(1\pm\begin{matrix}\text{价格}\\\text{变动率}\end{matrix}\right)\times(\text{原税率}-\text{变动后税率})$$

第五节　资金需要量预测

资金预测是企业生产经营预测中不可缺少的组成部分。在企业的生产经营过程中，如果缺少资金，那么企业将陷入“巧妇难为无米之炊”的困境。因此，资金预测在提高企业经营管理和企业经济效益方面有着重要意义。首先，资金预测是进行经营决策的主要依据；其次，资金预测是保证企业资金供应、合理组织资金运用、不断提高资金利用效果的重要手段；最后，资金预测是编制资金预算的必要步骤。

一、资金需要总量预测

在资金需要总量预测中，常用的方法有定性预测法和定量预测法。

1. 定性预测法

定性预测法是指利用直观的资料，依靠个人的经验、主观分析和判断能力，预测未来资金需求量的方法。

定性预测法的预测过程：第一，由熟悉财务情况和生产经营情况的专家根据过去所积累的经验，进行分析判断，提出预测的初步意见；第二，通过召开座谈会或其他方式对上述预测的初步意见进行进一步的补充修正。这样经过一次或几次以后，确定最终的资金预测量。

定性预测法往往带有较强的主观性，一般适用于缺乏完备、准确的历史资料情况下的资金需要量预测。或者，在实际工作中将它与其他方法结合使用。

2. 定量预测法

定量预测法包括资金增长趋势预测法和预计资产负债表法。

（1）资金增长趋势预测法。资金增长趋势预测法，就是指运用回归分析法（最小二乘法）原理对过去若干期间销售收入（或销售量）及资金需用量的历史资料进行分析、计算后，再确定反映销售收入与资金需用量之间的回归直线（$y=a+bx$），并据以推算未来期间资金需要量的一种方法。

影响资金需求总量变动的因素很多，但从短期经营决策角度看，引起资金发生增减变动的最直接、最重要的因素是销售量。在其他因素不变的情况下，销售量增加，往往意味着企业生产规模扩大，从而需要更多的资金；相反，销售量减少，往往意味着企业生产规模缩小，于是所需要资金也就随之减少。因此，资金需用量与销售量之间存在着内在的相互联系，利用这种相互联系可以建立数学模型，预测未来期间销售量处于一定水平时的资金需用总量。

资金需要总量与销售量之间的相互依存关系可用下式表示：

$$y=a+bx$$

其中：y 为资金需要总量；a 为资金需要总量中不受销售量变动影响的部分；bx 为资金需要总量中随销售量变动呈正比例变动的部分；x 为预测期一定水平的销售量。

运用最小二乘法求得 a、b 的值为：

$$\begin{cases} a = \dfrac{\sum y - b\sum x}{n} \\ b = \dfrac{n\sum xy - \sum x \sum y}{n\sum x^2 - (\sum x)^2} \end{cases}$$

【例 4－11】甲企业历年产销量和资金变化情况如表 4.11 所示，2024 年预计销售量为 1 500 万件，要求按照回归模型建立资金需要量预测模型并计算 2024 年的资金需要量。

表 4.11　甲企业产销量和资金变化情况

年份	产售量 x（万件）	资金占用 y（万元）	xy	x^2
2018	1 200	1 000	1 200 000	1 440 000
2019	1 100	950	1 045 000	1 210 000
2020	1 000	900	900 000	1 000 000
2021	1 200	1 000	1 200 000	1 440 000
2022	1 300	1 050	1 365 000	1 690 000
2023	1 400	1 100	1 540 000	1 960 000
$n=6$	$\sum x = 7\ 200$	$\sum y = 6\ 000$	$\sum xy = 7\ 250\ 000$	$\sum x^2 = 8\ 740\ 000$

$$b = \frac{n\sum xy - \sum x \sum y}{n\sum x^2 - (\sum x)^2} = 0.5 \qquad a = \frac{\sum y - b\sum x}{n} = 400$$

$$y = a + bx = 400 + 0.5x = 400 + 0.5 \times 1\ 500 = 1\ 150\text{（万元）}$$

（2）预计资产负债表法。预计资产负债表法是指通过编制预计资产负债表来预计预测期资产、负债和留存收益，从而测算外部资金需用量的一种方法。

资产负债表是指反映企业某一时点资金占用（资产）和资金来源（负债和所有权益之和）平衡状况的会计报表。企业增加的资产，必然是通过增加负债或所有者权益的途径予以解决的。因此，通过预计资产的增减，企业可以确定需要从外部筹措的资金数额。

资产、负债的许多项目随销售量的增加而增加，随其减少而减少，呈现一定的比例关系。因此，企业可以利用基年资产、负债各项目与销售量的比例关系预计预测期资产、负债各项目的数额。这种分析方法的基本步骤是：

①确定资产负债表中的敏感项目。其包括资产类项目、负债和所有者权益类项目，具体内容如下：

一是资产类项目。在该类项目中，企业中的流动资产各项目，如货币资金、应收票据、应收账款、其他应收款和存货等，通常会随着销售量的增加而相应地增加，属于敏感资产。对于固定资产项目，如果企业现有的生产经营能力能够满足预测期生产经营规模的需要，就不需要增加固定资产上的资金投入，就属于非敏感项目；反之，如果企业未来的产销业务量超过现有的生产能力，则必须追加资金投入，扩大生产经营能力，以满足生产经营的需要，此时固定资产就属于敏感项目。至于无形资产、长期投资等项目，通常与产销业务量的增减没有直接的联系。因此属于非敏感项目，不予考虑。

二是负债和所有者权益类项目。在该类项目中，应付票据、应付账款、应交税金和其他应付款等流动负债项目，其金额通常会随着产销业务量的增加而相应地增加，属敏感项目。长期借款、应付债券等长期负债项目和所有者权益类各项目，通常与产销业务量无关，因此不予考虑。

②确定基期各敏感项目的销售百分比。将随销售额增减变动的各项目基期的金额除以基期的销售额以取得相应的百分比，其计算公式如下：

$$\begin{matrix}\text{某敏感项目}\\\text{销售百分比}\end{matrix}=\frac{\text{基期该项目金额}}{\text{基期销售收入}}\times 100\%$$

③计算企业预测期的留存收益。按照预计销售额和基期销售净利率计算预测期的净利润，减去按预测期股利发放率测算的预计发放股利，其余额可确定为预测期增加的留存收益数额。

④编制预测期的预计资产负债表。测算资产负债表中随着销售收入变动的各项资产、负债及所有者权益项目的预测期数额，编制预计资产负债表，预计资金需要总量。

⑤确定预测期的外部资金需用额。根据预计资产负债表中的资产总额确定预计资金需求总额，根据预计负债与预计所有者权益总额确定企业预测期可用资金总额，二者之差即为企业的外部资金需用额。

【例 4－12】甲公司 2023 年 12 月 31 日的资产负债表如下表。已知，甲公司 2023 年的销售收入为 1 000 万元，现在还有剩余生产能力，即增加收入不需要进行固定资产方面的投资，具体见表 4.12。假定销售净利率为 10%，如果 2024 年的销售收入提高到 1 300 万元，公司的利润预计有 55%向投资者分配，那么需要筹集多少资金。

表 4.12　甲公司 2023 年简要资产负债表

单位：万元

资产		负债和所有者权益	
现　金	60	应交税金	50
应收账款	200	应付账款	100
存　货	300	短期借款	250
固定资产	600	应付债券	100
		股本	500
		留存收益	160
资产合计	1 160	负债和所有者权益合计	1 160

分析：

首先，将资产负债表中预计随销售变动的项目分离出来。上述案例中，资产方除固定资产外都随销售量的增加而增加，因为较多的销售量需要占用较多的存货，发生较多的应收账款，所以资金需求增加。在负债与所有者权益一方，应付账款和应交税金也会随销售的增加而增加，但股本、应付债券、短期借款等不会自动增加。预计随销售增加而增加的项目见表 4.13。

表 4.13　甲公司销售百分率

资产	占销售收入百分比	负债和所有者权益	占销售收入百分比
现金	6%	应交税金	5%
应收账款	20%	应付账款	10%
存货	30%	短期借款	不变动
固定资产	不变动	应付债券	不变动
		股　本	不变动
		留存收益	不成比例变动
资产合计	56%	负债和所有者权益合计	15%（不包括留存收益）

注：不变动是指该项目不随销售的变化而成比例变化。

其次，确定需要增加（或减少）的外部筹资额。

现金项目：(1 300－1 000)×6%＝18（万元）

应收账款项目：(1 300－1 000)×20%＝60（万元）

存货项目：(1 300－1 000)×30%＝90（万元）

应交税金项目：(1 300－1 000)×5%＝15（万元）

应付账款项目：(1 300－1 000)×10%＝30（万元）

留存收益项目：1 300×10%×(1－55%)＝58.5（万元）

即 18＋60＋90－15－30－58.5＝64.5（万元），说明甲公司此时需要再筹集资金 64.5 万元。

最后，编制预计资产负债表（表 4.14）。

表 4.14 预计资产负债表各项目测算值

单位：万元

项目	2023 年末 资产负债表	2023 年 销售百分比（%）	2024 年 预计资产负债表
资产			
现金	60	6	78
应收账款	200	20	260
存货	300	30	390
固定资产	600	不变动	600
资产总额	1 160	56	1 328
负债和所有者权益			
应交税金	50	5	65
应付账款	100	10	130
短期借款	250	不变动	250
应付债券	100	不变动	100
负债总额	500	不变动	545
股本	500		500
留存收益	160	不成比例变动	218.5
负债与所有者权益总额	1 160	15（不包括留存收益）	1 263.5
可用资金总额			1 263.5
需筹措的资金数额			64.5
合计			1 328

二、流动资金需要量预测

流动资金需要量的预测是通过预测流动资产各项目资金的平均占用额来进行的，对于不同项目应采用不同的预测方法。预测流动资金的方法很多，最常见的方法有资金占用比例法、周转期预测法、因素测算法和余额测算法。

1. 资金占用比例法

资金占用比例法，又称比例计算法，是指企业根据预测期确定的相关指标（如净产值、营业收入、营业成本费用、营业利润等指标），按基年流动资金实际平均占用额与相关指标的比例关系来预测流动资金需用总量的一种方法。其计算公式如下：

$$\frac{\text{预测期流动}}{\text{资金需用额}}=\frac{\text{预测期}}{\text{相关指标}}\times\frac{\text{基期相关指标}}{\text{流动资金率}}\times\left(1-\frac{\text{预测期流动资金}}{\text{周转加速率}}\right)$$

其中，$\frac{\text{基期相关指标}}{\text{流动资金率}}=\frac{\text{基年流动资金平均占用额}-\text{不合理资金平均占用额}}{\text{基年相关指标}}\times100\%$

【例 4－13】甲公司 2023 年营业收入为 500 万元，流动资金平均占用额为 80 万元，不合理平均占用额 5 万元。预计 2024 年营业收入为 600 万元，如果资金周转率提高 5%，要求预测 2024 年流动资金需用总量。

分析：2024 年流动资金需用总量$=600\times\frac{80-5}{500}\times(1-5\%)=85.5$（万元）

2. 因素测算法

因素测算法又称分析调整法，它是指以上年流动资金实际平均需用量为基础，根据预测年度的生产经营任务和加速流动资金周转的要求，进行分析调整，来预测流动资金需用量的一种方法。其计算公式如下：

$$\frac{\text{预测期流动}}{\text{资金需用额}}=\left(\frac{\text{基年流动资金}}{\text{平均占用额}}-\frac{\text{不合理}}{\text{占用}}\right)\times\left(1+\frac{\text{预测年度}}{\text{生产增长率}}\right)\times\left(1-\frac{\text{预测期流动资金}}{\text{周转加速率}}\right)$$

因素测算法计算比较简单、易掌握，但预测结果不太精确，因此它通常用来计算企业存货资金的占用数额，主要适应于产品品种繁多、规格复杂、用量较小、价格较低的辅助材料、机械配件、低值易耗品等项目的资金占用数额的预测。采用这种方法时，应在上年度流动资金平均占用额基础上，剔除其中呆滞积压不合理部分，然后根据预测期的生产经营任务和加速流动资金周转的要求进行测算。

【例 4－14】某企业上年度存货平均余额为 180 万元，其中超储积压等不合理占用额为 10 万元。预测期生产预计增长 20%，存货资金周转加速 10%。用因素测算法计算该企业预测期存货资金需用额。

分析：预测期存货资金需用额＝(180－10)×(1＋20%)×(1－10%)＝183.6（万元）

3. 余额测算法

余额测算法是指以流动资产项目的上年结转余额为基础，根据预测年度发生数额、摊销数额来测算流动资金需用量的一种方法。该方法适用于流动资金占用数额比较稳定的项目，如待摊费用等。其计算公式如下：

预测期流动资金需用量＝预测期期初结余额＋预测期发生额－预测期摊销额

4. 周转期预测法

周转期预测法又称定额日数计算法，它是指根据流动资金完成一次循环所需要的天数（资金定额天数）和每日平均周转额（每日平均资金占用额）来计算流动资金需要量的一种方法。其计算公式如下：

预测期流动资金需用量＝该项流动资金每日平均周转额×该项流动资金周转日数

其中，流动资金每日平均周转额是指某项流动资金平均每天从本阶段流出的数额，它直接影响着流动资金占用数额的大小。流动资金周转日数即流动资金周转期，是指流动资金完成一次循环所需要的天数。

周转期测算法计算比较复杂，费时费力，但结果比较精确。它是预测流动资金需要量的基本方法，一般用于预测品种少、用量大、价格高、占用较多的流动资金项目，如测算原材料、在产品、产成品等存货项目资金占用量。

【例 4－15】甲公司生产 A 产品每日平均产量为 100 件，单位计划成本为 430 元/件，产成品资金定额日数为 20 天，A 产品的资金定额是多少。

分析：A 产品的资金定额＝100×430×20＝860 000（元）

思考与练习题

一、单项选择题

1. (　　) 是指根据人们的主观分析判断确定未来估计值的一种方法。

A. 定量分析法　B. 因果预测分析法　C. 定性分析法　D. 回归分析法

2. 假设平滑指数为 0.6，9 月份实际销售量为 600 千克，原来预测 9 月份销售量为 630 千克，则预测 10 月份的销售量为（　　）。

A. 618 千克　　B. 600 千克　　C. 612 千克　　D. 630 千克

3. 某产品材料费用比率为 60%，材料价格上升 10%，同时消耗定额下降 20%，则材料价格和材料消耗定额同时变动影响成本的降低率是（　　）。

A. 16.8%　　B. 7.2%　　C. 12%　　D. 30%

4. 某公司 2016 年度资金平均占用额为 4 500 万元，其中不合理部分占 15%，预计 2017 年销售增长率为 20%，资金周转速度不变，采用因素分析法预测的 2017 年度资金需求量为（　　）万元。

A. 4 590　　B. 4 500　　C. 5 400　　D. 3 825

二、多项选择题

1. 在资金需要量预测中，下列项目中被看作是随着销售额变动而变动的是（　　）。

A. 应收账款　　B. 存货　　C. 固定资产　　D. 递延资产

2. 下列因素对产品成本有影响的是（　　）。

A. 直接材料消耗变动　　B. 销售费用变动

C. 直接材料价格变动　　D. 工资水平变动

三、计算题

1. 某企业 2023 年上半年实际销售情况如表 4.15 所示。

表 4.15　某企业 2023 年上半年实际销售情况

月份	1	2	3	4	5	6
销售额（万元）	2 000	3 000	2 500	2 800	2 200	3 200

要求：(1) 用算术平均法预测 2023 年 7 月份销售额。

(2) 用加权平均法预测 2023 年 7 月份的销售额。权数依次为：0.1、0.1、0.1、0.2、0.2、0.3。

2. 已知：有关部门需要对我国卫生瓷砖的销售量进行预测。根据对已有数据的分析，可知历年卫生瓷砖的销售量与同期全国竣工城镇楼房住宅面积有关。经过筛选，得出 5 对有关历史数据，如表 4.16 所示。假设按照规划 2024 年全国城镇楼房住宅面积为 7 500 万平方米，试用一元回归法预测该年份卫生陶瓷的销售量。

表 4.16　卫生瓷砖的销售量与同期全国竣工城镇楼房住宅面积情况

年份	卫生瓷砖销售量 y（万件）	竣工城镇楼房住宅面积 x（万平方米）
2019	50	8 000
2020	60	7 000
2021	45	6 000
2022	55	4 000
2023	70	3 000

3. 某企业预计计划年度继续生产甲产品，各项主要技术经济指标的变动情况为：产品产量平均增长 20%，原材料消耗降低 5%，原材料价格平均降低 2%，生产工人平均工资增长 10%，劳动生产率提高 15%，变动性制造费用增加 18%，废品损失减少 10%。基期各成本项目占产品成本的比重分别为：直接材料 58%，直接人工 25%，变动性制造费用 10%，固定性制造费用 5%，废品损失 2%，要求预测计划期甲产品成本的总降低率。

4. 某企业只生产一种产品，单价为 200 元/件，单位变动成本为 160 元/件，固定成本为 400 000 元，2023 年的销售量为 10 000 件，企业按同行业先进的资金利润率预测 2024 年企业目标利润基数。已知：资金利润率为 20%，预计企业资金占用额为 600 000 元。

要求：(1) 测算企业的目标利润基数。

(2) 测算企业为实现目标利润应该采取哪些单项措施。

5. 已知：某公司 2023 年销售收入为 20 000 万元，销售净利润率为 12%，净利润的 60%分配给投资者。2023 年 12 月 31 日的资产负债表（简表）如表 4.17 所示。

表 4.17　资产负债表（简表）

单位：万元

资产	期末余额	负债及所有者权益	期末余额
货币资金	1 000	应付账款	1 000
应收账款净额	3 000	应付票据	2 000
存货	6 000	长期借款	9 000
固定资产净值	7 000	实收资本	4 000
无形资产	1 000	留存收益	2 000
资产总计	18 000	负债与所有者权益总计	18 000

该公司 2024 年计划销售收入比上年增长 30%，为实现这一目标，公司需新增设备一台，价值 148 万元。据历年财务数据，分析可知公司流动资产与流动负债随销售额同比率增减。假定该公司 2024 年的销售净利率和利润分配政策与上年保持一致。

要求：(1) 计算 2024 年公司需增加的营运资金。

(2) 预测 2024 年需要对外筹集资金量。

第五章 经营决策

【学习目标】 通过本章的学习，学生要了解经营决策的含义和特点；掌握经营决策的成本概念和意义；掌握经营决策的方法和运用。

【学习重点】 经营决策的成本概念及方法；生产决策；定价决策；存货决策。

【学习难点】 生产决策；定价决策；存货决策。

第一节 经营决策概述

一、决策分析概述

（一）决策分析的概念

决策是指为实现特定目标，基于目前的条件对未来有关因素的预测而做出的针对未来行动的决定。决策是一种创造性管理活动，是现代企业管理的核心与最重要的方法。随着市场竞争日趋激烈，一个企业决策的好坏，将直接决定企业经营的成败。企业决策一般是指经营者为了实现企业的预期目标，针对某个行动在两个或两个以上的备选方案中选择最优方案的过程。

管理会计中的决策分析是指针对企业未来经营活动所面临的有关经营战略、方针、目标、原则和方法等问题，由各级管理人员借助科学的理论和专门的方法，对各种备选方案可能导致的结果，进行测算和比较分析，权衡利弊得失，从中选出最优方案，供企业决策者参考的整个过程。

决策分析是企业经营管理的核心内容。现代管理理论认为，管理的重心在于经营，经营的重心在于决策，决策的正确与否关系到企业未来发展的兴衰。企业每进行一项活动，都必须有明确的目的性，并有具体的行动方案。决策是企业一切行为的起点，是企业的基本行为，它贯穿于企业生产经营活动的各个方面、各个环节和各个时期。

（二）决策分析的特点

1. 未来的决策

决策面向的是未来的事项，它不是对过去活动简单地重复，也不可能完全脱离过去活动的影响。企业未来的事项是可以判断、推测的，但很难精确地予以量化，它的发生受到多种不确定因素的影响。决策的这个特性，决定了在决策分析中应采用定性分析与定量分析相结合的方法。

2. 明确的目标

决策都是为了解决一个具体的问题，达到一个明确的目标。没有目标的决策是毫无意义的决策。决策目标的确立，一方面为确定备选方案提供了前提，另一方面为决策结果的评价提供了标准。

3. 多个方案

决策的核心是分析比较，评价选优。如果可供选择的方案只有一个，根本无须评价、选择。只有备选的方案在两个或以上，才存在比较、分析、选择最优方案的问题。

4. 人性化

决策的结果总会有一个最后的实施方案，而这个方案总是要由人来完成的。这就要求在决策的过程中，在考虑方案本身优劣的同时，还要关注备选方案对实施人员的要求及对备选方案的适应程度。

（三）决策分析的程序

1. 确定决策目标

目标是决策的出发点和归宿。所以在决策之前，首先要从企业的现状出发，找出需要解决的问题，做到有的放矢。

2. 广泛搜集相关信息，务实求真、准确、及时

决策目标一旦确定，管理人员应着手广泛地搜集资料，找到做出决策的依据。能否广泛搜集与决策相关的信息，是决策能否成功的关键。在搜集相关信息时应该做到：定量信息与定性信息相结合，财务计量信息与非财务计量信息相结合，避免信息失真，或犯主观、片面的错误。

3. 制订备选方案

决策者根据所确定的决策目标和所掌握的有关情报信息，设计出各种可能采取的方案，即备选方案，形成较大的可选择空间，并分析各个方案的得失和利弊。

4. 选择最满意（可行）方案

决策者对各备选方案进行成本效益分析，要根据所掌握的有关信息，对各备选方案的可行性进行充分论证，全面衡量有关因素的影响，通过不断比较、筛选，最后选出最满意（可行）方案。一般而言，选择的原则是“两利相权取其重，两弊相衡取其轻”。

5. 方案的实施、评价与反馈

决策方案选定以后，应将其纳入企业计划，具体组织实施。在实施过程中，应经常监督检查，将实际发展进程与决策目标进行比较，做出评价，找出偏离目标的程度及原因，提供反馈信息。

（四）决策分析的类型

决策分析按照不同的标志可将其划分为不同的类型。

1. 按决策的重要程度分类

（1）战略决策。战略决策是指关系到企业未来发展方向、大政方针的全局性重大决策。例如企业打算在经营上转型，主营业务将发生行业性转变等。

（2）战术决策。战术决策是指为了达到预期的战略决策目标，对日常经营活动采取方法和手段的局部性决策。例如，为了达到上述经营转型，企业需引进什么样的生产线，人员需要进行哪些调整等。

2. 按决策规划时期的长短分类

（1）短期决策。短期决策一般是指在一个经营年度或经营周期内能够实现其目标的决策，主要包括生产决策和定价决策等内容。它的主要特点是充分利用现有资源进行战术决策，一般不涉及大量资金的投入，且见效快，因此短期决策又称短期经营决策。

（2）长期决策。长期决策是指较长时期（超过一年）才能实现的决策。它的主要特点是对若干期的收支产生影响，一般需要投入大量资金，且见效慢，因此长期决策又称长期投资决策或资本性支出决策。

3. 按决策条件的确定程度分类

（1）确定型决策。在确定型决策中，备选方案的各项条件都是已知并且确定的，也就是说，一个方案只会有一个确定的结果。

（2）风险型决策。在风险型决策中，备选方案的各项条件虽然也是已知的，但每一方案的执行都可能会出现两种或两种以上的结果，其概率也可以估计出来。这类决策由于结果的不唯一性，使决策存在一定的风险。

（3）不确定型决策。不确定型决策与风险型决策有些相似，两者的已知条件基本相同，但不确定型决策的各项结果无法确定其客观概率，决策者往往凭经验进行决策。

4. 决策的其他分类

如按决策的内容不同，可分为生产决策、定价决策和存货决策等；按决策者所处的管理层不同，可以分为高层决策、中层决策和基层决策；按决策的基本职能不同，又可分为计划决策和控制决策，等等。

研究决策的分类，是为了从各个不同的侧面认识决策。不同类型的决策常常是相互联系的，而并非彼此独立无关。如短期决策通常属于战术决策，它往往由中层管理者作出，但有时这类决策也涉及战略问题，并且由高级管理者亲自主持。

二、经营决策概述

（一）经营决策的含义

经营决策的决策结果会影响或决定企业近期（一年或一个经营周期）经营实践的方向、方法和策略。经营决策是指侧重于资金、成本、利润等方面针对如何充分利用企业现有资源及经营环境，以取得尽可能大的经济效益而实施的决策。

（二）经营决策的内容

经营决策的内容概括地说包括生产决策、定价决策和存货决策。

生产决策是指围绕是否生产、生产什么、怎样生产以及生产多少等问题而展开的决策。包括新产品开发的品种决策、亏损产品的决策、半成品是否进一步加工决策、零部件自制与外购决策等。

定价决策是指围绕如何确定销售产品价格水平的问题而展开的决策。包括成本加成定价法、市场定价法、新产品销售定价法、有闲置能力时的定价方法等。

存货决策是指研究材料采购和生产投入的批量问题，进而计算出一个最经济的存货批量的过程。该存货批量既能满足生产需要，又不产生积压，同时费用又是最节约的。

(三) 经营决策的基本假设

为了简化经营决策的分析过程，在设计相关的决策方案进行相关决策时，一般假定以下条件已经存在。

其一，决策方案不涉及追加长期项目的投资。

其二，企业面临的经营问题已经明确，决策目标基本形成，所需预测资料齐备。

其三，各备选方案具有技术上的可行性。

其四，凡涉及市场购销的决策，均以市场具备提供材料或吸收有关产品的能力为前提，从而使企业的产销量保持平衡。

其五，数量、价格、成本等变量均在相关范围内波动。

其六，企业以追求利润最大化和价值最大化为目标。

第二节　经营决策的成本概念及方法

一、经营决策的成本概念

决策分析就是指利用会计资料和其他有关资料，针对解决问题的各种方案的经济效益，运用专门的方法来测算、分析和比较，权衡利弊得失，从中选出最佳方案的过程。在各备选方案中，除了收入以外，影响经济收益的一个决定性因素是成本。而且相对收入来讲，成本是企业能控制的因素，因而在决策分析中要区分相关成本和无关成本，分清影响可供选择方案效益的无关因素和有关因素，抓住主要矛盾，做出正确选择，这对决策分析至关重要。

(一) 相关成本

相关成本是指与特定决策相联系的、能对决策产生重大影响的、在经营决策中必须予以充分考虑的成本。

1. 重置成本

重置成本又称现时成本或现时重置成本，是指以现在的市场价格购买功能与目前拥有的某项资产相同或相似的资产所需支付的全部费用。

在财务会计中，历史成本仍然是资产计价的基本原则。但在经营决策中，如果面临通货膨胀环境，历史成本在很大程度上已失去了相关性，这时必须考虑重置成本或市场价值。

2. 付现成本

付现成本又叫现金支出成本，一般就是立刻或短期内需要动用现金支付的成本。付现成本常常是在企业现金短缺、支付能力不足、筹资又十分困难的情况下发生。因为在资金紧张的条件下，尽管付现成本较低方案的总成本比较高，但可以用较少的资金及时解决问题，把握机会，这可以提前取得收益，抵偿多支出的成本。

【例 5-1】某企业有一台主要设备因故损坏，造成停工，必须立即修复，否则造成每天两万元的停工损失。现有两个修理商前来洽谈，第一个要价 20 000 元，要求一次性立即支付；第二个要价 30 000 元，但是可以分三个月支付，每月支付 10 000 元。该企业目前资金紧张，只能支付 12 000 元。那么应该选择哪个修理商呢？

解：该企业只能选择第二个修理商，因为虽然他的总成本更高，但是企业没有那么多的现金，又不能停工，否则损失会更大。

3. 机会成本

机会成本是指在使用有限资源时，由于选择一个方案而放弃（或错过）另一个方案所失去的可能的最大收益。它不是一项现实的成本支出，只是用于计算各决策方案潜在的经济影响，因而在财务会计核算中不用入账。它是基于资源的稀缺性而产生的成本。为实现有限资源的最大效益，使用这一资源所获得的收益必须能够弥补因此而放弃的其他利益，若忽视机会成本，可能会造成决策失误。

例如，某公司一台设备目前正在生产 A 产品，每年可获净利 20 万元。现决定用该台设备生产 B 产品，那么，产销 A 产品每年可获 20 万元的净利即构成生产 B 产品的机会成本。只有产销 B 产品所产生的净利大于放弃 A 产品而损失的 20 万元净利，B 产品产销方案才是可行的。

4. 专属成本

专属成本是指那些能够明确归属于特定决策方案的固定成本或混合成本。它往往是指为了弥补生产能力不足的缺陷，增加有关装置、设备、工具等长期资产而发生的成本。专属成本的确认与取得上述装置、设备、工具的方式有关。若采用租入的方式，则专属成本就是与此相关联的租金成本；若采用购买方式，则专属成本的确认还必须考虑有关装置、设备、工具本身的性质；如果取得的装备等是专用的（即只能用于特定方案），则专属成本就是这些装备的全部取得成本；如果取得的装备等是通用的，则专属成本就是与使用这些装备有关的主要使用成本，如折旧费、摊销费等。

5. 差量成本

差量成本是指可供选择的方案之间预期成本的差异，它可以使决策者从可供选择的备选方案中估计其成本差异，评价备选方案经济效果的优劣。例如，在决定零部件是自制还是外购时，零件自制成本和外购成本的成本差额就是该生产决策的差量成本。

在同一决策方案下，由于不同产量或者生产能力的不同利用程度所引起的差量成本，也称为增量成本。一般地，在相关范围内，增量成本等于变动成本的差异额，但超出相关范围，增量成本就是变动成本差异和固定成本差异之和。因此，不能简单地认为增量成本等于变动成本。

6. 边际成本

边际成本表示产量每增加一个单位所引起的成本总额的变动。在一定范围内，边际成本即单位变动成本。与边际成本相对应的收益概念是边际收益，它表示产量每增加一个单位所引起的收益总额的变动。在一定范围内，边际收益就是单价。“当某一项目的边际收益等于边际成本时，这一项目的收益总额最大”，这一经济学原理在管理会计的生产决策和定价决策中有着重要作用。比如当采用薄利多销的方式扩大销售量时，其价格降低的最低限度是边际收益等于边际成本。

7. 可避免成本

可避免成本是指与特定备选方案相关联的成本，其发生与否，取决于与其相关联的备选方案是否被选定。即某个备选方案如果被选定，与其相关联的某项成本就会发生，否则该项成本就不会发生，则该成本为可避免成本。

8. 可延缓成本

在企业财力负担有限的情况下，如果推迟执行已决定选用的某一方案，还不至于影响企业全局，则与这一方案有关的成本即为可延缓成本。

例如，某公司原来办公房屋比较简陋，原定在计划年度新盖办公楼一座，需花费 200 万元。现在考虑到计划期间资金比较紧张，决定推迟两年再盖大楼，那么与建楼有关的建筑材料、人工等都属于可延缓成本。

9. 可分成本

所谓可分成本，是指联产品或半成品在进一步加工阶段中所需追加的变动成本和固定成本。

（二）无关成本

与相关成本相对立的概念是无关成本。凡不受决策结果影响，与决策关系不大，已经发生或注定要发生的成本就是无关成本。

1. 联合成本

联合成本是与可分成本相对应的成本，是指在未分离前的联产品生产过程中发生的、应由所有联产品共同负担的成本。

2. 沉没成本

沉没成本是指由过去决策结果引起并已经实际支付过款项，无法再收回或得到补偿的成本。其存在与否和数额的大小，都不是目前和未来决策所能改变的。企业大多数固定成本，如固定资产折旧费、无形资产摊销费等，均属于沉没成本。

3. 共同成本

与专属成本对应的一个概念——共同成本，是指那些由若干产品的生产或若干部门的存在或若干项目发生的固定成本。例如，一台设备用来制造两种或多种产品，那么该设备的折旧费、修理费对各种产品来讲均是共同成本。该成本不会造成各种备选方案之间出现差别，因此是无关成本。

4. 不可避免成本

不可避免成本是指在业务经营过程中必然发生，其数额与决策活动无关的成本。

5. 不可延缓成本

有一些决策方案，即使在企业财产资源有限的情况下，也不能推迟执行，否则会对企业生产经营活动的正常运行产生重大的不利影响。此时与该决策有关的成本也必须立即支出，而不可以推延，这类成本即为不可延缓成本。

例如，某公司过去一直采用烧柴油的锅炉，能源浪费很大，而且污染四周环境。现决定在计划年度采用烧煤的锅炉，并装上防止污染的装置，需花费25万元。这个方案即使在财力紧张的情况下也必须执行，否则市政机关和生态环境部门将勒令其停业。那么与方案有关的成本25万元，为不可延缓成本。

需要注意的是，所谓相关与无关都是相对于决策方案而言的。对于某个决策方案是相关的成本项目对于另外一个决策方案却可能是无关的。

二、经营决策的方法

经营决策由于其具体内容不同，在决策方法上也存在着一定的差异。结合实践中的应用情况，本节将介绍差量分析法、贡献毛利分析法、成本无差别点法、相关损益分析法和相关成本分析法五种经营决策的基本方法。

（一）差量分析法

差量分析法就是指将备选方案的有关收入、成本进行比较，选出最优方案的方法，即通过分别比较两个方案的差量收入、差量成本来进行两个相斥方案的决策。其也称为差量损益分析法，即以差量损益作为评价方案取舍标准的一种方法。差量分析法适用于收入成本型方案的决策，是决策分析中最常用的方法。

具体而言，假设有 A、B 两个备选方案，其相关收入分别为 R_A 与 R_B，相关成本分别为 C_A 和 C_B，则：

$$差量收入\ D_R=R_A-R_B$$

$$差量成本\ D_C=C_A-C_B$$

如果 $D_R>D_C$，则 A 方案优于 B 方案；如果 $D_R<D_C$，则 B 方案优于 A 方案。

当然也可直接计算 A、B 方案的净收益，从而选择净收益高的方案。

差量分析法比较科学，简单实用，能够直接揭示选中的方案比放弃的方案多获得的利润或少发生的损失（即差量损益的绝对值）。通常适用于单一方案决策或只有两个备选方案的互斥决策。但要按此法对两个以上互斥方案做出决策，就必须逐次进行筛选，故比较麻烦。

（二）贡献毛利分析法

经营决策中，由于企业生产能力一般不会改变，固定成本总额基本稳定，所以只需要对产品所提供的贡献毛利进行分析，就可以确定最优方案，这种以生产产品所创造的贡献毛利大小来评价和选择最优方案的分析方法称为贡献毛利分析法。必须注意的是，决策分析时决不能以产品的单位贡献毛利大小作为评价方案优劣的标准，而应以产品所提供的贡献毛利总额或单位资源贡献毛利为依据。这是因为生产不同单位产品所耗费的资源（如人工小时或机器小时）

往往不同，单位产品贡献毛利没有可比性。

贡献毛利分析法又分为单位资源贡献毛利分析法和贡献毛利总额分析法。

1. 单位资源贡献毛利分析法

单位资源贡献毛利分析法是指把有关方案的单位资源贡献毛利指标作为决策评价指标的一种方法。

当企业生产只受到某一项资源（如某种原材料、工人人工小时或机器小时等）的约束，并在已知备选方案中各种产品的单位资源贡献毛利和单位产品资源消耗额（如材料消耗定额、工时定额）的条件下，可按下式计算单位资源所创造的贡献毛利指标，并以此作为决策评价指标。

$$单位资源贡献毛利=\frac{单位贡献毛利}{单位产品消耗定额}$$

哪个方案的单位资源贡献毛利大，哪个方案为优。

该方法比较简单，经常应用于生产决策中的互斥方案决策，如新产品开发的品种决策。

2. 贡献毛利总额分析法

贡献毛利总额分析法是指把有关方案的贡献毛利总额指标作为决策评价指标的一种方法。

当有关决策方案的相关收入均不为零，相关成本全部为变动成本时，可以将贡献毛利总额作为决策评价指标。贡献毛利总额等于相关的销售收入与相关的变动成本之差。该指标是个正指标，哪个决策方案的该项指标大，哪个方案便为最优方案。

该方法经常被应用于生产经营决策中不涉及专属成本和机会成本的单一方案决策或多个方案决策中的互斥方案决策，如亏损产品决策。

（三）成本无差别点法

成本无差别法是指在各备选方案的相关收入均为零，相关的业务量为不确定因素时，通过判断处于不同水平上的业务量与成本无差别点业务量之间的关系，来做出互斥方案决策的一种方法。

成本无差别点业务量是指能使两方案总成本相等的业务量，又称为成本分界点。其基本公式为：

$$成本无差别点业务量=\frac{两方案相关固定成本之差}{两方案相关变动成本之差}$$

此方法要求各方案的业务量单位必须相同，方案之间的相关固定成本水平与单位变动成本水平恰好相互矛盾，否则无法应用该方法。

假设：

方案 A 的总成本公式　　$y_1 = a_1 + b_1 x_1$

方案 B 的总成本公式　　$y_2 = a_2 + b_2 x_2$

其中，$a_1 > a_2$，$b_1 < b_2$

使两方案总成本相等的业务量即为成本平衡点业务量。

成本平衡点业务量　　$x_0 = \dfrac{a_1 - a_2}{b_2 - b_1}$

判断：

若业务量大于 x_0，则选 A 方案（固定成本较高）；

若业务量小于 x_0，则选 B 方案（固定成本较低）；

若业务量恰好等于 x_0，则两方案成本相等，效益无差别。如图 5.1 所示。

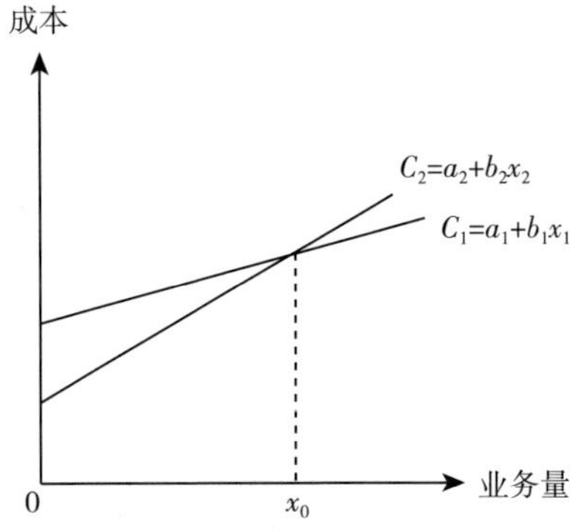

图 5.1　成本无差别点分析图

该方法通常被应用于业务量不确定的零配件取得方式的决策和生产工艺技术方案的决策。

（四）相关损益分析法

相关损益分析法是指在进行经营决策时，以相关损益指标作为决策评价指标的一种方法。某方案的相关损益是指该方案相关收入与相关成本之差。哪个方案的相关损益最大，哪个方案最优。此法可以同时用于两个以上方案的决策。

(五) 相关成本分析法

相关成本分析法是指在经营决策中，当各备选方案的相关收入均为零，通过比较各方案的相关成本指标，做出方案选择的一种方法。哪个方案的相关成本最低，哪个方案最优。此法可以同时用于两个以上方案的决策，如业务量确定的零部件自制或外购的决策。

第三节　生产决策

一、新产品开发的品种决策

新产品开发的品种决策，是指企业在利用现有的剩余生产能力开发新产品的过程中，在两个或两个以上可供选择的新品种中选择一个最优品种的决策。企业要不断开发新产品，才能不断满足社会需要，维护和扩大市场占有率。

(一) 不追加专属成本

在新产品开发的品种决策中，如果各个备选方案均可利用现有的生产条件，不涉及追加投入专属设备等专属成本，固定成本为无关成本，那么就可以用贡献毛利分析法中的单位资源贡献毛利或贡献毛利总额直接进行新产品开发的品种决策。

【例 5 - 2】某企业具备利用某种数量有限的甲材料开发一种新产品的生产经营能力，现有 A、B 两种产品可供选择，具体资料见表 5.1。

表 5.1　A、B 产品资料

项目	A 产品	B 产品
销售单价（元/件）	100	50
单位变动成本（元/件）	80	35
单位消耗定额（千克）	5	3

假设开发新品种不需要追加专属成本。

要求：作出开发何种产品的决策。

据上述条件可知，企业在开发新产品时没有追加专属成本，因而可采用单位资源边际贡献分析法进行分析。

A 产品的单位贡献毛利＝100－80＝20（元/件）

A 产品的单位资源贡献毛利＝20÷5＝4（元/千克）

B 产品的单位贡献毛利＝50－35＝15（元/件）

B 产品的单位资源贡献毛利＝15÷3＝5（元/千克）

可见，这两种产品中的 B 产品提供的单位贡献毛利最大，因此应选择 B 产品来开发。

【例 5－3】依据例 5－2 的资料，假定企业现有甲材料 30 000 千克用于开发新产品。要求根据资料用贡献毛利总额法作出开发何种新品种的决策。

开发 A 产品的相关业务量＝30 000÷5＝6 000（件）

开发 B 产品的相关业务量＝30 000÷3＝10 000（件）

开发 A 产品可获得的贡献毛利＝(100－80)×6 000＝120 000（元）

开发 B 产品可获得的贡献毛利＝(50－35)×10 000＝150 000（元）

由此计算得出开发 B 产品更有利。

（二）追加专属成本

当新产品开发的品种决策方案中涉及追加专属成本时，可以考虑使用差量分析法和相关损益分析法。

【例 5－4】开发 A 产品和 B 产品的单价与单位变动成本等资料均同例 5－2，但假定开发 A、B 产品过程中需要装备不同的小型专用设备，相应分别需要追加专属固定成本 4 000 元和 35 000 元。要求：利用差量分析法作出开发新产品的决策。依题意编制差量损益分析表，见表 5.2。

表 5.2　差量损益分析表

单位：元

项目	A 产品	B 产品	差异额（A－B）
相关收入	100×6 000＝600 000	50×10 000＝500 000	＋100 000
相关成本合计	484 000	385 000	
其中：增量成本	80×6 000＝480 000	35×10 000＝350 000	＋99 000
专属成本	4 000	35 000	
差量损益			＋1 000

注：“＋”代表收益，“－”代表亏损。

由表 5.2 的计算结果可知，评价指标差量损益为+1 000 元，大于零。据此断定应当开发 A 产品，这样可使企业多获得 1 000 元的利润。

二、亏损产品决策

企业在组织产品的生产和经营过程中，由于各种原因，企业所产销的某种或某类产品有时会发生亏损。按照传统的财务会计理论，企业产销亏损产品必将给企业带来损失。因此，及时地停止亏损产品的产销，无疑对企业是有利的。但通常所说的亏损产品，都是按传统的会计理论和方法来计算确定的，在这些产品成本中包含着与它们并不相关的固定成本。这类固定成本并不会因停止某项产品的生产而不再发生（相关固定成本除外）。因此，如果不加分析地停止亏损产品的产销，有时反而会给企业带来不利的影响。

按照变动成本法的原理，企业产品的销售收入，首先必须用来补偿销售产品的变动成本和与之相关的固定成本。如果还有剩余就可以分担企业范围内的共同固定成本。它能分担多少主要看它能提供多少的贡献毛利。按照完全成本法的原理，往往对企业的共同固定成本采用平均分摊的方式。有些产品所提供的贡献毛利不能弥补它们所分摊的共同固定成本而成为亏损产品，但它们并不一定毫无补偿能力。如果停止产销这种产品，该产品原先负担的共同固定成本就转移到其他产品身上，从而加重其他产品的负担。因此，不能简单地判断亏损产品，而要经过客观的分析，才能得到正确的结论。

（一）剩余生产能力无法转移时，是否停产的决策分析

剩余生产能力无法转移是指当亏损产品停产后，其闲置的生产能力不能用于其他方面的一种情况。在这种情况下，一般可以采取贡献毛利分析法作出亏损产品是否停产的决策。

【例 5-5】W 公司产销 A、B、C 三种产品，其中 A 产品是亏损产品，B、C 产品均是盈利产品。它们按照传统方式编制的职能式损益表资料如表 5.3 所示。

表 5.3　W公司职能式损益表

单位：元

产品名称	A产品	B产品	C产品	合计
销售收入	40 000	60 000	80 000	180 000
制造成本				
直接材料	9 000	8 000	14 000	31 000
直接人工	8 000	7 000	8 000	23 000
变动制造费用	7 000	6 000	6 000	19 000
固定制造费用	11 000	10 000	16 000	37 000
非制造成本				
变动销售管理费用	6 000	9 000	12 000	27 000
固定销售管理费用	4 000	6 000	8 000	18 000
销售成本合计	45 000	46 000	64 000	155 000
税前净利	−5 000	14 000	16 000	25 000

分析：假定A产品停产后，其生产设备不能移作他用，那么W公司是否应该停产A产品？

根据给定的传统损益表，编制贡献式损益表如表5.4所示。

表 5.4　W公司贡献式损益表

单位：元

项目	A产品	B产品	C产品	合计
销售收入	40 000	60 000	80 000	180 000
变动成本				
变动生产成本	24 000	21 000	28 000	73 000
变动销售及管理成本	6 000	9 000	12 000	27 000
变动成本小计	30 000	30 000	40 000	100 000
贡献毛利总额	10 000	30 000	40 000	80 000
减：固定成本总额	15 000	16 000	24 000	55 000
税前净利	−5 000	14 000	16 000	25 000

从以上贡献式损益表的资料可见，W公司的A产品按照传统方式计算是亏损的。但根据贡献方式计算，A产品还能为公司创造贡献毛利10 000元，能为公司抵补固定成本作出一定的贡献。若A产品停止生产，则将失去贡献

毛利 10 000 元，而固定成本总额 55 000 元则不能减少，这可以预见 W 公司的税前净利将从原来的 25 000 元降至 15 000 元。因此，A 产品仍具备补偿共同固定成本的能力，可为 W 公司提供贡献毛利，它并不是真正的亏损产品。公司在没有更好产品供选择的条件下，不应停止生产 A 产品。

（二）剩余生产能力可以转移时，是否停产的决策分析

假若企业将亏损产品停产后，其闲置多余的生产能力就可以转移（如出租、承包业务等）。在这种情况下，企业进行决策分析时必须要考虑与生产能力转移相关的机会成本。

【例 5-6】续例 5-5，若 A 产品停产后，其生产设备可出租给别的工厂，预计每年可获得租金净收入 14 000 元，其他条件不变，那么在这种情况下 A 产品是否应停产?

分析：A 产品停产后，把腾出来的生产设备租给他厂，使 W 公司每年获得租金净收入 14 000 元，这就构成继续生产 A 产品的机会成本。租金净收入比 A 产品原来提供的贡献毛利 10 000 元多 4 000 元，在这种情况下，W 公司应选择停产出租的方案。

（三）亏损产品是否转产的决策分析

据以上分析可知，企业一般不能轻易停止生产亏损产品。那么，企业能否考虑增加亏损产品的生产或利用亏损产品剩余生产能力转产其他产品呢？如果增产方案或转产方案所提供的产品贡献毛利大于原亏损产品的贡献毛利，企业就应当采取增产决策方案或转产决策方案；反之，不应停止生产亏损产品。

【例 5-7】续例 5-5，假定 W 公司 C 产品市场销售情况极好，但 C 产品供不应求，公司管理当局决定停产 A 产品，将其生产设备用来生产 C 产品，预计 C 产品的销售收入将增加 30 000 元，不需要再追加专属成本。W 公司是否应停止生产 A 产品而增产 C 产品呢?

分析：在这种情况下，只需比较 A 产品的贡献毛利与新增 C 产品提供的贡献毛利。C 产品新增收入 30 000 元，按照已知条件，其贡献毛利率为 50%（$\frac{40\ 000}{80\ 000}\times 100\%=50\%$），新增 C 产品能够提供的贡献毛利等于 15 000 元（30 000×50%=15 000 元），比 A 产品原来提供的贡献毛利 10 000 元多 5 000 元。因此，在这种情况下，该公司选择停止生产 A 产品而增产 C 产品。

需要注意的是，在实际决策时，管理人员必须考虑到停产亏损产品对其他产品的生产、销售的影响，以及员工的分流情况等。

三、半成品是否进一步加工决策

当半成品可以对外销售时，存在一个将产品加工到什么程度（卖半成品还是产成品）的问题。对这类问题，决策时只需考虑进一步加工后增加的收入是否超过增加的成本，如果前者大于后者，则应进一步加工为产成品然后将其出售；反之，则应作为半成品出售。在此，进一步加工前的收入和成本都与决策无关，不必予以考虑。

产品作为半成品出售，其售价和成本都低于进一步加工后作为产成品出售的售价和成本。是否进一步加工，可按下列公式计算、确定。

应进一步加工的条件如下：

进一步加工后产成品的销售收入－半成品的销售收入＞
进一步加工后产成品的成本－半成品的成本

应出售半成品的条件如下：

进一步加工后产成品的销售收入－半成品的销售收入＜
进一步加工后产成品的成本－半成品的成本

在上述公式中，不等号左边是差量收入，不等号右边是差量成本。另外，进一步加工后的产成品成本包括追加的变动成本和专属固定成本。

【例5-8】某企业每年销售甲产品3 800件，每件变动成本为16元，每件固定成本为1元，售价为24元。如果把甲产品进一步加工为乙产品，售价可以提高到30元，但单位变动成本需增至20元/件，另外需发生专属固定成本800元。

差量收入＝(30－24)×3 800＝22 800（元）

差量成本＝(20－16)×3 800＋800＝16 000（元）

由于差异收入大于差异成本6 800元（22 800－16 000＝6 800元），所以进一步加工是有利的。应注意的是，单位固定成本（1元/件）在计算中未予考虑，因为这一部分固定成本加工前、加工后均存在，属于与决策无关的沉没成本。

四、零部件自制与外购决策

如果企业需要的零部件既可以直接从市场上购买，又可以利用本企业的技术设备自行制造。这就涉及零部件的自制或外购决策。

零部件自制或外购的决策，又叫零部件取得方式的决策。它属于互斥方案的决策类型，通常涉及自制零部件和外购零部件两个备选方案。这些方案不涉及相关收入，只需考虑相关成本因素。如果采用外购方案则需支付零部件的买价及运杂费；如果采用自制方案则需支付零部件加工过程中发生的直接材料、直接人工和制造费用等。具体来说，企业一般利用现有的剩余生产能力自制零部件，这样与自制能力有关的固定生产成本就属于沉没成本，而在决策中，该成本不应予以考虑。如果在自制过程中需追加投入，那么因追加投入发生的固定成本就为相关成本。企业在现有剩余生产能力无法转移的情况下，自制零部件方案的相关成本只包括变动生产成本和追加投入的固定成本；在现有剩余生产能力还可以转移的情况下，自制零部件方案的相关成本还应包括与自制能力转移有关的机会成本。

零部件自制或外购的决策应根据不同情况分别采用相关成本分析法或成本无差别点分析法进行零部件取得方式的选择。

（一）企业关于零部件的需用量确定时的决策

如果企业关于零部件的需用量是固定的，就可以采用相关成本法进行决策。

【例 5－9】某企业常年生产 A 产品，每年需要甲零件 10 000 件。该零件既可以自制，又可以外购。目前企业已具备自制能力，自制甲零件的单位完全成本为 40 元/件，其中：直接材料 25 元，直接人工 8 元，变动性制造费用 2 元，固定性制造费用 5 元。经市场调查甲零件的外购单价为 37 元/件。

要求：就以下各不相关情况作出零部件自制或外购的决策。

（1）自制生产能力无法转移。

（2）假定自制甲零件的生产能力可以用于承揽零星加工业务，每年预计可获得贡献毛利 30 000 元，其他条件不变。

分析：零部件的需用量为固定数量，因此可用相关成本法。由于企业利用现有能力自制，所以固定性制造费用为无关成本。

（1）依题意编制的相关成本分析如表 5.5 所示。

表 5.5　相关成本分析

单位：元

方案项目	自制甲零件	外购甲零件
变动成本	（25＋8＋2）×10 000＝350 000	37×10 000＝370 000
相关成本合计	350 000	370 000

根据表 5.5 的数据，可得出以下决策结论：应当安排自制甲零件，这样可使企业节约 20 000 元成本。

该问题也可以直接作出判断，因为相关业务量一样，所以只比较单价与单位变动成本即可。

因为自制甲零件的单位变动成本小于外购单价，其中单位变动成本为 35 元/件（25＋8＋2＝35 元/件），外购单价为 37 元/件，所以应自制。

（2）依题意编制的相关成本分析见表 5.6。

表 5.6　相关成本分析

单位：元

方案项目	自制甲零件	外购甲零件
变动成本	（25＋8＋2）×10 000＝350 000	37×10 000＝370 000
机会成本	30 000	0
相关成本合计	380 000	370 000

根据表 5.6 的数据，可得出以下决策结论：应当外购甲零件，这样可使企业节约 10 000 元成本。

（二）企业关于零部件的需用量不确定时的决策

在有些情况下，企业在决策时尚不能确定零部件的全年需求量。在这种情况下，企业无法确定各备选方案的相关成本，从而无法运用相关成本法进行决策，这时应考虑采用成本无差别点法进行决策。

【例 5－10】企业需用的某零件既可以自制又可以外购。如果从市场上买，单价为 20 元/件；如果安排自制，每年将发生相关的固定成本 30 000 元，单位变动成本为 14 元/件。

要求：作出自制或外购该零件的决策。

分析：第一，零件的需用量不确定，考虑使用成本无差别点分析法；第二，判断是否符合成本无差别点法进行决策的条件，因为自制方案的固定成本大于外购方案的固定成本（自制方案固定成本 $a_1=30\ 000$ 元，外购方案固定成本 $a_2=0$ 元），自制单位变动成本小于外购单位变动成本（自制单位变动成本 $b_1=14$ 元/件，外购单位变动成本 $b_2=20$ 元/件），所以符合成本无差别点法进行决策的条件。

根据题意得，

自制方案：$C_1=30\ 000+14x$

外购方案：$C_2=20x$

$$\text{成本无差别点业务量}=\frac{\text{两方案相关固定成本之差}}{\text{两方案相关变动成本之差}}=\frac{30\ 000-0}{20-14}=5\ 000\text{（件）}$$

决策结论：

当该零件的全年需用量在 0～5 000 件之间变动时，应安排外购；当超过 5 000 件时，则以自制为宜。

当企业向外部市场购买生产经营中所需的零部件时，其供应商往往会采用优惠的方法，如价格折扣或折让，以扩大销售量。这时，企业在进行零部件的自制或外购决策时，就应充分考虑外购价格的这种变化，充分利用这些机会，以便作出对企业更有利的决策。

【例 5-11】仍依据例 5-10 的资料，假设企业从市场上外购时，购买量在 10 000 件以内时，购买单价为 20 元/件；购买量超过 10 000 件时，购买单价为 16 元/件。其他条件不变。要求作出自制或外购该零件的决策。

分析：该问题的特别之处在于外购方案有两个成本函数，导致有两个成本无差别点，需分段分析决策。

根据题意得，

自制方案：$C_1=30\ 000+14x$

外购方案：$C_2=20x$（x 在 10 000 件以内）

$C_2=16x$（x 超过 10 000 件）

成本无差别点业务量：

$$X_1=(30\ 000-0)/(20-14)=5\ 000\text{（件）}$$

$$X_2=(30\ 000-0)/(16-14)=15\ 000\text{（件）}$$

决策结论：当该零件的全年需用量在 0～5 000 件之间时，应安排外购；

当需用量在 5 000～10 000 件时，以自制为宜；当需用量在 10 000～15 000 件时，应安排外购；当需用量超过 15 000 件时，以自制为宜。

第四节　定价决策

产品销售价格是由供需双方力量对比决定的。根据市场中供应方企业的力量大小，可以分为四种不同的市场结构，由此会实施不同的定价决策方法。

第一，在完全竞争市场中，单个企业无法决定产品价格，难以对产品的销售价格实施有效控制，每个企业都是均衡价格的接受者。因此，企业不能自主实施专门的定价决策。

第二，在垄断市场和寡头市场中，企业对产品的销售价格具有一定的影响力，可以根据实际情况实施相应的定价决策。

最后，在完全垄断市场下，企业可以自主决定产品价格，因此产品价格由企业根据自身情况完全自主决策。

企业进行定价决策主要有四种方法，包括成本加成定价法、市场定价法、新产品销售定价法和有闲置能力时的定价方法。

一、成本加成定价法

成本加成定价法包括完全成本加成法和变动成本加成法。这两者虽然计算的成本基数有所不同，但在思路上是相似的，都认为企业的定价必须弥补全部成本，只有成本基数的不同才会引起加成比例的差异。

（一）完全成本加成法

完全成本加成法是指以单位产品制造成本为成本基数的一种方法。加成的内容包括非制造成本和合理利润。在完全成本加成法下，产品的目标价格＝单位产品的制造成本＋非制造成本及合理利润

（二）变动成本加成法

变动成本加成法是指以单位变动成本为成本基数的一种方法。加成的内容包括全部固定成本和合理利润。在变动成本加成法下，产品的目标价格＝单位变动成本＋固定成本和预期利润。

二、市场定价法

市场定价法是指活跃市场的产品可以根据市场价格来定价，或者根据市场上同类或相似产品的价格来定价的一种方法。该方法有利于企业时刻保持对市场的敏感性和对同行的敏锐性。其主要包括以下具体方法：

1. 竞标定价法

它是指通过和竞争对手参加招标竞标，争取到合同的方式来设定价格的一种方法。

2. 拍卖定价法

它是指根据消费者在拍卖过程中的出价来确定产品价格的一种方法。

3. 议价定价法

它是指与消费者通过谈判的方式来达成价格的一种方法。

4. 跟踪定价法

它是指根据市场价格的变动情况，不断调整产品的价格的一种方法。

三、新产品销售定价法

1. 撇脂定价法

撇脂定价法是指新产品在销售初期制定较高的价格，随着销售市场的扩大，再逐步降低价格的一种方法。该方法属于短期定价策略，适用于生命周期较短的产品。

2. 渗透定价法

渗透定价法是指新产品在销售初期以较低价格进入市场，在市场占据稳定地位之后，再逐步提高价格的一种方法。该方法属于长期定价策略。

四、有闲置能力时的定价方法

有闲置能力时的定价方法是指当企业有闲置生产能力时，面对市场需求的变化所采取的定价方法。此时的定价应当在变动成本与目标价格之间进行选择决策。只要价格高于增量成本（即变动成本），企业就可以接受该定价。

制定价格的下限为该产品的变动成本，即变动成本＝直接材料＋直接人工＋变动制造费用＋变动销售和管理费用。

制定价格的上限为该产品的目标价格，即目标价格＝变动成本＋成本加成。

第五节　存货决策

存货是指企业在日常生产经营过程中为生产或销售而储备的物资。在制造企业中，存货通常包括原材料、委托加工物资、包装物、低值易耗品、在产品、产成品等。企业存货占流动资产的比重较大，存货的利用与管理水平、流动资金的周转和企业财务状况密切相关。因此，加强存货的管理与控制，使存货量保持在最佳水平便成为财务管理的一项重要内容。

企业持有充足的存货，不仅有利于生产过程的顺利进行，节约采购费用与生产时间，而且能够迅速地满足客户各种订货的需要，从而为企业的生产与销售提供较大的机动性，避免因存货不足带来机会损失。然而，存货的增加必然要占用更多的资金，这将使企业付出更大的持有成本（即存货的机会成本），而且存货的储存与管理费用也会增加，从而影响企业获利能力的提高。因此，如何在存货的功能（收益）与成本之间进行利弊权衡，在充分发挥存货功能的同时降低成本、增加收益，实现它们的最佳组合，成为存货管理的基本目标。

一、存货的功能

（一）防止停工待料

适量的原材料存货和在制品、半成品存货，是企业生产正常进行的前提和保障。就企业外部而言，供货方的生产和销售往往会因为某些原因而暂停或推迟，从而影响企业材料的及时采购、入库和投产。就企业内部而言，拥有适量的半成品储备，能使各生产环节的生产调度更加合理，各生产工序步调更为协调，联系更为紧密，不至于因等待半成品而影响生产。可见，适当的存货能有效防止停工待料事件的发生，维持生产的连续性。

（二）适应市场变化

存货储备能增强企业在生产和销售方面的机动性以及提高适应市场变化的

能力。企业有了足够的库存产成品，将能有效地供应市场，满足顾客的需要。相反，若某种畅销产品库存不足，就会错失目前的或未来的推销良机，并有可能因此失去顾客。在通货膨胀时，适当地储存原材料，能使企业获得因市场物价上涨而带来的好处。

（三）降低进货成本

很多企业为了扩大销售规模，为购货方提供较优厚的商业折扣待遇，即购货达到一定数量时，便在价格上给予相应的折扣优惠。企业采取批量集中的方式进货，可获得较多的商业折扣，此外，通过增加每次购货数量，减少购货次数，可以降低采购费用支出。即便在推崇以零存货为管理目标的今天，仍有不少企业采取大批量购货方式，原因就在于这种方式有助于降低购货成本，只要购货成本的降低额大于因存货增加而导致的储存等各项费用的增加额，便是可行的。

（四）维持均衡生产

对于那些所生产的产品属于季节性产品，生产所需材料的供应具有季节性的企业，为实行均衡生产，降低生产成本，就必须适当储备一定的半成品存货或保持一定的原材料存货。若这些企业按照季节变动组织生产活动，就难免会产生忙时超负荷运转，闲时生产能力得不到充分利用的情形，这也会导致生产成本的提高。其他企业在生产过程中，同样会因为各种原因导致生产水平的高低变化。拥有合理的存货可以缓冲这种变化对企业生产活动及获利能力的影响。

二、存货的成本

为充分发挥存货的固有功能，企业必须储备一定的存货，但也会由此而产生各项支出，这就是存货成本，它主要包括下面三种相关成本。

（一）取得成本

存货的取得成本是指为取得某种存货而发生的成本，通常用 TC_a 来表示。取得成本又可进一步分为订货成本和购置成本。

1. 订货成本

其是指取得存货订单的成本，如办公费、差旅费、电话费等。订货成本中有一部分与订货次数无关，如常设采购机构的基本支出等，称为订货的固定成本，用 F_1 表示；另一部分与订货的次数有关，如差旅费、邮资等，称为订货的变动成本，每次订货的变动成本用 K 表示；订货次数等于存货全年需求量 D 与每次订货量 Q 的比值。订货成本的计算公式为：

$$订货成本=F_1+\frac{D}{Q}K$$

2. 购置成本

其是指存货本身的价值，一般用数量与单价的乘积来确定。如果年需要量用 D 表示，单价用 U 表示，则购置成本为 DU。

存货的取得成本 TC_a 等于订货成本加上购置成本，其公式表示为：

$$TC_a=F_1+\frac{D}{Q}K+DU$$

（二）储存成本

存货的储存成本是指因储存存货而发生的成本，包括存货占用资金应计的利息、仓库费用、保险费用、存货破损和变质损失等，通常用 TC_C 表示。储存成本也可以分为固定成本和变动成本。

固定成本与存货数量的多少无关，如仓库折旧、仓库职工的固定工资等，用 F_2 表示；变动成本与存货的数量有关，如存货资金的应计利息、存货的破损和变质损失、存货的保险费用等，单位变动成本可用 K_C 表示。储存成本计算公式为：

$$TC_C=F_2+K_C\frac{Q}{2}$$

（三）缺货成本

存货的缺货成本是指由于存货供应中断而造成的损失，包括由于材料供应中断造成的停工损失、由于产成品库存缺货造成的拖欠发货损失及由于丧失销售机会造成的损失。如果生产企业紧急采购代用材料以解决库存材料中断之急，那么缺货成本表现为紧急采购代用材料多增加的购入成本，用 TCs 表示。

如果用 TC 表示储备存货的总成本，则其计算公式为：

$$TC=TC_a+TC_c+TC_s=F_1+\frac{D}{Q}K+DU+F_2+K_c\frac{Q}{2}+TC_s$$

三、存货经济批量模型

存货决策主要涉及四项内容：决定进货项目、选择供应单位、决定进货时间和决定进货批量。财务部门应该负责决定进货批量和决定进货时间。按照存货管理的目的，需要合理地安排进货批量和进货时间，使存货的相关总成本最低。存货相关总成本最低的进货批量称为经济订货批量或经济批量。通过上述对存货成本分析可知，决定存货经济进货批量的成本因素主要包括变动性订货成本（简称订货成本）、变动性储存成本（简称储存成本）以及允许缺货时的缺货成本。不同的成本项目与进货批量呈现不同的变动关系。有了经济批量，就可以合理安排经济进货时间，因此，经济批量决定经济进货时间。

（一）经济批量基本模型

1. 基本假设

影响企业存货相关总成本的因素很多。为了在众多复杂因素中找出对企业存货相关总成本有重大影响的主要因素，就需要进行相关的财务假设，并在此基础上建立经济订货批量的基本模型。

基本假设如下：

（1）企业能够及时补充存货，即需要订货时可立即取得存货。

（2）能集中到货，而不是陆续到货。

（3）不允许缺货，即无缺货成本，TC_S 为零，因为良好的存货管理本身就不应该出现缺货成本。

（4）需求量稳定，并且能预测，即 D 为已知常量，且存货单价不变，不考虑现金折扣，即 U 为已知常量。

（5）企业现金充足，不会因现金短缺而影响订货。

（6）所需存货市场供应充足，不会因买不到需要的存货而影响其他等。

2. 经济批量基本模型的确认方法

由于企业不允许缺货，即每当存货量降至零时，下一批订货便会随即全部购入，故不存在缺货成本。此时与存货订货批量、批次直接相关的就只有订货成本和储存成本。

$$存货相关总成本=相关订货成本+相关储存成本$$

$$TC = TC_a + TC_c$$
$$= F_1 + \frac{D}{Q}K + DU + F_2 + \frac{Q}{2}K_C$$

当上式中的 F_1、K、D、U、F_2、K_C为常量，Q 为变量时，TC 就成为 Q 的函数。根据数学知识，在存货总成本公式左右对每次订货批量 Q 求导，当导数为零时的订货批量就是经济订货批量，此时总成本最低，得出结果为：

$$Q^* = \sqrt{\frac{2KD}{K_C}}$$

$$总成本\ TC = \sqrt{2KDK_C}$$

$$订货周期\ T^* = \frac{360}{N^*}$$

$$订货次数\ N^* = \frac{D}{Q^*}$$

$$平均占用资金\ W^* = \frac{Q^*}{2}U$$

式中，Q^* 为经济订货批量；K 为每次订货费用；D 为每年对存货的总需求；K_C为单位储存成本；U 为已知常量；W^* 为占用资金量；N^* 为每年订货次数；T^* 为每年订货周期。

图 5.2 是存货的年订货成本、年储存成本、总成本之间的关系图。

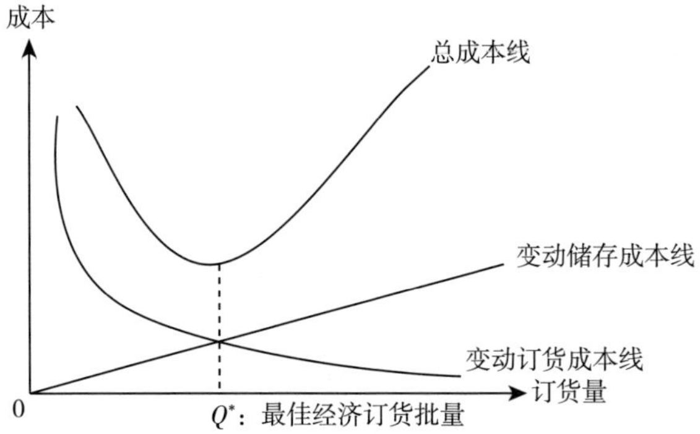

图 5.2　基本经济采购批量模型示意图

从图 5.2 中可以看出，最佳经济订货批量，即存货总成本最低的订货批量也就是指年储存成本和年订货成本相等时的经济订货批量。因此，

令$\frac{D}{Q^*}K = \frac{Q^*}{2}K_C$

求解出 $Q^*=\sqrt{\frac{2KD}{K_C}}$

【例 5－12】某公司每年须耗用甲材料 6 000 吨，该材料单位成本 1 500 元/吨，一次订货费用为 90 元/吨，单位储存成本为 3 元/吨，求最佳经济订货批量、年最佳订货次数、存货总成本以及平均占用资金。

解：最佳经济订货批量 $Q^*=\sqrt{\frac{2\times 6\ 000\times 90}{3}}=600$（吨）

年最佳订货次数 $N^*=\frac{D}{Q^*}=\frac{6\ 000}{600}=10$（次）

存货总成本 $TC=\sqrt{2KDK_C}=\sqrt{2\times 6\ 000\times 90\times 3}=1\ 800$（元）

平均占用资金 $W^*=\frac{Q^*}{2}U=\frac{600}{2}\times 1\ 500=450\ 000$（元）

（二）特殊条件下的经济批量模型

能够满足上述假设条件的情况十分罕见。为了提高存货管理模型的实用性，就必须减少所设立的假设条件，改进模型。

1. 在价格折扣情况下的订货批量

市场上各种商品的价格是变动的，尤其是销售企业实施商业折扣的方针时，不同的订货批量将享受不同的购买价格。通常情况下，一次订货量越大，所能享受的商业折扣越高。这就需要企业在确定最佳订货批量时，考虑到这个因素。具体的操作步骤如下。

第一步，按照基本经济进货批量模式确定经济进货批量；

第二步，计算按经济进货批量进货时的存货相关总成本；

第三步，计算按给予数量折扣的进货批量进货时的存货相关总成本；

第四步，比较不同进货批量的存货相关总成本，最低存货相关总成本对应的进货批量就是实行数量折扣的最佳经济订货批量。

【例 5－13】某企业 A 零件的年需求量为 720 件，该零件单位标准价为 100 元/件，已知每次订货成本为 50 元，单位零件年储存成本为 20 元/件。该企业从销售单位获悉的销售政策为：一次订货量在 100 件以内的执行标准价；一次订货量在 100～200 件的优惠 1.5%；一次订货量在 200 件以上的优惠 2%，据以上资料，进行如下计算和判断。

解：①没有价格优惠的最佳订货批量：$\sqrt{\frac{2\times 50\times 720}{20}}=60$（件）

②60 件订货批量的存货相关总成本：

720×100＋720÷60×50＋60÷2×20＝73 200（元）

③100 件订货批量的存货相关总成本：

720×100×(1－1.5%)＋720÷100×50＋100÷2×20＝72 280（元）

④200 件订货批量的存货相关总成本：

720×100×(1－2%)＋720÷200×50＋200÷2×20＝72 740（元）

通过对上述 3 种存货订货批量的存货相关总成本进行比较，可以判断 100 件订货批量为最佳，因为其总成本最低。

可见，基本模型一旦扩展，随着制约因素的扩容，原有的结论将被重新认识。

2. 存在缺货情况下的订货批量

基本模型设定的假设条件中包含不允许缺货，从而杜绝了缺货成本。如果取消这项假设前提，就必须对可能的缺货成本加以考虑。因此，订货成本、储存成本、缺货成本总和最低的批量，才是最佳订货批量。

设 S 为单位缺货年均成本，则允许缺货条件下的经济批量 Q^* 的公式为

$$Q^*=\sqrt{\frac{2KD}{K_C}}\times\sqrt{\frac{K_S+S}{S}}=\sqrt{\frac{2KD\times(K_C+S)}{K_CS}}$$

【例 5－14】某企业 A 材料年需求量为 1 800 吨，每次订货成本 50 元，单位材料年储存成本 4 元/吨，单位缺货成本年均 4 元。则允许缺货条件下的年均经济批量为：

$$Q^*=\sqrt{\frac{2\times50\times1\ 800\times(4+4)}{4\times4}}=300\text{（吨）}$$

四、存货控制方法

存货控制方法是指对存货的情况进行反映和监督，报告当前存货的水平，提供进货决策所需要的信息，使存货数量在不断变化中维持足够好的状态的一种方法。

（一）永续存货控制

1. 永续存货控制系统存货变化的一般状态

第一，对存货数量进行持续记录，并在存货降至某一特定水平时进货。

第二，当存货在耗用中降至再订货点时，按经济批量发出订单。

第三，在订货提前期内，若每日耗用量正常，当存货量降至保险库存货量时，新的订货入库，存货量上升到较高水平。

第四，若每日耗用量高于正常耗用量，在订货提前期结束时，存货量降至保险库存量以下，到货以后，库存水平比耗用正常的周期低一些。

第五，若每日耗用量低于正常水平，新的订货入库前，库存水平高于保险库存量，入库后，存货量能快速上升到相对较高的水平。

2. 适用范围

永续存货控制系统主要适用于单位价值高，领用次数少的存货，或者适用于使用电子计算机的存货控制系统。

（二）双堆存货控制

双堆存货控制不对存货进行永续记录，而是将存货置于两个空间，当一个空间的存货耗用完时即刻发出订单，同时从第二个空间供货，当第二个空间存货耗完时，第一个空间已到货可供使用，如此交替存货，不断循环。双堆存货控制是永续存货控制的特殊形式。

1. 主要变量特征

第一，再订货点与订货批量相同。

第二，订货提前期超过订货到货的天数。

第三，其他变量特征与永续存货控制系统相同。

2. 适用范围

双堆存货控制系统节约了永续记录的成本，但由于不逐笔记录，存货容易丢失，所以主要适用于低值、连续使用的标准件或办公用品。

3. ABC 分类库存控制法

存货管理的 ABC 分类库存控制法是意大利经济学家巴雷特于 19 世纪首创的，经过不断地发展与完善，现已广泛用于现代公司的存货管理与控制。ABC 分类库存控制法是指对存货各项目（如原材料、在产品、产成品等）按种类、品种或规格分清主次、重点控制的方法。ABC 分类库存控制法的步骤如下：

（1）计算每一种存货在一定期间内（通常为一年）的资金占用额。

（2）计算每一种存货资金占用额占全部资金占用额的百分比，并按大小顺序排列，编成表格。

(3) 将存货占用资金巨大、品种数量较小的确定为A类，A类存货品种和数量占全部存货的5%～20%，资金约占存货总金额的60%～80%；将存货占用资金一般、品种数量相对较多的确定为B类，B类存货的品种、数量占全部存货的20%～30%，资金约占存货总金额的15%～30%；将存货品种数量繁多但价值金额较小的确定为C类，C类存货的品种、数量约占全部存货的60%～70%，资金约占存货总金额的5%～20%。

对于A类存货，应保持严格控制，经常检查库存，详细、科学、准确地确定这类存货的经济批量；对于C类存货，可采用比较简化的方法进行管理，如集中采购、适当加大安全储备等；B类存货的控制介于A类与C类之间，可根据其在生产中的重要程度和采购的难度确定具体控制方法。

思考与练习题

一、思考题

1. 决策按重要程度的分类、决策按决策条件的确定程度分类、决策按时间的长短分类各是什么内容？

2. 经营决策的相关成本是什么？无关成本是什么？

3. 定价决策有哪些方法？

4. 在决策分析中为什么要考虑机会成本？

5. “为了扭亏为盈，凡是亏损产品都应该停产”，这种说法对吗？

二、单项选择题

1. 下列各项中，属于无关成本的是（　　）。

A. 沉没成本　　B. 增量成本　　C. 机会成本　　D. 专属成本

2. 当新产品开发的品种决策方案中涉及追加专用成本时，可考虑使用（　　）法进行决策。

A. 单位资源边际贡献分析　　B. 边际贡献总额分析

C. 差量分析　　D. 相关成本分析

3. 在零部件自制或外购的决策中，如果零部件的需用量尚不确定，应采用的决策方法是（　　）。

A. 相关损益分析法　　B. 差量分析法

C. 相关成本分析法　　D. 成本无差别点法

4. 不构成企业实际支出，但在经营决策中必须考虑的成本是（　　）。

A. 增量成本　　B. 加工成本　　C. 机会成本　　D. 专属成本

5. 成本无差别点业务量是指能使两方案（　　）。

A. 标准成本相等的业务量　　B. 变动成本相等的业务量

C. 固定成本相等的业务量　　D. 总成本相等的业务量

6. 某企业去年生产亏损产品 A 的边际贡献是 3 000 元，固定成本是 1 000 元。假定今年其他条件不变，但生产 A 产品的设备可对外出租，一年的租金收入为（　　）时，应停产 A 产品。

A. 2 300 元　　B. 1 000 元　　C. 4 500 元　　D. 1 999 元

7. 在固定成本不变的情况下，下列（　　）应该采取采购的策略。

A. 自制单位变动成本小于外购价格

B. 自制单位变动成本等于外购价格

C. 自制单位变动成本大于外购成本

D. 自制单位产品成本大于外购成本

8. 下列决策方法中，能够直接揭示选中的方案比放弃的方案多获得利润或少发生损失的方法是（　　）。

A. 单位资源边际贡献分析法　　B. 边际贡献总额分析法

C. 差量分析法　　D. 相关损益分析法

9. 有一批可修复废品，存在两种处置方案，一种是降价后直接出售，一种是修复后按正常价格出售，修复成本为 3 000 元，降价后出售收入为 7 000 元，修复后出售收入为 11 000 元，那么差量损益为（　　）元。

A. 3 000　　B. 4 000　　C. 8 000　　D. 1 000

10. 在短期经营决策中，企业不接受特殊价格追加订货的原因是买方出价低于（　　）。

A. 正常价格　　B. 单位产品成本

C. 单位变动成本　　D. 单位固定成本

三、多项选择题

1.（　　）一般属于无关成本的范围。

A. 历史成本　　B. 机会成本　　C. 联合成本　　D. 专属成本

E. 沉没成本

2. 下列各项中属于生产经营决策相关成本的有（　　）。

A. 增量成本　　B. 机会成本　　C. 专属成本　　D. 沉没成本

E. 不可避免成本

3. 进行短期经营决策常用的方法有（　　）。

A. 差量分析法　　B. 边际贡献分析法

C. 成本无差异点法　　D. 数学法

4. 关于决策亏损产品是否停产或转产可以运用的决策方法有（　　）。

A. 边际贡献法　　B. 差量分析法

C. 成本无差别点法　　D. 经济批量法

5. 短期经营决策分析主要包括（　　）。

A. 定价分析　　B. 战略分析

C. 战术分析　　D. 生产经营决策分析

E. 存货分析

四、判断题

1. 相关成本与无关成本的区分并不是绝对的。（　　）

2. 专门生产某种产品的专用设备折旧费、保险费属于该产品的专属成本。（　　）

3. 差量分析法仅适用于两个方案之间的比较。（　　）

4. 如果一项资产只能用于某一职能，则不会产生机会成本。（　　）

5. 机会成本是一项实际支出，应登记入账。（　　）

6. 在任何情况下，边际成本都与变动成本一致。（　　）

7. 沉没成本是指现在发生的，无法由现在或将来的任何决策所改变的成本。（　　）

8. 利用成本无差别点法作生产经营决策时，如果业务量大于成本无差别点时，则应该选择固定成本较高的方案。（　　）

9. 在生产经营决策中，必须考虑相关业务量、相关收入和相关成本等因素。（　　）

10. 联合成本是指由多个产品或部门共同负担的成本，因此属于相关成本，决策时应考虑。（　　）

五、计算题

1. 某企业尚有一定数量的闲置设备，拟用于开发一种新产品。现有 A、B 两个品种可供选择，A 品种的单价为 100 元/件，单位变动成本为 60 元/件，单位产品台时消耗定额为 2 小时/件，此外还需消耗甲材料（单耗定额为 5 千克/件）；B 品种的单价为 120 元/个，单位变动成本为 40 元/个，单位产品台时消耗定额 8 小时/个，甲材料的单耗定额为 2 千克/个。假定甲材料的供应不成问题，利用单位资源贡献毛利分析法作出开发哪个品种的决策，并说明理由。

2. 某企业常年生产需用的某部件，以前一直被从市场上采购。采购量在 5 000 件以下时，单价为 8 元/件；达到或超过 5 000 件时，单价为 7 元/件。如果追加投入 12 000 元专属成本，就可以自行制造该部件，预计单位变动成本为 5 元/件。用成本无差别点法为企业作出自制或外购 A 零件的决策，并说明理由。

第六章　全面预算管理

【学习目标】 通过本章的学习，学生要理解全面预算管理的概念与分类；熟悉全面预算管理的主要内容；掌握全面预算的编制方法及其特点、适用性；熟练运用零基预算、增量预算、弹性预算三种编制方法；掌握并熟练运用经营预算、财务预算的编制；熟悉专项决策预算的编制；掌握全面预算的执行及考核。

【学习重点】 全面预算管理的主要内容；全面预算的编制。

【学习难点】 全面预算管理的主要内容；全面预算的编制。

第一节　全面预算管理概述

全面预算管理将公司的战略规划、目标管理、计划管理、运营控制、财务管理、过程控制及绩效管理等整合在一起，上承战略，下启绩效，中间衔接运营，把企业的产、供、销、人、财、物等各个职能部门和业务单元，高管、中层、基层人员，事前、事中、事后控制统统纳入一个管理体系。编制全面预算，以及实施严格的全面预算管理，已经成为现代企业管理的有效手段。

一、预算管理

（一）预算与预算体系

预算是一种定量计划，是指在对组织内外部因素进行科学分析和预测的基础上，以价值量和实物量等形式对组织未来一定期间的经营活动和财务收支进行全面、系统而具体的预计和控制的管理活动。它既是企业经营战略或经营决策的具体化，又是企业控制生产经营活动的重要依据。预算是指通过对企业内外部环境的分析，在科学的生产经营预测与决策基础上，用价值和实物等多种形态反映企业未来一定时期的投资、生产经营及财务成果等一系列的计划和规划。

预算体系就是根据企业的战略规划，按照全局观点编制部门预算和整体预算的综合体系。

预算体系要求预算的编制要以企业全局一盘棋为基本出发点，协调好局部与整体、短期与长期的矛盾，最终形成一个协调、统一的综合体系。这是因为各职能部门执行的生产、销售和财务活动都直接影响着“收入－费用＝利润”这一基本等式中的一项或几项，而执行的效果又是企业的期间利润与长期财务成果的决定因素。如果只从部门利益出发，以部门利益最大化为导向编制部门预算，就容易导致局部利益与整体利益的冲突，短期利益与长期利益的冲突。

不同企业的预算体系虽各具特点，但基本结构大致相同。如图 6.1 所示，总预算包括了诸多单独的部门预算，但又不仅仅是这些部门预算的简单加总，而是指本着既要实现企业目标收益又要保持财务流动性的原则，按照全局一盘棋的整体观点对所有部门预算加以研究和调整之后形成的综合体。

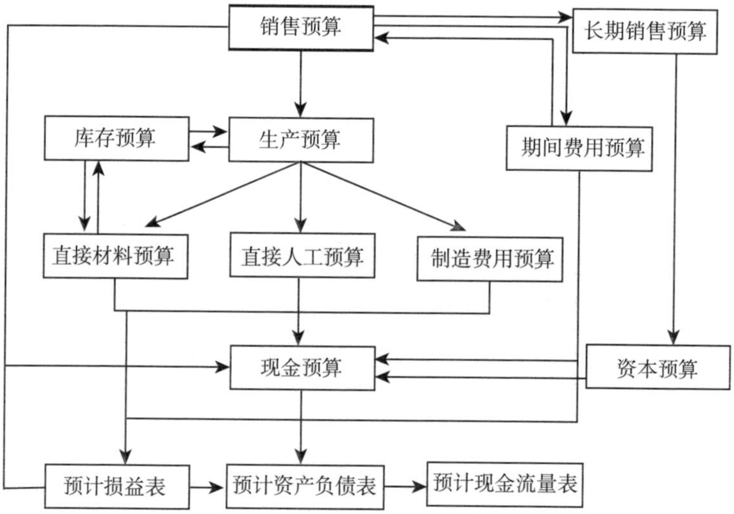

图 6.1　总预算体系结构

预算管理是围绕期间预算展开的对企业的收入、支出和财务状况进行计划和控制的一系列管理活动，具体包括预算编制、预算执行、预算分析、预算控制和预算考评等多个环节。

预算是面向未来的计划，它以定量的形式将企业及企业的各个组成部分在未来一段时间内所要完成的任务和实现的效果具体地表现出来。在“战略规划—长期目标—短期目标—短期计划—预算—执行—反馈”这一控制链条中，预算起着承上启下的作用，是现代管理会计中决策会计与执行会计的中介。

预算在企业管理中的作用主要表现在以下几个方面：

（1）规划功能。企业预算通常是指对企业战略目标与经营政策进行分解的一种方式。通过一系列的规划、分析并加以数量化，预算以一种系统的方式具体体现并细化了企业在特定阶段内所要实现的目标与所需要执行的政策。预算管理有助于企业预测未来经营面临的机会与威胁，也促使企业资源优化配置。

（2）控制功能。预算的执行过程实际上就是指目标的实现过程。在预算体系中，通过定期比较实际完成情况与阶段预算目标的差距就可以帮助企业实施过程监控，及时发现背离目标的经营行为，采取纠正措施，使企业行为朝着既定的目标前进。在执行过程中，预算还是适时控制的基点。通过预算体系的反馈机制，企业管理层可以及时了解预算执行过程中遇到的问题与障碍，并采取相应的对策，促使企业的经营按照预定的轨道顺利进行。预算管理可以避免浪费和无效率行为的发生。

（3）沟通和协调功能。企业要实现既定的经营目标就需要各个部门以企业利益为中心，团结合作。只有以预算为连接点，才能加强各部门之间的纵向和横向联系，使管理层与执行层相互沟通、形成共识，同时也有效减少了预算执行过程中的障碍和阻力，将企业的各个职能部门连接成为一个统一的整体，形成局部利益服从于整体利益的局面。

（4）激励功能。预算提供了业绩评价的标准，明确了各部门、各单位在企业整体经营中所担负的职责和任务。如果将个人激励与绩效挂钩，就可以形成员工主观为自己、客观为组织付出的良性循环。倘若组织中每个个体为自身利益最大化而努力就会促成组织目标的实现。

（二）全面预算管理

1. 全面预算管理的概念与分类

全面预算又称总预算，是指企业根据其战略性的长期目标，在科学的生产经营预测和决策基础上，用数量和金额的表格形式全面反映一定时期内企业的销售、生产经营、采购等各项经营业务，投资、筹资、成本控制等各项财务活动的经营理财策略，以及预计经营成果、现金流量的一整套全面的、综合的资本运营规划。也就是说，全面预算是指企业以实现战略目标和阶段目标利润为目的，以销售预算为起点，对生产、成本、现金收支等活动进行预测，并形成企业一定期间的全面生产经营活动的计划。

其具有明显的“三全”特征，即全方位、全过程和全员参与。全方位要求将全部经济活动纳入预算体系；全过程要求将各项经济活动的事前、事中、事后均纳入预算管理过程；全员参与要求各部门、各单位、各岗位、各级人员共同参与预算编制和实施。

全面预算管理是指企业以战略目标为导向，通过对未来一定期间内的经营活动和相应的财务结果进行全面预测和筹划，科学、合理配置企业各项财务和非财务资源，并对执行过程进行监督和分析，对执行结果进行评价和反馈，指导经营活动的改善和调整，进而推动实现企业战略目标的管理活动。

对全面预算管理概念的理解，要把握以下几个要点：

（1）全面预算不是单纯的财务预算。从内容上看，全面预算是指企业全方位的计划，财务计划和财务预算只是企业全面预算的一部分，而不是全部；从预算形式上，全面预算可以是货币式的，也可以是实物式的，而财务计划则是以价值形态所表现的计划；从范围上，预算是一个综合性的管理活动，涉及企业各部门和不同科层，而财务计划的编制、执行主要由财务部门控制。

（2）全面预算管理是以战略目标为导向的，是指推动企业实现战略目标的管理活动。

如图 6.2 所示，全面预算管理起于战略分析，止于预算考核，形成一个完整的管理闭环，将企业战略规划与经营管理活动有效地连接起来，使经营管理活动始终服务于企业战略规划。没有企业战略的引导，全面预算管理就可能将企业带入歧途，而没有全面预算管理的控制，企业战略也难以得到有效贯彻。

（3）全面预算不仅是财务系统也是业务系统。全面预算管理运用数量化的系统工具编制预算，使之成为企业预算期内具有高度权威性的行动指南。全面预算不仅是货币化的财务系统，也是计划未来工作、实现预定目标的过程，是对有限的企业资源进行分配的过程；是对计划实施进行控制的工程，是协调完成战略与业务目标的业务系统。

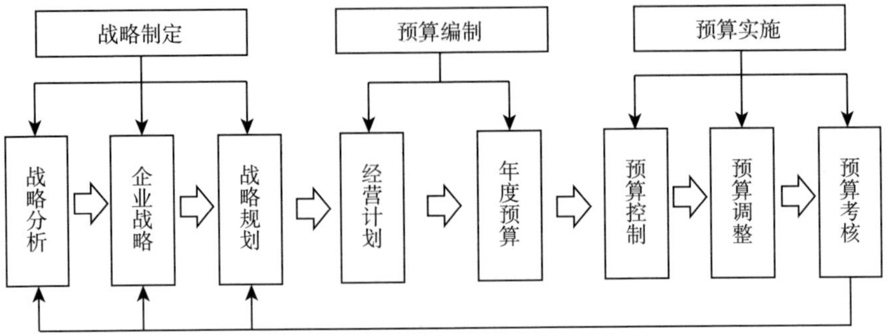

图 6.2　全面预算管理与企业战略关系示意图

（4）全面预算不仅是管理工具也是管理平台。预算管理则需要根据其战略目标、业务特点和管理的需要，借助和融合各种管理工具，才能达到预期目标。全面预算管理成为管理领域工具方法整合协同平台，如整合战略管理领域的工具方法，可以强化预算对战略的承接分解；整合成本管理、风险管理领域的管理会计方法，可以强化预算对战略执行的过程控制；整合营运管理领域的管理会计工具方法，可以强化预算对生产经营的过程监控；整合绩效管理领域的管理会计工具方法，可以强化预算对战略目标的引导。

（5）全面预算不仅是预测经营也是筹划控制。全面预算管理的前提是预计经营成果，但本质作用在于筹划和控制。预算管理是实现资源优化配置的重要工具，能够科学、合理地配置企业各项财务和非财务资源，发挥投入产出效益最大化，推动战略目标地实现。全面预算管理的核心理念是过程控制，是对执行过程进行监督和分析，是对执行结果进行评价和反馈，是用来指导经营活动的改善和调整。

2. 全面预算管理的主要内容

不同企业全面预算的构成内容，因企业性质、规模及主要业务等不同而有所差距，但其整体框架基本相同。这是因为企业全面预算管理内容的本质其实是指企业经营、投资、筹资等经济管理活动，表现为经营预算、专门决策预算和财务预算等形式。这些预算形式按经济管理内容的关联及相互联系进行有序排列，它们彼此之间相互关联、相互制约、环环相扣，最终形成了一个完整的、科学的、系统的全面预算体系。这个体系的整体框架及内容如图 6.3 所示。

- 全面预算
  - 经营预算
    - 销售预算
    - 生产预算
      - 业务量预算
      - 直接人工预算
      - 直接材料预算
      - 制造费用预算
      - 产品成本预算
      - 其他生产预算
    - 采购预算
    - 费用预算
    - 其他经营预算
  - 专门决策预算
    - 固定资产投资预算
    - 股权投资预算
    - 筹资预算
  - 财务预算
    - 资金预算
    - 预计资产负债表预算
    - 预计利润表预算

图 6.3　全面预算基本构成

（1）经营预算。经营预算是指与企业日常业务直接相关的一系列预算。它是指在科学的生产经营预测和决策基础上，根据企业确定的经营目标，用数量和金额形式反映并规划一定预算期内销售、生产经营、采购等各项基本经营业务的专门预算。包括销售预算、生产预算、采购预算、费用预算及其他经营预算。

销售预算是指企业预算期内企业销售产品或提供劳务等经营管理活动的预算，主要内容包括销售量、营业收入、营业成本和销售资金回款等。

生产预算是指企业预算期内生产产品或提供劳务等经营管理活动的预算，主要内容包括业务量（产品产量、服务量提供量）、直接材料、直接人工、制造费用、产品成本等。

采购预算是指企业预算期内物资与服务的采购储备、货款支付等经营管理活动的预算，主要内容包括采购量、存量周转期、库存结余、货款额等。

费用预算是指企业预算期内组织管理、销售和融资等经营活动而发生的管理费用、财务费用和销售费用的预算。

其他经营预算是指企业预算期内日常经营活动中有关折旧、税费、薪酬等方面的预算。一般情况下，这些预算涉及采购、生产、销售和管理的各个方面。

（2）专门决策预算。专门决策预算又称特种决策预算，是指企业因重大的或不经常发生的需要根据特定决策编制的预算，一般是为长期投资项目或者一次性专门业务所编制的预算，通常是指与企业投资活动、筹资活动或收益分配等相关的各种预算。专门决策预算可以分为资本预算和一次性专门业务预算两类。其中，资本预算主要是针对企业长期投资决策编制的预算，包括固定资产投资预算、权益性资本投资预算和债券投资预算；一次性专门业务预算主要包括资金筹措及运用预算、交纳税金与发放股利预算等。

固定资产投资预算是指企业预算期内为构建、改扩建厂房、购买设备等而进行的资本性投资预算，常见的固定资产投资预算包括基本建设项目预算、更新改造项目预算、设备购置预算等。

股权投资预算是指企业预算期内为获得外部企业的经营决策、利润分配等股权性收益权而进行资本投资的预算，常见的股权投资预算包括产业性股权投资预算、财务性股权投资预算等。

筹资预算是指企业预算期内为经营、投资等业务活动所需资金的筹措及借款偿还安排的预算，常见的筹资预算包括股权筹资预算、债券筹资预算等。

（3）财务预算。财务预算是一种综合性的财务规划，主要采用货币资金计量的形式将企业确定的经营目标和投资、筹资决策具体化、数量化、系统化。它是指通过对资金的合理配置，反映企业在预算期内货币资金的收支情况和在各项业务中的成本费用控制要求，以及预计企业应实现的财务状况、经营成果和现金流量的预算。因此，财务预算也是指与企业资金收支、财务状况或经营成果等有关的预算，包括资金预算、预计资产负债表、预计利润表等。

资金预算是指反映企业预算期内现金收支及结余的预算，主要内容包括经营资金、投资资金和筹集资金等。

预算资产负债表是指用来预算期初、预算期末和预算企业财务状况的预算，内容包括资产、负债及所有者权益。

预计利润表是指企业预算期内经营成果和利润分配的预算，主要内容包括损益项目和利润分配。

3. 全面预算管理的基本原则

（1）战略导向原则。全面预算管理应围绕企业的战略目标和业务计划有序开展，引导各预算责任主体聚焦战略、专注执行、达成绩效。

企业应按照战略目标，将战略目标和业务计划具体化、数量化作为预算目标，确立预算管理的方向、重点和目标，促进战略目标落地。

（2）过程控制原则。全面预算管理应通过及时监控、分析等把握预算目标的实现进度并实施有效评价，为企业经营决策提供有效支撑。

全面预算管理是指通过过程监督、差异分析等促使日常经营不偏离预算标准的管理活动。它能够及时发现预算执行过程存在的偏差，通过采取必要的补救措施或调整预算来应对实际情况。

（3）融合性原则。全面预算管理应以业务为先导、以财务为协同，将预算管理切入企业经营管理活动的各个领域、层次、环节。

全面预算管理有许多融入企业管理的切入点，其中最基本的是预算管理工具与经营管理工具的融合、编制预算与经营计划的融合。

（4）平衡管理原则。全面预算管理应平衡长期目标与短期目标、整体利益与局部利益、收入与支出、结果与动因等关系，促进企业可持续发展。

各责任单位在编制经营计划时，都是从自己的职责范围出发的，容易局限于短期目标、局部目标，缺乏对长远利益和整体利益的把握，而过于重视长远利益，又会影响企业当前的发展。因此，预算管理就是要综合平衡，实现均衡发展。

（5）权变性原则。全面预算管理应将刚性与柔性相结合，既强调预算对经营管理的刚性约束，又可根据内外环境的重大变化调整预算，并针对例外事项进行特殊处理。

全面预算的刚性是预算管理中一直强调的重要原则，但是由于企业战略、组织结构、市场环境等重大变化，可能使预算编制的基础也随之产生变化，使预算企业的指导偏离于实际情况，所以预算就须及时进行调整。这样做既减少了在进行预算编制时因不可预算因素导致的复杂性，也有利于预算灵活应对现实经济活动中的特殊状况。

4. 全面预算管理的组织方式

从形成上看，企业全面预算管理的组织方式可分为权威式（自上而下）预算和参与式（自下而上）预算。实务中的全面预算管理的组织方式一般都介于完全权威式预算和完全参与式预算这两个极端之间，即混合式（上下结合）预算的全面预算管理的组织方式，而这三种组织方式的侧重有所不同。

（1）权威式（自上而下）预算。在权威式（自上而下）预算中，预算是一个用来进行制定财务计划和过程控制的工具。从企业的战略目标直至单个部门的具体预算等，均由企业的最高管理层决定，较低层级只是依照预算原则执行预算。权威式（自上而下）预算虽然能从企业全局出发，实现资源的合理配置，但是下级缺乏责任感和动力，预算目标的实现会大打折扣。此外，较低层级因担心本期费用的节省、投资的减少会对下期预算（可控资源）产生影响，就会产生“尽可能用完预算”的行为问题。

（2）参与式（自下而上）预算。在参与式（自下而上）预算中，各个层级共同制定预算，最高管理层和董事会保留最后的批准权。在参与式（自下而上）预算中，虽然下级的士气和动力有所提高，但是预算执行者为规避最终责任，可能造成预算松弛问题，也可能形成编制低标准预算、制定容易实现的目标等现象，例如高报成本预算目标或低报销售预算目标等。此外，当上下级之间存在信息非对称时，心理因素就会导致行为扭曲，如高层管理者过严或过松的审批会引发预算松弛或预算操纵问题。

（3）混合式（上下结合）预算。混合式（上下结合）预算式是一种比较理想的预算编制方式，综合了上述两种方式的优点，也被称为上下结合式预算。基本步骤如下：①确定预算参与者，预算参与者包括各个层级的管理者以及在特定领域拥有专长的员工；②最高管理层与预算参与者就战略方向、战略目标等问题进行相互沟通；③预算参与者制定预算初稿；④根据企业的分部管理模式，较低组织层级将预算提交到较高组织层级审查，较高组织层级通过与较低组织层级的双向沟通，提出修改意见；⑤通过严格而公正的预算审批形成最终预算。

第二节　全面预算的编制

全面预算的编制的基本流程主要包括：启动预算编制、战略规划检视与更新、业务计划与预算编制、财务预算编制、预算审核与下发。如图 6.4 所示。

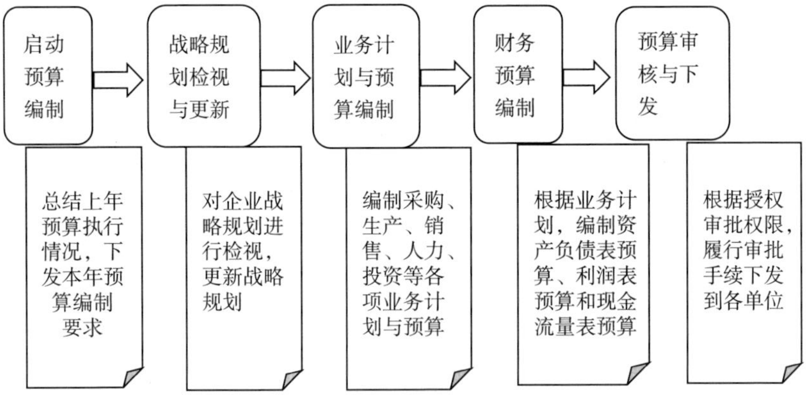

图 6.4　全面预算的编制的基本流程

一、业务预算

（一）销售预算

销售预算是指在通过销售预测确定目标销售量和目标销售额的基础上，为规划企业某预算期内各产品预计销售收入和各项劳务预计销售收入而编制的一种日常业务预算。销售收入最终必须是现金收入的实现。企业在编制销售预算时应该同时编制现金收入预算，将销售预算和现金收入紧密结合在一起，共同作为对销售业务的控制标准和考核评价的依据。确定预计销售量的工作是编制销售预算的重点和难点。常见的销售预测方法有简单平均预测法、加权移动平均预测法、相关指标法、德尔菲预测法等。

【例 6－1】锦怡公司是增值税一般纳税人，增值税税率为 17%。假定锦怡公司在预算年度 2024 年只生产和销售一种甲产品，预计销售单价为 80 元/件，预计全年四季度的销售量分别为 2 000 万件、2 500 万件、2 500 万件和 3 000 万件，全面目标销售量为 10 000 万件。每个季度销售收入额（含增值税）计划在当季收回现金 40%，余额在下一季度全部收回。锦怡公司预算年度年初应收账款余额为 50 000 万元（不考虑坏账损失）。其销售及现金收入预算如表 6.1 所示。

表 6.1　甲产品销售及现金收入预算表（2024 年度）

项目		第一季度	第二季度	第三季度	第四季度	全年度
目标销售量（万件）		2 000	2 500	2 500	3 000	10 000
预计售价（元/件）		80	80	80	80	
预计销售收入（万元）		160 000	200 000	200 000	240 000	800 000
预计增值税（万元）		27 200	34 000	34 000	40 800	136 000
预计含税商品销售额（万元）		187 200	234 000	234 000	280 800	936 000
项目	本期发生额（万元）	现金收入（万元）				
年初应收账款余额	50 000	50 000				50 000
第一季度	187 200	74 880	112 320			187 200
第二季度	234 000		93 600	140 400		234 000
第三季度	234 000			93 600	140 400	234 000
第四季度	280 800				112 320	112 320
年末应收账款余额	168 480					
合计		124 880	205 920	234 000	252 720	817 520

（二）生产预算

生产预算是在销售预算的基础上编制的，是为规划预算期内预计各产品生产量和预计各劳务供应量而编制的一种日常业务预算。其表达形式主要是产量、生产成本等形式，主要包括产量预算、直接材料预算、直接人工预算、制造费用预算和产品成本预算。根据销售量、现有库存以及企业的生产能力、物料计划表等，编制产量、材料消耗、人员需求等业务量预算，然后财务进一步编制直接材料成本、直接人工成本和制造费用等预算。如果产品制造周期长，还需要编制产品预算及合理产成品库存预算。

1. 编制生产量预算

在采用实时生产系统（JIT 系统）的企业中，其预计的生产量就是预计的销售量；在未采用实时生产系统的企业中，其生产量预算数还要考虑期初、期末产成品库存的影响。其计算公式如下：

预算期产量＝销售数量＋期末库存量－期初库存量

【例 6－2】承接上例，该公司预计甲产品在预算年度 2024 年每季的期末库存量应保持为下一季度目标销售量的 10%，并预计 2025 年度的第一季度甲产品的目标销售量为 2 800 万件。根据以上资料编制的锦怡公司甲产品的销售量预算，如表 6.2 所示。

表 6.2　锦怡公司甲产品生产量预算（2024 年度）

单位：万件

项目	第一季度	第二季度	第三季度	第四季度	全年度
目标销售量	2 000	2 500	2 500	3 000	10 000
加：预计期末库存量	250	250	300	280	280
减：预计期初库存量	200	250	250	300	200
预计生产量	2 050	2 500	2 550	2 980	10 080

2. 编制直接材料预算

生产部门根据产量预算安排生产数量，根据企业核定的材料消耗目标和材料预算价格，安排预算期内各种生产使用的材料品种、数量和金额。核定的材料主要包括原材料、辅助材料、燃料与动力等。直接材料预算与生产预算相同，都是仅采用实物量计量，不涉及货币计量的日常业务预算。其计算公式为：

$$\text{直接材料预计消耗量}=\text{预计产品生产量}\times\text{预算年度直接材料预算单耗}$$

$$\text{预算年度直接材料预算单耗}=\text{基期该直接材料实际单耗}\times(1\pm\text{预算年度增减变动率})$$

【例 6-3】锦怡公司生产的甲产品由 A、B、C 三种直接材料构成。上年度三种直接材料的实际单耗分别为 2.5 千克/件、4 千克/件和 2 千克/件。公司预算委员会预计的 2024 年度三种直接材料单耗增减变动率分别为：A 材料下降 8%，B 材料下降 5%，C 材料上升 5%。据此，编制了 2024 年度甲产品直接材料消耗量预算，如表 6.3 所示。

表 6.3　锦怡公司甲产品直接材料消耗量预算（2024 年度）

生产量单位：万件　消耗量单位：万千克

项目		A 材料	B 材料	C 材料
单耗	上年实际（千克/件）	2.5	4.0	2.0
	增减变动率（%）	−8.0	−5.0	+5.0
	本年预算（千克/件）	2.3	3.8	2.1
第一季度	预计生产量	2 050	2 050	2 050
	预计消耗量	4 715	7 790	4 305
第二季度	预计生产量	2 500	2 500	2 500
	预计消耗量	5 750	9 500	5 250
第三季度	预计生产量	2 550	2 550	2 550
	预计消耗量	5 865	9 690	5 355
第四季度	预计生产量	2 980	2 980	2 980
	预计消耗量	6 854	11 324	6 258
预计消耗量全年合计		23 184	38 304	21 168

注：“+”代表上升，“−”代表下降。

3. 编制直接人工预算

生产部门根据产量预算中安排的品种和数量，以及企业工资制度，安排预算期内所需的直接人工工资和其他直接人工成本。预算期内直接人工工时的消耗水平即单位产品工时定额，一般可以根据上年实际消耗水平和管理需要，采用增量预算或零基预算方法确定。随着企业机器设备的更新，员工技术水平和产品生产工艺水平的逐步提高，企业的劳动生产率也必然会逐步提高，企业员工的劳动报酬也应水涨船高。因此，单位小时工资水平的上升，会使直接人工总成本也相应增加。

计算确定单位产品预算工时定额，公式如下：

$$\frac{\text{某产品单位产品}}{\text{预算工时定额}}=\frac{\text{该产品单位产品}}{\text{上年实际工时}}\times(1\pm\text{预算年度增减变动率})$$

计算产品预算直接人工总工时，公式如下：

$$\text{某产品预算直接人工总工时}=\text{产品预算工时定额}\times\text{预计生产量}$$

计算直接人工预算每小时工资率，公式如下：

$$\frac{\text{直接人工预算}}{\text{每小时工资率}}=\frac{\text{上年度实际}}{\text{每小时工资率}}\times(1\pm\text{预算年度增减变动率})$$

计算预算直接人工总成本，公式如下：

$$\frac{\text{预算直接}}{\text{人工总成本}}=\text{预算直接人工总工时}\times\text{直接人工预算每小时工资率}$$

【例 6－4】锦怡公司甲产品上年实际单位产品工时定额每件 0.25 小时，上年实际直接人工每小时工资 13.5 元。公司预算委员会批准 2024 年度甲产品单位产品工时定额和直接人工每小时工资率分别比上年实际下降 10％和上升 8％。据此，编制了人工成本预算如表 6.4 所示：

表 6.4　锦怡公司甲产品直接人工成本预算（2024 年度）

项目		第一季度	第二季度	第三季度	第四季度	全年度
预计生产量（万件）		2 050	2 500	2 550	2 980	10 080
单位产品工时	上年实际（小时/件）	0.25	0.25	0.25	0.25	0.25
	增减变动率（％）	－10	－10	－10	－10	－10
	本年预算（小时/件）	0.225	0.225	0.225	0.225	0.225
预算直接人工总工时（万小时）		461.25	562.5	573.75	670.5	2 268
每小时工资率	上年实际（元/小时）	13.5	13.5	13.5	13.5	13.5
	增减变动率（％）	＋8	＋8	＋8	＋8	＋8
	本年预算（元/小时）	14.58	14.58	14.58	14.58	14.58
预算人工总成本（保留至万元）		6 725	8 201	8 365	9 776	33 067

注：“+”代表上升，“-”代表下降。

4. 编制制造费用预算

生产部门根据产量预算中安排的品种数量，以及企业核定的制造费用项目、历史数据、消耗目标等资料，安排预算期内各车间、分厂、部门制造费用的预算额。也就是说，制造费用预算是指为规划和控制预算期内制造费用耗用水平，以实现企业目标成本决策编制的一种日常业务预算。制造费用是指企业在生产制造产品过程中发生的各种间接费用。在管理会计中将制造费用分解成变动制造费用和固定制造费用，以便根据其成本习性分别管理，而在企业日常的财务会计中往往只按照其用途分成若干明细费用项目。因此，编制制造费用预算既可以采用管理会计的方法，将其分解为变动制造费用和固定制造费用而后再根据成本习性编制；也可以将制造费用充分明细化后按照增量预算和零基预算法编制。

采用前者来编制制造费用预算的大致程序如下：

（1）分别计算确定各变动制造费用预算分配率、各变动制造费用预算费用额、各固定制造费用预算费用额，其计算公式如下：

$$\begin{matrix}\text{某变动制造费用}\\\text{预算分配率}\end{matrix}=\text{该项上年实际分配率}\times(1\pm\text{预算年度增减变动率})$$

某变动制造费用预算费用额＝该项费用预算分配率×预算人工总工时

$$\begin{matrix}\text{某固定制造费用}\\\text{预算费用额}\end{matrix}=\frac{\text{该项固定制造费用}}{\text{上年实际费用额}}\times(1\pm\text{预算年度增减变动率})$$

（2）将每一项固定制造费用预算费用额按照季度数或者月份数平均分配。

（3）预计确定制造费用预算总额中的现金支出总额，为编制现金预算提供资料。

【例6-5】锦怡公司在编制制造费用预算时，按照成本习性将其分解为变动制造费用和固定制造费用，并且每一项制造费用的成本习性及其上年实际费用额已列入制造费用预算表（表6.5）。公司预算委员会批准预算年度2024年各项制造费用增减变动率分别为：水电费下降5%，修理费下降5%，间接人工上升10%，有机物料消耗下降10%，管理人员工资及福利费上升8%，折旧费上升10%，保险费和租赁费不变，办公费下降20%，差旅费下降20%，劳动保护费上升5%。并假定除折旧费以外，其余制造费用均为现金支出。据此，锦怡公司编制了2024年度的制造费用预算，见表6.5。

表 6.5 锦怡公司制造费用预算（2024 年度）

单位：万元

项目	上年实际	本年预算	第一季度	第二季度	第三季度	第四季度	全年
预算人工总工时（万小时）	—	—	461.25	562.5	573.75	670.5	2 268
变动制造费用	费用分配率（元/小时）						
水电费	6	5.7	2 629	3 206	3 270	3 822	12 927
修理费	4	3.8	1 753	2 138	2 180	2 548	8 619
间接人工	1	1.1	507	619	631	738	2 495
机物料消耗	2	1.8	830	1 013	1 033	1 207	4 083
小计	13	12.4	5 719	6 976	7 114	8 315	28 124
固定制造费用	费用总额						
管理人员工资及福利费	200	216	54	54	54	54	216
折旧费	2 102	2 312	578	578	578	578	2 312
保险费	48	48	12	12	12	12	48
租赁费	400	400	100	100	100	100	400
办公费	120	96	24	24	24	24	96
差旅费	100	80	20	20	20	20	80
劳动保护费	198	208	52	52	52	52	208
小计	3 168	3 360	840	840	840	840	3 360
合计	—	—	6 559	7 816	7 954	9 155	31 484
减：折旧费		—	578	578	578	578	2 312
制造费用限制支出总额		—	5 981	7 238	7 376	8 577	29 172

5. 编制生产成本及期末存货预算

生产部门根据直接材料、直接人工和制造费用预算汇总编制预算期内各种产品的制造总成本和期末存货预算。也就是说，产品制造成本及期末存货预算是在产品生产量预算、直接材料消耗预算、直接人工成本预算和制造费用预算的基础上汇总编制而成的，是为了规划预算期内每种产品的单位产品成本、生产总成本、产品销售成本以及产品的期初、期末存货成本等内容编制的一种日常业务预算。该预算也为预计资产负债表和预计利润表提供数据。产品制造成本及期末存货预算的基本计算公式如下：

$$\text{预算产品单位成本} = \text{单位直接材料成本} + \text{单位直接人工成本} + \text{单位变动制造费用} + \text{单位固定制造费用}$$

$$= \sum(\text{材料预算单耗} \times \text{材料预计单价}) + \text{单位产品预算工时定额} \times \text{预算小时工资率} + \text{单位产品预算工时定额} \times \text{变动制造费用预算分配率} + \frac{\text{固定制造费用预算总额}}{\text{预计产品生产量}}$$

【例 6-6】锦怡公司生产的甲产品预算期初结余 200 件，单位成本 43 元/件。公司存货发出计价采用先进先出法。根据相关预算，编制该公司 2024 年度甲产品制造成本及期末存货预算，如表 6.6 所示。

表 6.6　锦怡公司甲产品制造成本及期末存货预算（2024 年度）

成本项目		预计全年生产量（10 080 万件）			
		单耗（千克/件）或（小时/件）	单价（元/千克）或（元/小时）	单位成本（元/件）	总成本（万元）
直接材料	A 材料	2.3	4	9.2	92 736
	B 材料	3.8	5	19	191 520
	C 材料	2.1	3	6.3	63 504
	小计	—	—	34.5	347 760
直接人工成本		0.225	14.58	3.28	33 062.4
变动制造费用		0.225	12.4	2.79	28 123.2
固定制造费用		—	—	0.33	3 326.4
合计		—	—	40.90	412 272
甲产品存货		数量（万件）	单位成本（元/件）		总成本（万元）
年初存货		200	43		8 600
年末存货		280	40.90		11 452
本年销售		10 000	—		409 419

（三）采购预算

采购预算是企业预算期内物资采购、控制采购成本、采购业绩考核的主要依据。采购预算主要包括仓储预算、材料采购成本预算、现金支出预算和应付账款预算等。在以销定产的情况下，按照销售、生产、采购预算的顺序编制各项预算，销售预算和生产预算都是采购预算的重要输入。采购预算还要在资金安排上与销售预算、生产预算、现金预算等衔接起来，以保障整体经营活动的顺利进行。

【例 6-7】锦怡公司在市场调查的基础上，预计预算年度 A 材料、B 材料和 C 材料的市场价分别为每千克 4 元、5 元和 3 元。同时为了确保甲产品生产与销售的需要，避免出现停工待料的损失，预计预算年度 2024 年各种直接材料在每季的期末结存量应保持在下一季度预计消耗量的 10%，并预计在下一年度的第一季度 A 材料、B 材料和 C 材料的预计消耗量分别为 6 600 万千克、11 200 万千克和 6 200 万千克。同时，公司采购的各种直接材料增值税税率均为 17%，公司计划保持上一年度直接材料采购现金支出方式，即每季度的含税购货总价款在当季支付 20%，下一季度支付现金 40%，再下一季度支付现金 40%，共分三次支付现金。另外，该公司 2024 年初应付账款余额为 100 000 万元，其中上年度第三季度应付账款余额 32 000 万元，上年第四季度应付账款余额 68 000 元。据此，公司编制的甲产品材料采购及采购现金支出预算如表 6.7 所示。

表 6.7 锦怡公司甲产品直接材料采购成本及采购现金支出预算（2024 年度）

直接材料	项目	第一季度	第二季度	第三季度	第四季度	全年合计
A材料	预计消耗量（万千克）	4 715	5 750	5 865	6 854	23 184
	加：期末结存量（万千克）	575	586.5	685.4	660	660
	减：期初结存量（万千克）	471.5	575	586.5	685.4	471.5
	预计采购量（万千克）	4 818.5	5 761.5	5 963.9	6 828.6	23 372.5
	预计采购单价（元/千克）	4	4	4	4	4
	A 材料采购成本（万元）	19 274	23 046	23 855.6	27 314.4	93 490
B材料	预计消耗量（万千克）	7 790	9 500	9 690	11 324	38 304
	加：期末结存量（万千克）	950	969	1 132.4	1 120	1 120
	减：期初结存量（万千克）	779	950	969	1 132.4	779
	预计采购量（万千克）	7 961	9 519	9 853.4	11 311.6	38 645
	预计采购单价（元/千克）	5	5	5	5	5
	B 材料采购成本（万元）	39 805	47 595	49 267	56 558	193 225
C材料	预计消耗量（万千克）	4 305	5 250	5 355	6 358	21 168
	加：期末结存量（万千克）	525	535.5	625.8	620	620
	减：期初结存量（万千克）	430.5	525	535.5	625.8	430.5
	预计采购量（万千克）	4 399.5	5 260.5	5 445.3	6 252.2	21 357.5
	预计采购单价（元/千克）	3	3	3	3	3
	C 材料采购成本（万元）	13 198.5	15 781.5	16 335.9	18 756.6	64 072.5

（续）

直接材料　　项目	第一季度	第二季度	第三季度	第四季度	全年合计
直接材料采购成本总额（万元）	72 277.5	86 422.5	89 458.5	102 629	350 787.5
应交增值税进项税（17%）	12 287.175	14 691.825	15 207.945	17 446.93	59 633.875
含税购货总价款（保留整万元）	84 565	101 114	104 666	120 076	410 421

项目	本期发生额（万元）	现金支出（保留至万元）				
年初应付账款余额	100 000	66 000	34 000			100 000
第一季度	84 565	16 913	33 826	33 826		84 565
第二季度	101 114		20 223	40 446	40 445	101 114
第三季度	104 666			20 933	41 866	62 799
第四季度	130 076				24 015	24 015
年末应付账款余额	137 928					
合计	—	82 913	88 049	95 205	106 326	372 493

（四）费用预算

费用预算主要是指期间费用预算，主要包括管理费用预算、销售费用预算、财务费用预算。各销售和管理部门年度费用预算必须以业务计划为基础，将部门业务工作进行分类，然后针对不同业务类别，采用不同的方法编制各项明细项目费用预算。其编制方法基本与制造费用预算编制相同。

【例 6-8】假设锦怡公司单位产品的销售佣金为 4 元/件，单位产品运输费 1 元/件，其余费用都属于固定性费用。各项费用除折旧为不需付现的项目外，除保险费于第一季度支付、财产税于第二季度支付外，其余需付费用在全年间均匀支付。公司费用预算如表 6.8 所示：

表 6.8　锦怡公司费用预算（2024 年度）

单位：元

项目	第一季度	第一季度	第一季度	第一季度	全年
变动性期间费用					
单位产品销售佣金	4	4	4	4	4
单位产品运费	1	1	1	1	1
预期销售量	2 000	2 500	2 500	3 000	10 000
预计的变动性期间费用					

（续）

项目	第一季度	第一季度	第一季度	第一季度	全年
固定性期间费用					
广告费用	30 000	30 000	30 000	30 000	120 000
折旧	100 000	100 000	100 000	100 000	400 000
管理人员工资	65 000	65 000	65 000	65 000	260 000
保险费	15 000	15 000	15 000	15 000	60 000
财产税	10 000	10 000	10 000	10 000	40 000
合计	220 000	220 000	220 000	220 000	880 000
现金支出预算					
变动性期间费用	10 000	12 500	12 500	15 000	50 000
广告费用	30 000	30 000	30 000	30 000	120 000
管理人员工资	65 000	65 000	65 000	65 000	260 000
保险费	60 000				60 000
财产税		40 000			
合计	165 000	147 500	107 500	110 000	490 000

二、专项决策预算

专项决策预算影响比较重大，发生频率较低，且根据决策特殊需求编制，格式与逻辑千差万别。一般情况下，企业会组建专业团队，分析项目情况，编制专项决策预算。

（一）固定资产投资预算

固定资产投资预算是指对预算期内固定资产支出的总体安排，包括建筑工程施工、机器设备，涵盖固定资产达到预算可使用状态所需的全部费用支出的预算。

（1）建筑工程类固定资产，此类支出包括直接费、间接费、计划利润和税金及附加。其中，直接费包括人工费、材料费、施工单位机械使用费和其他直接费、现场经费等，可按建筑工程量和当地建筑工程概算综合指标计算，房屋建筑按每平方米造价估算；间接费用包括施工管理费和其他间接费，一般以直接费为基础，按照施工现场所在地区规定的间接费率执行；计划利润以直接费和间接费之和为基数，按一定的利润率计取；税金及附加包括增值税、城市维护建设税和教育费附加，可按照税法规定税率计算得出。施工过程中，还会发生一些其他费用，如拆迁费、设计费等，这些费用也应根据实际情况列示。

（2）机器设备类固定资产，包括需要安装设备和不需要安装设备。不需要安装设备预算根据预计采购价格、运输费、保险费及相关税费测算。需要安装设备预算，不但要考虑设备本身的价格、税费，还需考虑安装工程费。安装工程费包括设备安装费及管道（线）安装费用，由直接费、间接费、计划利润和税金组成。其中直接费按每台设备价格或每台设备价格占全部设备价格的百分比计算；间接费用以直接费用为基础，按间接费用率计算；计算利润以安装工程的直接费用和间接费用之和为基数，按一定的利润率计算；税金包括增值税、城市维护建设税及教育费附加，根据有关的税率、费用率和纳税项目数额计算。

（二）股权投资预算

通过股权投资活动，企业拥有被投资企业的全部或部分产权，按投资比例分享权益和承担风险。兼并、收购或参股企业等活动都属于股权投资范畴，其预算由投资部门负责编制，财务部门予以协助。

【例 6－9】锦怡公司为了扩大甲产品的生产能力，决定在预算年度引进一条新的生产线，年初开始建造，年末建造完工，达到预定可使用状态，并交付使用。预计此生产线的投资共需资金 60 950 万元，其分次支出的金额和时间已列入预算（表 6.9）。为此，锦怡公司在预算年度 2024 年 7 月 1 日将发行票面面值为 10 000 万元的公司债券，票面利为 10%，期限 3 年，每年 12 月 31 日和 7 月 1 日支付利息。生产线建造期间的债券利息可以资本化，计入固定资产价值。根据预算，锦怡公司在本预算年度现金流量充裕，为了公司的长远发展，决定利用充裕的现金在资本市场上进行股权并购。预算安排用于股权并购的现金分次支出的金额和时间已列入预算（表 6.9）。公司编制的预算年度 2024 年资本支出和筹资决策预算，见表 6.9。

表 6.9 锦怡公司资本支出和筹资决策预算（2024 年度）

单位：万元

项目	第一季度	第二季度	第三季度	第四季度	全年
固定资产投资					
勘察设计费	950	1 000			1 950
土建工程	2 000	4 000			6 000
购置设备			24 000	20 000	44 000
安装工程				6 000	6 000
其他			1 000	2 000	3 000
合计	2 950	5 000	2 500	28 000	60 950
长期股权投资					
股权购并	4 500	10 500	55 000	30 000	100 000
投资支出总计	7 450	15 500	80 000	58 000	160 950
资金筹措					
发行公司债券			10 000		10 000
支付债券利息				500	500

三、财务预算

财务预算作为全面预算编制过程的最后环节，主要从现金流、利润、财务状况三个方面总体反映企业在预算期的整体情况，在全面预算管理体系中具有目标导向作用、控制约束作用、绩效评价作用等。

（一）资金预算

资金预算的具体表现形式是预计现金流量表，指用于反映预算期内企业在经营活动、投资活动和筹资活动中现金流入流出的动态情况的一种财务预算。资金预算一般由四部分组成，即现金收入、现金支出、现金多余或不足、现金的筹措和运用。

（1）现金收入是指预算期现金收入，是企业预算期内可供使用的现金。销售取得的现金收入是其主要来源，数据来自销售预算。主要包括期初现金余额和本期经营性业务活动的现金收入。

（2）现金支出包括预算期的各项现金支出。具体包括各项日常经营活动中的经营性支出，即直接材料、直接人工、制造费用、销售费用、管理费用等；用于缴纳各项税金的现金支出；用于分配现金股利和支付债务利息的现金支出；用于资本性支出方面的现金支出，如购置固定资产、无形资产等长期资产支出和对外进行股权性、债权性投资的支出等。

（3）现金余缺，是指现金的多余或短缺，列示现金收入与支出的差额。企业的现金应保持在一个合理的余额范围，过多或过少都对企业不利。过多会造成现金闲置的浪费；过少会影响企业现金周转，使企业陷入现金支付的财务危机，严重将导致破产风险。

（4）现金筹措和运用，要求依据现金短缺或溢余情况，进行相应的现金筹措和运用。差额为正，说明现金多余，可用于偿还外部借款、分配股利或对外投资；差额为负，说明现金不足，还需要新增外部借款或股权增资。

【例 6－10】锦怡公司的商品销售及现金收入预算、材料采购的现金支出预算、直接人工成本预算、制造费用预算、税金附加预算、销售费用预算、管理费用预算、财务费用预算、资本支出与筹资预算等反映现金收支的资料如表 6.10 所示。公司计划在 2024 年第二季度分配并发放现金股利 12 000 万元，编制了预算年度 2024 年的现金预算。公司 2024 年年初现金余额 3 000 万元，公司预计预算年度每季度末至少应保持现金余额 6 000 万元。如果某一季度现金发生短缺，应该按 1 000 万元的整数倍于季初向银行借入短期借款，年利率 8%。如果某一季度现金出现多余，应该于季末及时归还银行借款。银行要求归还本金时应该利随本清，即归还本金时支付相应本金的利息。

表 6.10　锦怡公司现金收支的资料（2024 年度）

单位：万元

项目	第一季度	第二季度	第三季度	第四季度	全年
期初现金余额	3 000	6 825	6 792	7 229	3 000
加：销售现金收入	124 880	205 920	234 000	252 720	817 520
可供使用现金	127 880	212 745	240 792	259 949	820 520
现金支出总计	148 055	180 993	240 383	246 879	816 310
直接材料采购现金支出	82 913	88 049	95 205	106 326	372 493
直接人工支出	6 725	8 201	8 365	9 776	33 067
制造费用现金支出	5 981	7 238	7 376	8 577	29 172
税金及附加支出	16 404	21 239	20 671	25 689	84 003

（续）

项目	第一季度	第二季度	第三季度	第四季度	全年
销售费用现金支出	971	1 155	1 155	1 339	4 620
管理费用现金支出	2 181	2 181	2 181	2 181	8 724
财务费用现金支出	430	430	430	430	1 720
预交所得税支出	2 500	2 500	2 500	34 561	109 561
经营性现金支出小计	140 605	153 493	160 383	188 879	643 360
购建固定资产支出	2 950	5 000	25 000	28 000	60 950
股权投资支出	4 500	10 500	55 000	30 000	100 000
支付现金股利		12 000			12 000
现金余缺	−20 175	31 752	409	13 070	4 210
向银行借款本金（利率8%）	27 000				27 000
发行公司债券（利率10%）			10 000		10 000
归还银行借款本金		24 000	3 000		−27 000
支付利息		960	180	500	−1 640
期末现金余额	6 825	6 792	7 229	12 570	12 570

（二）利润预算

利润预算表与实际利润表的内容、格式相同，只不过数据是面向预算期的。它汇总了销售收入、销售成本、销售费用、管理费用等预算的损益数据。通过编制利润预算表，才可以了解制定各项业务计划后的企业预期盈利水平。如果利润预算指标与战略规划中的年度目标有较大的不一致，就需要反向检视各单项预算并进行调整，采取有效措施设法达到目标，或者经预算管理决策机构同意后修改目标。

（1）销售收入和销售成本项目的数据，来自销售预算。

（2）销售费用和管理费用项目的数据，来自期间费用预算。

（3）利息项目的数据，来自财务费用预算。

（4）所得税费用项目，它通常不是根据利润和所得税税率计算出来的，而是在利润预测时估计的，因为有诸多纳税调整的事项存在。此外，从预算编制程序上看，如果根据本年利润和税率重新计算所得税，就需要修改现金预算，引起信贷计划修订，进而改变利息，最终又要修改本年利润，从而引起数据的循环修改。

【例 6-11】假定锦怡公司适用的所得税税率为 30%，年初未分配利润 20 000 万元，按当年实现净利润的 10%，分别提取法定盈余公积和任意盈余公积。根据其他预算编制的 2024 年度预计利润表如表 6.11 所示。

表 6.11　锦怡公司预计利润表（2024 年度）

单位：万元

项目	本年预算
一、营业收入	800 000
减：营业成本	409 457
税金及附加	7 637
销售费用	4 620
管理费用	10 224
财务费用	2 860
资产减值损失	
加：投资收益	
二、营业利润	365 202
加：营业外收入	
减：营业外支出	
三、利润总额	365 202
减：所得税费用（税率 30%）	109 561
四、净利润	255 641
加：年初未分配利润	20 000
五、可供分配的利润	275 641
减：法定盈余公积	25 564
任意盈余公积	25 564
应付股利	12 000
六、未分配利润	212 513

（三）资产负债预算

资产负债预算表与实际资产负债表内容、格式基本相同，只是资产负债预算表中的数据被用来反映预算期内的资产、负债和所有者权益信息。它能总体反映企业在预算期内的盈利水平和预算期末的预计财务状况，是以预算期初的资产负债表为起点，根据销售、生产、资本等预算的有关数据加以计算编制而成的。

【例 6－12】锦怡公司根据全年业务及各单项预算，编制的 2024 年度预计资产负债表如表 6.12 所示：

表 6.12 锦怡公司资产负债表（2024 年 12 月 31 日）

单位：万元

资　　产	上年实际	本年预算	负债及所有者权益	上年实际	本年预算
流动资产			流动负债		
货币资产	3 000	12 570	短期借款		
交易性金融资产			交易性金融负债		
应收票据			应付票据		
应收账款	50 000	168 480	应付账款	100 000	137 928
预付账款			预收账款		
其他应收款			其他应付款		
存货	70 560	76 441	应付职工薪酬		
一年内到期的非流动资产			应交税费		
流动资产合计	123 560	257 491	应付股利		
非流动资产			一年内到期的非流动负债		
可供出售金融资产			流动负债合计	100 000	137 928
长期股权投资	10 000	110 000	非流动负债		
投资性房地产			长期借款		
固定资产			应付债券		10 000
固定资产原价	36 000	97 450	长期应付款		
减：累计折旧	14 400	18 212	长期负债合计		
固定资产净值	21 600	79 238	负债合计	100 000	147 928
在建工程			所有者权益		
固定资产合计			实收资本	30 000	30 000
无形资产			资本公积		
开发支出			减：库存股		
长期待摊费用			盈余公积	5 160	56 288
递延所得税资产			未分配利润	20 000	212 513
非流动资产合计			所有者权益合计	55 160	298 801
资产总计	155 160	446 729	负债和所有者权益总计	155 160	446 729

第三节　全面预算的编制方法

全面预算的编制方法，按其出发点的不同可分为零基预算与增量预算；按其业务量基础数量特征可分为固定预算与弹性预算；按其预算的时间特征可分为定期预算与滚动预算。此外还有概率预算法、作业预算法和项目预算法等。

一、增量预算与零基预算

（一）增量预算

增量预算又称调整预算，是指以基期的业务量水平和成本费用消耗水平为编制预算的基础，根据企业预算期的经营目标和实际情况，结合市场竞争态势，通过对基期的指标数值进行增减调整而确定预算期的指标数值的一种预算编制方法。

增量预算法的假定前提是基期的各项经济活动是企业必需的，基期的各项业务收支是合理的，增加费用预算是值得的。作为一种传统的预算编制方法，增量预算具有一定的优点，但也有一定的缺点。

其优点主要有：编制方法简便，操作容易，工作量较少；便于理解，容易获得管理人员认同；预算稳定，循序渐进的变化，避免各项生产业务和日常各级各部门的管理工作产生剧烈波动，使企业在保持相对稳定的基础上渐进式发展。

其缺点主要有：①增量预算法假设基期各项业务收支都是合理的，易使某些不合理的支出合理化，最容易掩盖低效率和浪费，更没有降低成本的动力，因此容易使成本难以控制，没有降本增益的活力；②只把资源分配给部门而未直接分配给活动，而部门可能将此有限资源用于易于达成但效率不高的活动，低效占用或浪费有限资源，使产出低效，不利于提高企业效益；③增强预算法假定基期的各项经济活动是企业必需的，理念保守，缺乏管理创新的动力，不利于管理水平的提升和企业的发展。

【例 6－13】某公司销售部门采用增量预算法编制本部门 2024 年度费用预算。根据公司下达的部门费用控制目标要求，考虑市场竞争的可能性变化，并结合基期各明细费用项实际数额和销售部门预算期工作任务，确定了各项费用的增减比较，并制定销售部门 2024 年度费用预算额，如表 6.13 所示。

表 6.13　销售部门 2024 年度费用预算（增量预算法）

金额单位：万元

费用明细项目	上一年度实际费用额	较上年变动百分比	本年度预算费用额
办公费	80 000	－2％	78 400
差旅费	320 000	－3％	310 400
业务招待费	500 000	－3％	485 000
销售开拓费	230 000	＋2％	234 600
广告费	220 000	＋10％	242 000
合计	1 350 000		1 350 400

注：“＋”代表增加，“－”代表下降。

（二）零基预算

1. 零基预算的概念及其特点

零基预算（ZBB），是指企业不考虑历史期预算和实际经济活动的项目及金额，以零为起点，一切从实际需要和可能出发，分析预算期经济活动的合理性，进而在综合平衡的基础上形成企业整体预算的一种预算编制方法。

采用零基预算编制预算时，要按照预算期内经营目标和工作内容，合理测算收入支出，对所有预算项目重新进行详细的审查、分析和测算，从实际需要出发，注意审议各项收支内容及合理性，从而决定人、财、物等资源的分配。

与传统的增量预算相比，零基预算有以下特点：

一是预算编制的基础不同。增量预算的编制基础是基期预算的执行结果；而零基预算的编制基础是零，本期预算是根据预算期经济活动内容和可用资源量确定的。

二是预算编制审查重点不同。增量预算重点是对预算期新增的经济业务活动进行审查和分析，而对延续性的经济业务活动则不做分析研究。而且零基预算也需要对预算期内所有的经济活动逐一进行审查和分析。

三是预算的着眼点不同。增量预算主要以预算金额的高低为重点，着重从货币角度控制预算金额的增减，忽略了业务活动的合理性审查。零基预算除重视预算金额高低外，主要是从经济业务活动的合理性和重要性来分配预算的。

2. 零基预算的优缺点及适用范围

零基预算的优点：①以零为起点编制，剔除历史期经济活动中的不合理因素，科学分析预算期经济活动的合理性，使预算编制更贴近企业预算期经济活动需要；②零基预算强调全员参与，有利于达成企业运营共识，提高企业管理水平。

零基预算的缺点：一是预算编制工作量较大，成本较高。由于零基预算要求一切以零为起点，需要进行历史资料、现有情况和未来业务活动的效益分析，需要花费大量的人力、物力和时间来编制，预算编制工作量相当繁重，编制预算的时间也较长，预算管理成本较高。二是预算编制的准确性受企业管理水平和相关数据标准准确性的影响较大。在判断项目“轻重缓急”时，主要依据经济效益，虽然管理层可以依据企业目标而定，但不是每项业务活动与企业目标都存在强关联性，许多对“轻重缓急”的判断都是管理层的职业判断。因此，零基预算法在进行分层、排序和资源分配时，易受主观判断的影响，且可能因管理层的偏好而强调短期项目和当前利益，忽视长期项目和长远利益。

综上，尽管零基预算适用于所有企业的各类预算，但对于具有明显投入产出关系的产品制造活动则较少使用零基预算法，一般管理基础工作比较好的企业和企业职能管理部门编制费用预算时较多采用零基预算。

【例 6－14】沿用【例 6－13】的资料，该公司预算委员会经过研究一致认为，销售部门历年来的业务招待费、差旅费超标比较严重，销售开拓费的使用不符合现行法规，若采用增量预算方法不利于纠正此类情况。因此关于销售部门的费用预算决定采用零基预算方法，同时决定预算期目标费用总额控制在 1 065 600 元以内。销售部门在财务部门的协助下，组织所属各责任单位和全体员工经过多次反复讨论研究，在确保完成预算期销售任务的情况下，对各项费用开支的合理性和必要性以及成本效益进行评判、选优、排序，得到销售部门 2024 年度费用预算表（零基预算法），见表 6.14。

超标的差旅费和业务招待费，经过逐项细化分析，确定应分别下降 6％和 13％；为扩大市场份额，增强产品宣传，广告费用应至少在上年基础上增加 15％；办公费在编制增量预算时提出的降低要求基本合适，可以在目标费用总额 1 065 600 元的范围内微调，因此在预算范围内，办公费应下降 4％。

表 6.14 销售部门 2024 年度费用预算表（零基预算法）

金额单位：万元

费用明细项目	上一年度实际费用额	较上年变动百分比	本年度预算费用额
办公费	80 000	−4%	76 800
差旅费	320 000	−6%	300 800
业务招待费	500 000	−13%	435 000
销售开拓费	230 000	取消	—
广告费	220 000	+15%	253 000
合计	1 350 000		1 065 600

注："+"代表增加，"−"代表下降。

二、固定预算与弹性预算

（一）固定预算

固定预算法，又称静态预算法，是最传统，也是最基本的预算编制方法。它是指在编制预算时，以预算期内正常的、可实现的某一固定业务量水平作为唯一基础来编制预算的方法。固定预算是静态的，不考虑实际经营的动态变化，简单易行，工作量小，推行难度低，但过于机械呆板，可比性差。它适用于经营业务稳定、产品产销量稳定、能准确预测产品需求及产品成本的企业，也可用于编制固定费用预算。

【例 6－15】甲公司 2024 年计划销售 A 产品 1 000 吨，四个季度的销售量分别为 200 吨、240 吨、300 吨和 260 吨，销售单价为 10 000 元/吨。2024 年回款政策与 2023 年一致，即销售货款当季回收现金 80%，其余 20%下一季度收回，2023 年末应收账款余额为 300 000 元。

根据上述资料，采用固定预算法编制甲公司 2024 年度分季度的产品销售预算及现金回款预算，如表 6.15 所示。

表 6.15 甲公司 A 产品销售及现金回款预算

项目		第一季度	第二季度	第三季度	第四季度
产品销售	销售量（吨）	200	240	300	260
	销售收入（元）	2 000 000	2 400 000	3 000 000	2 600 000
现金回款	期初应收账款余额（元）	300 000	400 000	480 000	600 000
	本期增加应收账款（元）	400 000	480 000	600 000	520 000
	本期减少应收账款（元）	300 000	400 000	480 000	600 000
	期末应收账款余额（元）	400 000	480 000	600 000	520 000

（二）弹性预算

1. 弹性预算的概念及特点

弹性预算，又称变动预算，是在固定预算方法的基础上改进与提升。固定预算法是指企业根据单一固定业务量水平编制预算的一种方法。其预算指标具有唯一性，而一旦预算期内的实际业务量水平与预算业务量水平相差较大时，预算指标就不能成为规划、控制和客观评价企业经济活动与工作业绩的依据。由于充分考虑了固定预算的不足，弹性预算不再单纯以一个特定的业务量为编制基础，而是以一个作业量范围为编制基础，针对该作业量范围的不同作业水平分别进行预算，具有明显的动态性和可变性。

弹性预算的特点是，在企业规模和业务量水平不断发生变化时，预算数额能够随着业务量水平的变化而机动调整，使之仍然能够真实准确地反映某一特定经营规模和业务量。通过弹性预算可以得到与实际业务量水平相适应的预算额，从而使预算指标与企业实际业绩进行比较，有利于企业对经营活动进行有效控制。

2. 弹性预算的优缺点及应用范围

弹性预算法的优点在于弹性预算是按预算期内各种可能的业务量水平编制的，使任何实际业务量都可以找到相同或相近的预算标准，从而有效扩大了预算的适用范围，提高了预算的适应性，使预算能够更好地履行其在控制依据和评价标准两方面的职能。

弹性预算法的缺点包括：①编制工作量大，预算编制成本高，企业很难对市场及其变动趋势做出准确预测；②对预算项目与业务量之间依存关系的判断还受数据积累、分析深度等的制约，这些因素都会影响弹性预算的合理性。

弹性预算主要适用于预算期内业务量变化较大的企业，尤其当预算期内可预见的业务量变动范围将超出现有生产能力时，或者当各项预算指标金额无法按业务量变动的比例进行简单调整时；同时也适用于市场具有较大不确定性的企业。变动性成本费用的预算是弹性预算法应用的典型例子。

3. 弹性预算的应用及编制

企业在编制弹性预算时，一般按照确定适用项目、识别业务量、确定业务量弹性幅度、确定弹性定额、构建弹性预算编制模型并形成预算方案、评价并修正预算方案、确定预算控制标准等程序进行。

弹性预算法主要有公式法和列表法两种编制应用方法。

（1）公式法。用公式法编制弹性预算时，相关弹性定额可能仅在一定业务量范围内准确。当业务量变动超出该适用范围时，应及时进行修正、更新公式中的弹性定额。

公式法下弹性预算的基本公式可以表示为：

$$y = a + \sum bx$$

y 表示预算项目的弹性预算；a 表示固定基数；b 表示与业务量相关的弹性定额；x 表示预计业务量

【例 6－16】某汽车生产企业一仓库流通加工组的弹性预算资料如下：正常业务量为 6 000 工时；电力消耗为 1 元/工时，材料消耗为 0.1 元/工时，人员工资为 0.5 元/工时；折旧费为 3 000 元，管理费为 800 元；6 000 工时的混合成本为 2 800 元，5 400 工时的混合成本为 2 740 元。要求用公式法表示该仓库流通加工组的弹性预算公式，并计算当业务量分别为正常业务量的 90%和 110%时的物流成本预算总额。

首先，利用公式 $y=a+bx$ 代入数据，将混合成本分解：

联立方程组$\begin{cases} 2\ 800=a+6\ 000b \\ 2\ 740=a+5\ 400b \end{cases}$，求解得到 $a=2\ 200$，$b=0.1$。

其次，可知，该物流成本的固定总成本为 $A=3\ 000+800+2\ 200=6\ 000$ 元，业务量单位变动成本为 $B=1+0.1+0.5+0.1=1.7$ 元/工时。则该物流成本预算总额公式为：

$$Y=6\ 000+1.7X$$

最后，将实际业务量代入预算总额公式得：

$$Y_{90\%}=6\ 000+6\ 000\times 90\%\times 1.7=15\ 180\text{（元）}$$

$$Y_{110\%}=6\ 000+6\ 000\times 110\%\times 1.7=17\ 220\text{（元）}$$

即该仓库流通加工组的弹性预算总公式为：$Y=6\ 000+1.7X$，当业务量为正常业务量的 90%和 110%时的物流成本预算总额分别为 15 180 元和 17 220 元。

公式法的优点是可以计算出任何业务量的预算数值。但是，由于任何事务都会有一个从量变到质变的过程，当业务量变化到一定限度时，固定成本可能不再固定不变，变动成本的单位成本也可能发生变化。采用公式法编制预算时，需要说明每个公式的适用业务量范围。

（2）列表法。列表法是指企业通过列表的方式，在业务量范围内依据已划分的若干个不同等级，分别计算并列示该预算项目与业务量相关的不同可能性下的预算方案。

在应用列表法时，业务量之间的间隔应根据实际情况确定。间隔越大，水平级别就越少，可简化编制工作，但间隔太大了就会丧失弹性预算的优点。间隔较小，用以控制成本费用的标准就较为准确，但又会增加编制预算的工作量。一般情况下，业务量的间隔以5%～10%为宜。

【例6-17】恒通配送中心是一个大型物流集散配送中心，其物流成本预算编制采用的是弹性预算的方法，表达方式采用列表法。其消耗工时、费用材料标准及预算编制要求如下：正常情况下，每月消耗工时为50 000小时，在正常工时的80%～110%的变动范围内，以10%的变动间隔来编制弹性预算。各项成本费用材料如下：材料费用0.52元/工时、维护费用0.50元/工时、水电费0.42元/工时、机料耗费0.35元/工时、工人工资0.70元/工时；维护费5 500元、折旧费8 000元、管理费7 500元、保险费6 800元、财产税2 200元。

根据以上资料，将其各项费用按照成本特性划分为固定成本和单位变动成本，然后按照工时间隔标准采用列表法编制弹性预算，如表6.16所示。

表6.16　恒通配送中心物流成本弹性预算

单位：元

成本项目	单位变动成本（元/工时）	40 000工时	45 000工时	50 000工时	55 000工时
变动成本					
材料费用	0.52	20 800	23 400	26 000	28 600
维护费用	0.50	20 000	22 500	25 000	27 500
水电费用	0.42	16 800	18 900	21 000	23 100
机料耗费	0.35	14 000	15 750	17 500	19 250
工人工资	0.70	28 000	31 500	35 000	38 600
小计		99 600	112 050	124 500	137 050
固定成本					
维护费	5 500	5 500	5 500	5 500	5 500
折旧费	8 000	8 000	8 000	8 000	8 000
管理费	7 500	7 500	7 500	7 500	7 500
保险费	6 800	6 800	6 800	6 800	6 800
财产税	2 200	2 200	2 200	2 200	2 200
小计	30 000	30 000	30 000	30 000	30 000
物流成本总计	—	129 600	142 050	154 500	167 050

列表法的优点是无论实际业务量是多少，不必经过计算即可找到与业务量相对应的预算目标，用来控制成本，较为方便。但是，预算不可能详细列出每一种可能的业务量，因此运用列表法考核业绩时，往往需要使用插补法来计算实际业务量的预算目标，不够直观。

三、定期预算与滚动预算

（一）定期预算

定期预算是指按固定时期编制的全面预算，指在编制全面预算时以固定不变的会计期间（可以是一个会计年度，也可以是其他固定期间）作为预算期编制的一种预算。凡是预算期间固定不变的预算都可以称为定期预算。

定期预算的优点主要表现在三个方面：一是预算期间与会计核算期间、业务计划周期保持一致，有利于预算分析、考核和评价；二是预算期间固定不变，符合大众思维，易于被大众接受；三是相比滚动预算，预算编制过程比较简单，工作量小，易于推广。

定期预算的缺点则主要包括：

（1）盲目性，执行难度大。企业一般在预算年度开始前三个月启动编制工作，此时预算期内的经营活动并不十分清楚，也未制定详细计划，预算容易带有盲目性，预算数据较粗略，从而导致预算执行难度较大。

（2）滞后性，指导作用弱。由于定期预算不能随情况的变化及时调整，当预算期中各种活动发生重大变化时，就会造成预算滞后过时，削弱预算指导意义。而对于客户需求定制类企业，按年编制预算不仅难度较大，而且对企业管理的指导意义也较小。

（3）短视性，远期指导差。由于受预算期间的限制，致使经营管理者们的视野局限于本期经营活动，特别是剩余预算期的业务活动，易采取短期的业务行为，过多地着眼于短期利益，从而忽视企业的长远利益和可持续发展。

（4）间断性，衔接难度大。企业的业务活动是连续不断的，而定期预算将业务活动强行分割成数段固定期间，形成人为的预算间断，这样就必然造成前后各个期间预算衔接的困难，以及预算管理与业务活动的衔接也会有困难。

（二）滚动预算

1. 滚动预算的概念及方式

滚动预算法又称联系预算法或永续预算法，是指随着时间的推移，在上期预算完成情况的基础上，将预算期间逐期连续向后滚动推移，使预算期间保持一定的跨度，预算内容不断补充的一种方法。用滚动预算法编制的预算称为滚动预算。滚动频率是指调整和补充预算的时间间隔，一般以月度、季度、年度等为滚动频率。

短期滚动预算中，按照滚动的时间间隔不同，可分为逐月滚动、逐季滚动和混合滚动。中期滚动预算通常是指逐年滚动的预算。

逐月滚动方式是指在预算编制过程中，以月度为预算的编制和滚动单位的方式。采用逐月滚动方式编制的预算具有比较精确的优点，缺点是编制工作量较大，每个月都需滚动编制一次，而且预算后期的月度预算准确性会大打折扣。

逐季滚动方式是指在预算编制过程中，以季度为预算的编制和滚动单位，每个季度调整一次预算的方法。采用逐季滚动方式编制的预算的优点是工作量较小，每个季度滚动编制一次，但也存在精确度较差的缺点，特别是近期预算不够细致，对近期业务活动的指导意义有待提高。

混合滚动预算方式是指在预算编制过程中，同时以月份和季度作为预算的编制和滚动单位，按每个季度细化调整一次预算的方法。按照近细远粗的原则，将逐月滚动和逐季滚动的预算方法进行改进。在编制年度预算时，首先将第一个季度按月划分，编制各月份的明细预算指标，以方便预算控制；然后剩余三个季度的预算则可按季度粗略编制，等接近第一季度期末时，再将第二季度的预算按月细分；最后在第三、四季度以及新增列的下一季度中，只需列出各季度的预算总数。以此类推，使预算不断地滚动下去。

混合滚动方式集中了逐月滚动和逐季滚动方式的优点，规避了其缺点，既减少预算编制的工作量，又提高近期预算的准确度。以这种方式编制的预算有利于管理人员不断更新预算数据，并能根据当前预算的执行情况加以修改、完善下期预算，这些优点都是传统的定期预算编制方式所不具备的。因此，混合滚动方式具有较高的实用性。

2. 滚动预算的优缺点及适用范围

与定期预算法相比，滚动预算法具有三个方面的优点：

一是滚动预算能够用动态与发展的眼光，把握企业近期目标和远期目标，使预算具有较高的指导性和战略性，有利于企业管理人员可以将长远战略布局与近期各项经营活动有效结合，更利于战略执行落地。

二是滚动预算不受会计年度的限制，随着业务活动逐期延长，与企业连续不断的业务活动过程保持一致，遵循企业生产经营活动的变动规律，有助于确保企业各项工作的连续性和完整性。

三是滚动预算采取长计划、短安排的具体做法，可根据预算执行结果和企业经营环境的变化情况，对预算不断加以修正，使预算更接近实际情况，实现动态反映市场，建立跨期综合平衡，从而有效地指导企业运营，强化预算决策与控制职能，也有利于预算的顺利执行。

滚动预算法有三个主要缺点：

一是工作量大。采用滚动预算法编制预算，由于预算的自动延伸工作比较耗时，滚动预算的频率较高，对预算沟通的要求越高，预算编制的工作量越大。

二是编制成本高。企业一般需要配备数量较多的专职预算人员负责预算的编制、调控与考核，这就导致预算管理直接成本的增加。

三是过高的滚动频率容易增加管理层的不稳定感，导致预算执行者无所适从，一定程度上削弱了预算对业务活动的指导和约束。

滚动预算法的适用于：具备丰富的预算管理经验和能力，管理基础比较好的企业；信息化程度较高的企业；生产经营活动与市场紧密接轨，预算灵活度要求高的企业；规模较大、时间较长的工程类项目预算和工程企业。

【例 6－18】甲公司为增值税一般纳税企业，增值税税率为 17%。甲公司预计 2024 年度生产 A 产品单位售价的波动区间为 95～100 元/台，平时较低，节假日较高。根据企业确定的目标销售额编制了销售滚动预算如表 6.17 所示。

表 6.17　甲公司销售滚动预算

项目	第一季度			第二季度	第三季度	第四季度	合计
	1月	2月	3月				
预算销售量（台）	9 000	12 000	8 000	25 000	25 000	30 000	109 000
预计单价（元）	95	100	98	98	96	98	
预计销售收入（万元）	85.5	120	78.4	245	240	294	1 062.9
增值税销项税额（万元）	14.535	20.4	13.328	41.65	40.8	49.98	180.693
含税收入（万元）	100.035	140.4	91.728	286.65	280.8	343.98	1 243.593

甲公司应在 2024 年第一季度的 3 月份后半月，及时进行第一季度预算执行分析，比较实际与预算的差异，分析差异形成的原因；根据对第二季度及后期的 A 产品销售市场的变动走势的预测评估，在相应调整原预算的基础上，编制从 2024 年第二季度至 2025 年第一季度的销售滚动预算，以此类推，不断滚动。

四、其他预算编制方法

（一）概率预算

概率预算是指针对具有不确定性的项目，估计其可能出现的价值条件及其概率，在计算期望值的基础上编制的预算。常规的预算编制，都假设企业的经营活动是稳定的，所涉及的业务量等因素都是一个确定的值，所编制的预算都是一种确定性的预算。运用概率预算法编制预算考虑了计划期内各种可能的情况，考虑问题比较全面，更符合实际情况，但如何估计未来的各种可能情况及其概率是比较困难的事情，尤其是概率的确定容易受主观因素的影响。

（二）作业预算

作业预算法，是指基于作业消耗资源、产出消耗作业的原理，以作业管理为基础的预算管理方法。作业预算法主要适用于具有作业类型较多且作业链较长、管理层对预算编制的准确性要求较高、生产过程多样化程度较高，以及间接或辅助资源费用所占比重较大等特点的企业。

作业预算法的主要优点：一是基于作业需求量配置资源，避免了资源配置的盲目性；二是通过总体作业优化实现最低的资源费用耗费，创造最大的产出成果；三是作业预算可以促进员工对业务和预算的支持，有利于预算的执行。

作业预算法的主要缺点：预算的建立过程复杂，需要详细地估算生产和销售对作业和资源费用的需求量，并测定作业消耗率和资源消耗率，且数据收集成本较高

（三）项目预算

在从事轮船、飞机、公路等工程建设，以及一些提供长期服务的企业中，需要编制项目预算。项目预算的时间框架就是项目的期限，跨年度的项目应按年度分解编制预算。项目预算法的优点在于它能够包含所有与项目有关的成

本，容易度量单个项目的收入、费用和利润。企业在编制项目预算时，将过去相似项目的成功预算作为标杆，对计划年度可能发生的一些重要事件进行深入分析，这能够大大提高本年度项目预算的科学性和合理性。

第四节　全面预算的执行与考核

全面预算编制完成并批准下达后，企业应将预算目标层层分解至各预算责任中心。这就意味着企业预算期内的经营活动各方面有了明确的目标和方向，但是预算能否达到预期目标，关键在于企业是否能做好预算的执行与考核，并能否适时调整预算，使预算与业务完美契合。

一、全面预算执行

（一）全面预算执行分析流程

（1）确定分析对象。即应该关注是对哪些预算或指标进行分析；是对预算执行情况进行全面分析还是对特定预算、特定项目进行分析。

（2）确定重要性标准。即确定预算差异在什么样的范围内需要进行重点分析。

（3）收集数据。企业进行分析时，至少需要收集以下数据：预算实际执行数据、历史数据、标杆企业的实际数据、相关的行业和经济环境变化的数据等。

（4）计算差异并分析引起差异的原因。企业应针对造成预算差异的不同原因采取不同的处理措施：因内部执行导致的预算差异，应分清责任归属，与预算考核和奖惩挂钩，并将责任单位或责任人的改进措施的实际执行效果纳入业绩考核；因外部环境变化导致的预算差异，应分析该变化是否长期影响企业发展战略的实施，并将其作为下期预算编制的影响因素。

（5）撰写并上报分析报告。企业的预算执行情况的分析，包括预算执行单位对重要差异的解释和报告、预算管理部门的汇总和确认、分析部门撰写并上报分析报告，这些分析有利于企业管理层制定下一步的行动计划，进行预算调整和绩效考核。

（二）全面预算执行分析方法

企业在分析预算执行情况时，应当充分收集有关财务、业务、市场、技术、政策、法律等方面的信息资料，根据不同情况分别采用各种分析方法，从定量与定性两个层面充分反映预算执行单位的现状、发展趋势及其存在的潜力。全面预算分析的方法主要如下：

1. 差异分析

差异分析就是指计算各预算报表的数据与实际绩效之间的差异，分析引起差异的内外部原因，及时发现和解决预算执行过程中出现的问题和存在的风险，为预算控制提供目标、方向和重点的过程。差异分析包括销售差异分析、生产预算差异分析、采购差异分析、管理费用差异分析、财务费用差异分析、产品成本差异分析、利润差异分析等。

2. 对比分析

对比分析是指将某项指标与性质相同的指标项进行对比来揭示差异，分析报表中的项目与总体项目之间的关系及其变动情况，探讨产生差异的原因，判断企业预算执行情况的过程。对比分析包括实际数与预算数的分析、同比分析以及环比分析。

3. 对标分析

对标分析是指通过选取国内外同行业优秀企业的最佳实践，以此为基准与本企业进行比较、分析、判断，帮助企业了解在行业竞争中的地位、明确差距，提出改进措施的过程。

4. 结构分析

结构分析就是指分析实际数结构与预算数结构之间的差异，分析结构变化对预算完成情况的不同影响的过程。

5. 趋势分析

趋势分析是指根据企业连续几个时期的分析资料，确定分析各个时期预算项目的变动情况和趋势的过程。趋势分析包括月度趋势分析、季度趋势分析、年度趋势分析等。

6. 因素分析

在对比分析中，为了细分差异，需要将指标构成分解为几项因素，并对这些因素进行逐一替换分析。例如，通过对某年销售实际总收入与预算数的差异计算，可以分别对总销量、各种销量比例、各品种售价等因素进行深入分析，找出企业实际营业收入与预算营业收入差异的主要原因。

7. 排名分析

排名分析，是指针对企业内部功能相同或相似的责任单位，选择一些能够反映责任单位运营情况的核心指标（如人均营业收入、人均管理费用等）进行排名，再进一步分析差距的原因，以此促进排名落后的责任单位加强管理、改善业务的过程。

8. 多维分析

多维分析能够使分析者从多个角度、多个侧面观察数据库中的数据，从而深入了解包含在数据中的信息和内涵。例如，企业在分析某年营业收入实际数与预算数的差异时，就需要从多个维度（产品、区域、渠道、客户等）进行深入分析，结合企业战略的实施情况，才能找出形成差异的根本原因。

二、全面预算控制

预算控制，是指企业以预算为标准，通过预算分解、过程监督、差异分析等促使日常经营不偏离预算标准的管理活动，可分为事前控制、事中和事后控制。全面预算的原则包括加强过程控制、突出管理重点、刚性控制与柔性控制相结合、业务控制与财务控制相结合等。

全面预算控制的方式主要包括：

1. 当期预算控制与累进预算控制

当期预算控制要求用当期的预算总额控制当期的预算执行数。累进预算控制要求以从预算期间的始点到当期时点的累计预算数控制累计预算执行数。企业在实际操作中可以根据企业的实际情况灵活设置预算的控制期间，按月、季、年三种控制周期进行当期和累进的综合控制。

2. 总额控制与单项控制

企业的预算项是有种属之分的，如管理费用是一个综合的预算项，可以细分为差旅费、业务招待费、办公费等。总额控制要求只要管理费用这个预算总项的额度不超出预算，此业务就可以进行；超出预算额度，业务是否可以进行，需要经过追加的程序进行审批。单项控制要求对每个预算项（如业务招待费等）都分别加以控制。

3. 绝对数控制与相对数控制

绝对数控制要求用预算项的预算数控制预算执行数。相对数控制要求用预算值的百分比来控制预算执行数。例如，对于企业的研究与开发支出，企业的预算数可以用绝对额来表示，也可以用占营业收入的百分比来表示。在企业的实际操作中，往往将绝对数控制和相对数控制相结合。

4. 刚性控制与柔性控制

刚性控制以预算值为约束指标，任何超出预算值的支出都需要通过特定的审批流程审批后才能使用。柔性控制是指超出预算的执行申请先在企业的预算管理系统中提交，之后各级审批者根据授权进行成本效益权衡，最后判断决策是否可以批准执行的管理活动。

5. 预算内审批控制、超预算审批控制与预算外审批控制

预算审批包括预算内审批、超预算审批、预算外审批等。预算内审批事项，应执行正常的流程控制，简化流程，提高效率。超预算审批事项，应执行额外的审批流程，根据事先规定的额度分级审核。预算外审批事项，应严格控制，防范风险。

6. 系统在线控制与手工控制

系统在线控制是指依靠ERP系统或专门的预算控制系统实现的对预算事项的事中和在线控制。系统控制的优点是控制严格、数据准确；缺点是缺乏灵活性，会因某些例外情况出现而导致业务停滞。手工控制是指按照企业内部控制流程和相应的审批权限，对相关资金支出的单据进行手工流转并签字的过程。手工控制的准确性、严格性虽然不如系统在线控制，但比较灵活，易于接受与实施。

三、全面预算调整

预算调整是指当企业的内外部环境或者企业的经营策略发生重大变化时，致使预算的编制基础不成立，或者导致企业的预算执行结果产生重要偏差，原有预算已不再适宜时而进行的预算修改。

（一）全面预算调整的条件

年度预算经批准后，原则上不作调整。企业应在制度中严格明确预算调整的条件、主体、权限和程序等事宜，以及明确当内外战略环境因发生重大变化或突发重大事件等，导致编制的基本假设发生重大变化时，可进行预算调整。

当出现下列事项时，企业的预算很可能需要进行相应的调整：

（1）由于国家政策法规发生重大变化，致使预算的编制基础不成立，或导致预算执行结果产生重大偏差。

（2）由于市场环境、经营条件、经营方针发生重大变化，导致预算对实际经营不再适用。

（3）由于内部组织结构出现重大调整，导致原预算不适用。

（4）发生企业合并、分立等行为。

（5）由于出现不可抗力事件，导致预算的执行成为不可能。

（6）预算管理委员会认为应该调整的其他事项。

（二）全面预算调整的原则

企业的预算调整应坚持以下原则：

（1）预算调整应当符合企业发展战略、年度经营目标和现实状况，重点放在预算执行中出现的重要的、非正常的、不符合常规的关键性差异方面。

（2）预算调整方案应当客观、合理、可行，在经济上能够实现最优化。

（3）预算调整应当谨慎，调整频率应予以严格控制，年度调整次数应尽量减少。

（三）全面预算调整的程序

企业批准下达的预算应当保持稳定，不得随意调整。由于市场环境、国家政策或不可抗力等客观因素，导致预算执行发生重大差异确需调整预算的，应当履行严格的审批程序。预算调整主要包括分析、申请、审议、批准等主要程序，具体如下：

（1）预算执行单位逐级向预算管理委员会提出书面申请，详细说明预算调整理由、调整建议方案、调整前后预算指标的比较、调整后预算指标可能对企业预算总目标的影响等内容。

（2）预算管理工作机构应当对预算执行单位提交的预算调整报告进行审核分析，集中编制企业年度预算调整方案，提交预算管理委员会。

（3）预算管理委员会应当对年度预算调整方案进行审议，按照预算调整事项性质或预算调整金额的不同，根据授权进行审批，或提交原预算审批机构审议批准，然后下达企业预算管理委员会或董事会审批预算调整方案。在审批预算调整方案时，企业预算管理委员会或审批会应当依据预算调整条件，对于不符合预算调整条件的，坚决予以否决；对于预算调整方案欠妥的，应当协调有关部门和单位研究改进方案，并责成预算管理工作机构予以修改后再履行审批程序。

四、全面预算考核

全面预算考核是指通过对各预算执行单位的预算完成结果进行检查、考核与评价，以此为企业实施奖惩和激励提供依据，为改进预算管理提供建议和意见，对企业进行有效激励与约束，提高企业绩效的过程。

（一）全面预算考核的内容

1. 对全面预算目标完成情况的考核

预算考核应以预算完成情况为考核核心，通过对预算执行情况与预算目标进行比较确定差异并查明产生差异的原因，进而据以评价各责任中心的工作业绩，并通过与相应的激励制度挂钩，促进其与预算目标相一致。全面预算目标完成情况的考核，是对企业各预算执行单位主要预算指标完成情况的考核。通过对超额完成的责任主体进行奖励，对未达标者进行惩罚的方式，鼓励各预算执行单位超额完成预算目标，促进企业价值的最大化。

2. 对全面预算组织工作的考核

对全面预算组织工作的考核，是指对预算管理各环节工作质量的评价，其目的是提高企业的预算管理水平。主要考核的内容有：预算编制是否准确、及时、规范；预算分工作是否及时；是否发现了经营中存在的问题和风险；是否提出了相应的改进建议；预算控制是否到位；预算调整是否按程序进行等。对这些定性指标的考核，主要采用打分法，根据各责任主体的执行情况，由考核主体进行打分考核。

（二）全面预算考核的原则

1. 目标性原则

全面预算考核的目的是更好地实现企业战略和预算目标，所以在企业预算考核体系的设计中，应遵循目标性原则，以考核引导各预算执行单位的行为，避免各预算执行单位发生只顾局部利益，不顾全局利益甚至损害全局利益的行为。例如，对于销售部门的考核，不仅要考核其是否完成收入指标、毛利指标，还需要对存货周转率、应收账款周转率等指标进行考核，以促进销售部门努力降低资金占用率，提高投资收益率。

2. 可控性原则

全面预算考核既是预算执行结果的责任归属过程，也是企业各预算执行主体间的利益分配过程。各预算执行单位以其责权范围为限，对其可以控制的预算差异负责，利益分配也以此为基础，做到责权利相统一。但为避免由于强调可控而导致各预算执行单位相互推诿，出现无人负责的现象，在奖励目标下达时，应尽可能明确各预算执行单位的可控范围或可控因素。

3. 动态性原则

预算的考核要讲究时效性，企业可根据管理基础、内外部环境变化，以及经营需要来选择合适的考核时点，如季度考核、半年度考核、不定期考核等。如果等年度预算期结束后再进行考核，则木已成舟，削弱了预算考核应有的作用。对预算的执行结果及时考核，并适时地根据预算执行单位的实际绩效进行奖惩，这将有助于预算管理工作的改进和预算目标的实现。

4. 例外性原则

在企业的预算管理中，可能会出现一些不可控的例外事件，如市场的变化、产业环境的变化、相关政策的改变、重大自然灾害和意外损失等，考核时应对这些特殊情况做特殊处理。企业受到这些因素影响后，应及时按程序调整预算，考核也应该按调整后的预算指标进行。

5. 公平公开公正原则

全面预算的考核必须公平，即相同的绩效要给予相同的评价，否则员工就会感觉不公平，产生不满情绪，挫伤员工工作积极性，并引起相互间的不信任。预算考核还应公开，其考核的标准必须是公开的。标准是指导人们工作的规范，而不是制裁员工的“秘密武器”。考核标准公开是考核公平的前提，公开标准便于员工监督。考核公开，包括制定标准的过程对被考核者公开、考核标准要在执行之前公布、考核结果应在必要的范围内公布。

6. 总体优化原则

预算管理的目的是通过调动各责任预算主体的积极性、主动性来实现企业预算管理的总目标。但责任预算主体是具有一定权力并承担相应责任的利益关系人，其工作目标主要是为了自身利益的最大化，会产生局部利益（个人利益）与整体利益（企业利益）之间的矛盾，例如，销售部门重视销售而忽视资金回收；生产部门关注产品的质量和数量，而不重视产品是否适销对路，是否可以通过技术、工艺的改进来降低成本、提高竞争力等。预算考核要有利于企业总体目标的实现和价值的最大化。

思考与练习题

一、单项选择题

1. 企业的全面预算是从编制（　　）开始的。

A. 销售预算　　B. 现金预算　　C. 生产预算　　D. 费用预算

2. 在编制预算时，需要考虑预算期间一系列可能达到的业务量水平。这种预算编制方法是（　　）。

A. 零基预算法　　B. 概率预算法

C. 弹性预算法　　D. 滚动预算法

3. 下列各项中，不能作为现金预算编制依据的是（　　）。

A. 制造费用预算　　B. 销售费用预算

C. 资本支出与筹资决策预算　　D. 成品生产成本预算

4. 全面预算编制的组织方式不包括（　　）。

A. 权威式　　B. 参与式　　C. 自由式　　D. 混合式

5. 下列项目中，不属于直接人工预算内容的是（　　）。

A. 预计生产量　　B. 单位产品耗用工时

C. 直接人工总工时　　D. 直接人工总成本

二、多项选择题

1. 全面预算体系主要由（　　）组成。

A. 日常业务预算　　B. 资本决策预算

C. 生产预算　　D. 财务预算

2. 全面预算考核的原则包括（　　）。

A. 总体优化原则　　B. 动态性原则

C. 公开公平原则　　D. 非例外性原则

3. 下列预算中，属于日常业务预算的有（　　）。

A. 生产成本预算　　B. 销售预算

C. 现金预算　　D. 直接材料采购成本预算

三、计算题

假设东辰公司只生产销售甲产品，2024 年第一季度甲产品每月的预计销售量分别为 2 000 件、3 000 件、3 600 件；甲产品销售单价为 50 元/件，增值税税率为 17%。若甲产品的销售货款当月回收 60%，次月回收 30%，第三个月回收 10%。同时，东辰公司 2024 年初的应收账款余额为 250 000 元，其中包括了上年度 11 月份销售应收账款 80 000 元，12 月份销售应收账款 170 000 元。

根据以上资料，要求：

（1）计算上年度 11 月份、12 月份的含税销售额。

（2）编制 2024 年第一季度甲产品的销售及现金收入预算表。

第七章　成本控制

【学习目标】通过本章的学习，学生要了解成本控制的含义与基本原则；熟悉目标成本法的含义与制度，掌握标准成本法的含义与标准成本的制定；重点掌握标准成本差异的计算分析及账务处理等。

【学习重点】成本控制的含义与基本原则；目标成本法的含义；标准成本法的账务处理；标准成本差异的计算分析的方法。

【学习难点】标准成本的制定；直接材料成本差异和直接人工成本差异的计算和分析；变动制造费用成本差异的计算与分析；固定制造费用成本差异的确定方法。

第一节　成本控制概述

企业经营的主要目的是盈利，影响企业利润的主要因素是销售收入、销售成本及各项费用。面对激烈的竞争环境，开源节流是企业生存与提高竞争力所必须努力的方向。所谓开源是指企业尽可能地提高产品售价或增加销量，但受市场因素的影响，鲜少能达到预期成果，相对而言，降低或控制成本就变得相当重要了。

一、成本控制的含义

控制是指通过计量个人或组织单位的业绩，把实际与计划或标准进行比较，发现其中的差异，并查明差异产生的原因，以迅速的信息反馈来消除导致差异的因素，以确保目标或计划实现的管理过程。

成本控制就是指在企业生产经营活动中，以不断降低成本和提高经济效益为目的，对影响成本的各种因素加强管理，及时发现与预定的目标成本之间的差异，采取一定的措施，保证完成预定的目标成本，尽可能以最少的耗费取得最多的成果的过程。

成本控制以成本的发生为基点，分为事前控制、事中控制和事后控制。事前控制是成本的前馈控制和预防控制，主要是对未来的成本水平及其发展趋势所进行的预测与规划，一般包括成本预测、成本决策和成本计划等。事中控制是成本的过程控制，主要是指对营运过程中发生的成本进行监督和控制，并根据实际情况对成本预算进行必要的修正，以保证目标成本的实现的过程。事后控制是成本的反馈控制，主要是指在成本发生之后进行的核算、分析和考核，一般包括成本核算、成本分析和成本考核等步骤。

成本控制有广义和狭义之分，广义的成本控制包括事前控制、事中控制和事后控制。狭义的成本控制仅指成本的事中控制，即过程控制。狭义的成本控制包括两个方面：一方面是成本控制的一般方法，另一方面是如何将成本落实到各有关责任中心。

二、成本控制的基本原则

1. 全面性原则

由于成本涉及企业的各个方面，所以成本控制要进行全过程控制、全员控制、全方位控制。

（1）全过程控制。成本控制要贯穿成本形成的全过程，不仅要对产品制造过程中发生的全部费用进行控制，还要对整个产品生命周期中发生的成本进行控制，只有这样成本才能最大限度地降低。

（2）全员控制。企业的任何活动都会发生成本，都应在成本控制的范围之内，而且每个员工都应负有控制成本的责任。因此要想降低成本，就要充分调动企业各部门和全体员工关心成本和参加成本控制的积极性。

（3）全方位控制。成本控制不是单纯的限制和监督。一方面要精打细算、节约开支、消除浪费，另一方面要按照成本效益的原则实现相对的成本节约，以较少的消耗取得更多的成果。

2. 责权利相结合原则

要想保证落实到责任中心的成本预算能够恰当地执行，就必须赋予它们与其责任大小、控制范围一致的权力。此外，成本控制必须在定期考核评价成本实绩的基础上，与责任中心的奖惩挂钩。

3. 目标管理原则

成本控制必须以目标成本为依据。目标成本作为企业的整体目标，不便进行日常控制，应把企业的目标成本层层分解，落实到各成本责任中心，分级归口管理。这样可以使责任单位明确责任范围，及时发现成本差异，分析成本差异的原因，并采取措施予以纠正。

4. 例外管理原则

企业在管理中应把注意力集中在非正常的关键性差异上，对其追根溯源，查明原因，并采取有效措施予以纠正。因为在日常控制活动中，实际水平与预算数之间的差异，势必会影响成本控制工作的效率。

5. 经济原则

因推行成本控制发生的成本，不应超过因缺少控制而丧失的收益。任何管理工作都要讲求经济效果，为建立某项控制，要花费一定的人力或物力，付出一定的代价，这种代价不能太大，不应超过建立这项控制所能节约的成本。

第二节　目标成本法

一、目标成本法的含义

目标成本法，是指企业以市场为导向，以目标售价和目标利润为基础确定产品的目标成本，从产品设计阶段开始，通过各部门、各环节乃至与供应商的通力合作，共同实现目标成本的成本管理方法。

目标成本法要求企业以创造和提升客户价值为前提，以成本降低或成本优化为主要手段，谋求竞争中的成本优势，保证目标利润的实现。一般适用于制造业企业成本管理，也可应用在物流、建筑、服务等行业。

目标成本法的主要优点：

（1）突出从原材料到产品出货全过程成本管理，有助于提高成本管理的效率和效果。

（2）强调产品寿命周期成本的全过程和全员管理，有助于提高产品价值和产品市场竞争力。

（3）谋求成本规划与利润规划活动的有机统一，有助于提升产品的综合竞争力。

目标成本法的主要缺点：

（1）不仅要求企业具有各类所需的人才，更需要各有关部门和人员的通力合作。

（2）要求较高的管理水平。

二、目标成本法的制定

目标成本法一般需经过目标成本的设定、分解、达成再设定、再分解、再达成多重循环，以期持续改进产品方案。企业应用目标成本法，一般按照确定应用对象、成立跨部门团队、收集相关信息、计算市场容许成本、设定目标成本、分解可实现目标成本、落实目标成本责任、考核成本管理业绩以及持续改善等程序进行。

1. 确定应用对象

企业应根据目标成本法的应用目标及其应用环境和条件，综合考虑产品的产销量和盈利能力等因素来最终确定应用对象。企业一般应将拟开发的新产品作为目标成本法的应用对象，或选择那些功能与设计存在较大弹性空间、产销量较大且处于亏损状态或盈利水平较低、对企业经营业绩具有重大影响的老产品作为目标成本法的应用对象。

2. 成立跨部门团队

企业根据目标成本管理，可以建立成本规划、成本设计、成本确认、成本实施等小组，各小组根据管理层授权协同合作完成相关工作。

成本规划小组由业务及财务人员组成，负责设定目标利润、制订新产品开发或老产品改进方针等，主要职责是收集相关信息、计算市场驱动产品成本等。

成本设计小组由技术及财务人员组成，负责确定产品技术性能、规格等，主要职责是可实现目标成本的设定和分解等。

成本确认小组由有关部门负责人、技术及财务人员组成，负责分析设计方案或试制品评价的结果等，主要职责是实现目标成本设定与分解的评价和确认等。

成本实施小组由有关部门负责人和财务人员组成，负责确认实现成本策划的各种措施、分析成本控制中出现的差异并提出对策等，主要职责是落实目标成本责任、考核成本管理业绩等。

3. 收集相关信息

目标成本法的应用需要部门收集与应用对象相关的信息，一般包括：

（1）产品成本构成及料、工、费等财务和非财务信息。

（2）产品功能及其设计、生产流程与工艺技术信息等。

（3）材料的主要供应商、供求状况、市场价格及其变动趋势等信息。

（4）产品主要消费群体、分销方式、分销渠道、市场价格及其变动趋势等信息。

（5）本企业及同行业标杆企业产品盈利水平等信息。

（6）其他相关信息。

4. 计算市场容许成本

市场容许成本是指目标售价减去目标利润后的余额。

目标售价的设定应综合考虑客户感知的产品价值、竞争产品的预期相对功能和售价，以及企业针对该产品的战略目标等因素。确定目标售价通常有两种方法：客户需求法与竞争者分析法。

目标利润是指企业未来一段时间内，在现有的经营条件下应达到的最优目标战略。目标利润的设定应综合考虑利润预期、历史数据、竞争地位分析等因素。

5. 设定目标成本

企业应将容许成本与新产品设计成本或老产品当前成本进行比较，确定差异及其成因，设定可实现的目标成本。

6. 分解可实现目标成本

企业应按主要功能对可实现的目标成本进行分解，确定产品所包含的每一零部件的目标成本。在分解时，首先应确定主要功能的目标成本；然后寻求实现这种功能的方法，并把主要功能和主要功能级的目标成本分配给零部件；最终形成零部件级目标成本。同时，企业应将零部件级目标成本转化为供应商的目标售价。企业目标成本分解的目的是确定一个合理的目标成本值。

7. 落实目标成本责任

企业应将设定的可实现目标成本、功能级目标成本、零部件级目标成本和供应商目标售价进一步量化为可控制的财务和非财务指标，落实到各责任中心，并辅之以相应的权限，将达成的可实现目标成本落到实处。

8. 考核成本管理业绩

企业应根据各责任中心的责任成本和成本控制标准，按照业绩考核制度和办法，定期进行成本管理业绩的考核与评价，为各责任中心和人员的激励和惩罚奠定基础。

9. 持续改善

企业应定期将产品的实际成本与设定的可实现目标成本进行对比，确定其差异及其性质，分析差异的成因，提出消除各种重要不利差异的可行途径和措施，进行可实现目标成本的重新设定、再达成，推动成本管理的持续优化。

第三节　标准成本法

一、标准成本法的含义

标准成本法，是指企业以预先制定的标准成本为基础，通过比较标准成本与实际成本、计算和分析成本差异来揭示造成成本差异的原因，进而实施成本控制、评价经营业绩的一种成本管理方法。一般适用于产品及其生产条件相对稳定或生产流程与工艺标准化程度较高的企业。

企业应用标准成本法的主要目标是通过标准成本与实际成本的比较来揭示与分析标准成本与实际成本之间的差异，并按照例外管理原则，对不利差异予以纠正，最终提高工作效率，不断改善产品成本。

标准成本法包括三大体系：一是标准成本的制定；二是成本差异的计算和分析；三是标准成本账务处理系统。企业应该采用科学客观的方法制定各项成本的标准值，在日常的成本管理中定期记录和反映成本实际发生额与标准值间的差异，分析其产生的原因，及时校正不利偏差，并且在期末对成本差异进行会计处理，更准确地反映出成本管理的效果。

标准成本法的主要优点：

（1）能及时反馈各成本项目不同性质的差异，有利于考核相关部门及人员的业绩。

（2）标准成本的制定及其差异和动因的信息可以使企业预算的编制更为科学和可行，有助于企业的经营决策。

标准成本法的主要缺点：

（1）要求企业产品的成本标准比较准确、稳定，在使用条件上存在一定的局限性。

（2）对标准管理水平的要求较高，系统维护成本较高。

（3）标准成本需要根据市场价格波动频繁更新，导致成本差异可能缺乏可靠性，降低了成本控制效果。

二、标准成本的制定

标准成本是会计部门会同采购部门、劳动工资部门、行政管理部门、技术部门及具体生产经营部门等有关责任单位，在对企业生产经营的具体条件进行认真分析、研究的基础上共同制定的。

标准成本的一般公式为：

$$\text{单位产品标准成本}=\text{直接材料标准成本}+\text{直接人工标准成本}+\text{制造费用标准成本}$$

或：

$$\text{某一项目标准成本}=\text{该成本项目的价格标准}\times\text{该成本项目的用量标准}$$

标准成本的制定通常只针对产品的制定成本，不针对期间成本。对管理成本和销售成本采用编制预算的方法进行控制，不制定标准成本。由于产品的制造成本是由产品的直接材料、直接人工和制造费用组成的，所以制定标准成本时要针对不同的成本项目分别制定。

（一）直接材料标准成本的制定

1. 用量标准

用量标准是指在现有生产技术条件下生产单位产品所需要的材料数量。它包括构成产品实体的材料，生产中必要的损耗以及不可避免的、产生一定的废品所需要的材料等。直接材料标准数量的确定，一般由工艺部门在生产人员的帮助下确定，也可采用现场测试的方式确定。如果存在切割或下料损耗，一般采用以下公式来计算要增加的损耗百分比：

$$\text{要增加的损耗百分比}=\frac{\text{某材料在生产过程中损耗的重量}}{\text{制成品中的该材料的净重量}}$$

以此为基础，确定在合理的范围内追加一定的损耗百分比，将其纳入直接材料的标准数量中。

2. 价格标准

价格标准是指采购部门按供应单位提供的价格及其他因素预先确定的各种材料的单价，包括买价和运杂费等。制定标准价格时，应充分分析、研究市场环境及其变化趋势、供应商的报价和最佳采购批量等因素。与此同时，企业应要求采购部门对采购物品的价格负责，也对采购物品的质量负责，以此来避免采购部门只注重寻找报价较低的供应厂商，而忽视采购物品的质量。

材料标准价格应在考虑材料处理成本的基础上，为有关的运输、采购、验收和其他材料处理费用设定分配率，加计到材料的标准价格上。

根据用量标准和价格标准可以确定直接材料的标准成本，计算公式如下：

直接材料标准成本＝材料价格标准×单位产品用量标准

【例 7－1】某公司生产甲产品耗用 A、B 两种材料，资料如表 7.1 所示，要求计算甲产品直接材料的标准成本。

表 7.1　A、B 两种材料消耗

项目	预计正常用量（千克/件）	预计损耗量（千克/件）	预计购买价格（元/千克）	预计采购费用（元/千克）
A 材料	2.5	0.5	5	1
B 材料	3	1	6	2

直接材料用量标准：A 材料用量标准＝2.5＋0.5＝3（千克/件）

B 材料用量标准＝3＋1＝4（千克/件）

直接材料价格标准：A 材料价格标准＝5＋1＝6（元/千克）

B 材料价格标准＝6＋2＝8（元/千克）

单位甲产品直接材料标准成本＝3×6＋4×8＝50（元/件）

（二）直接人工标准成本的制定

产品耗用的人工成本是由单位产品耗用的人工工时与每小时工资率的乘积所决定的。在直接人工标准中，用量标准指工时标准，价格标准指工资率标准。

1. 工时标准

工时标准是指在现有生产技术条件下生产单位产品（或零部件）所需要的工作时间，包括对产品进行直接加工所耗用的工时、必要的间歇和停工时间以及不可避免地在废品上所耗用的工时。制定工时标准时，首先应经技术测定，然后按零件经过的工序、车间分别计算，最后按产品汇总。

2. 工资率标准

工资率标准取决于企业所采用的工资制度。如果企业采用计件工资制，标准工资率就等于预定的每件产品支付的工资除以标准工时的值；如果企业采用的是计时工资制，标准工资率就是指每一标准工时应分配的工资。应注意的是如果同一项操作在不同情况下需要不同的技能才能完成，则应该制定不同的工资率标准。单位工时标准工资率的计算公式如下：

$$单位工时标准工资率=\frac{预计直接人工标准工资总额}{标准总工时}$$

其中，标准总工时是指企业在现有的生产技术条件下能够完成的最大生产能力。

根据工时标准和工资率标准，可以确定直接人工标准成本，计算公式如下：

直接人工标准成本＝单位工时标准工资率×单位产品的工时标准

【例7-2】接【例7-1】，某公司生产甲产品需由第一、二车间连续加工，其人工有关资料如表7.2所示，要求计算甲产品直接人工标准成本。

表7.2　一、二车间人工消耗

项目	直接加工工时（小时/件）	休息工时（小时/件）	停工工时（小时/件）	废品工时（小时/件）	直接生产工人人数（人）	每人每月标准工时（小时）	生产工人工资总额（元）
一车间	2	0.5	0.4	0.1	50	180	27 000
二车间	3	0.3	0.6	0.1	60	180	43 200

直接人工工时标准：一车间工时标准＝2＋0.5＋0.4＋0.1＝3（小时/件）

二车间工时标准＝3＋0.3＋0.6＋0.1＝4（小时/件）

直接人工工资率标准：$一车间工资率标准=\frac{27\ 000}{50\times180}=3$（元/小时）

$二车间工资率标准=\frac{43\ 200}{60\times180}=4$（元/小时）

单位甲产品直接人工标准成本＝3×3＋4×4＝25（元/件）

（三）制造费用标准成本的制定

制造费用是指在生产过程中发生的除直接材料和直接人工以外的所有费用。制造费用标准成本是指按部门分别编制，然后将同一产品所涉及的各部门的单位制造费用标准加以汇总后得出的整个产品的制造费用标准成本。制造费用标准成本分为变动制造费用标准成本和固定制造费用标准成本。

1. 变动制造费用标准成本

变动制造费用的用量标准与直接人工标准成本在制定时所确定的单位产品的工时标准相同，变动制造费用的价格标准与变动制造费用预算相关。变动制造费用标准分配率的计算公式如下：

$$变动制造费用标准分配率=\frac{变动制造费用预算总额}{标准总工时}$$

根据上式可以确定单位产品变动制造费用标准成本为：

$$\begin{matrix}单位产品变动\\制造费用标准成本\end{matrix}=变动制造费用标准分配率\times单位产品工时标准$$

2. 固定制造费用标准成本

固定制造费用标准成本的制定要视企业的成本计算方法而定。如果企业采用的是变动成本法，固定制造费用则应视为期间费用。由于产品成本中不包括固定制造费用，所以单位产品的标准成本中也不包括固定制造费用标准成本。在这种成本计算方法中，不需要制定固定制造费用标准成本。如果企业采用的是制造（完全）成本法，产品成本中就应包括固定制造费用，因而需要制定固定制造费用标准成本。

固定制造费用标准成本的制定方法和变动制造费用标准成本的制定方法基本相同，固定制造费用标准分配率的计算公式如下：

$$固定制造费用标准分配率=\frac{固定制造费用预算总额}{标准总工时}$$

根据上式可以确定单位产品固定制造费用标准成本为：

$$单位产品固定制造费用标准成本=固定制造标准分配率\times单位产品标准工时$$

【例 7-3】接【例 7-2】，某公司制造费用预算如表 7.3 所示。

表 7.3　一、二车间制造费用消耗及预算

项目	工时（小时/件）	休息工时（小时/件）	停工工时（小时/件）	废品工时（小时/件）	直接生产工人人数（人）	每人每月标准工时（小时）	变动制造费用预算总额（元）	固定制造费用预算总额（元）
一车间	2	0.5	0.4	0.1	50	180	5 400	2 700
二车间	3	0.3	0.6	0.1	60	180	7 560	4 320

制造费用工时标准：一车间工时标准=2+0.5+0.4+0.1=3（小时/件）

二车间工时标准=3+0.3+0.6+0.1=4（小时/件）

变动制造费用标准分配率：

$$一车间制造费用标准分配率=\frac{5\ 400}{50\times180}=0.6（元/小时）$$

$$二车间制造费用标准分配率=\frac{7\ 560}{60\times180}=0.7（元/小时）$$

单位甲产品变动制造费用标准成本=3×0.6+4×0.7=4.6（元/件）

固定制造费用标准分配率：

$$一车间制造费用标准分配率=\frac{2\ 700}{50\times180}=0.3（元/小时）$$

$$二车间制造费用标准分配率=\frac{4\ 320}{60\times180}=0.4（元/小时）$$

单位甲产品固定制造费用标准成本=3×0.3+4×0.4=2.5（元/件）

单位甲产品制造费用标准成本=4.6+2.5=7.1（元/件）

（四）单位产品标准成本的制定

确定了直接材料标准成本、直接人工标准成本和制造费用标准成本后，就可以汇总确定产品完整的标准成本了。通常企业通过编制标准成本卡来反映企业库存商品的标准成本的具体构成，但采用不同成本计算方法确定的产品标准成本有所不同。

在变动成本法下，产品标准成本的计算公式如下：

产品标准成本=直接材料标准成本+直接人工标准成本+变动制造费用标准成本

在制造（完全）成本法下，产品标准成本的计算公式如下：

产品标准成本=直接材料标准成本+直接人工标准成本+变动制造费用标准成本+固定制造费用标准成本

【例 7-4】接【例 7-3】，某公司甲产品标准成本卡如表 7.4 所示，要求计算甲产品的标准成本。

表 7.4 甲产品标准成本卡

成本项目		用量标准	价格标准	标准成本
直接材料	A 材料	3 千克/件	6 元/千克	18 元/件
	B 材料	4 千克/件	8 元/千克	32 元/件
	小计			50 元/件
直接人工	一车间	3 小时/件	3 元/小时	9 元/件
	二车间	4 小时/件	4 元/小时	16 元/件
	小计			25 元/件

（续）

成本项目		用量标准	价格标准	标准成本
变动制造费用	一车间	3 小时/件	0.6 元/小时	1.8 元/件
	二车间	4 小时/件	0.7 元/小时	2.8 元/件
	小计			4.6 元/件
固定制造费用	一车间	3 小时/件	0.3 元/小时	0.9 元/件
	二车间	4 小时/件	0.4 元/小时	1.6 元/件
	小计			2.5 元/件
单位产品标准成本				82.1 元/件

第四节　标准成本差异的计算分析及账务处理

企业应定期对实际成本与标准成本进行比较和分析，确定差异数额及性质，揭示差异形成的动因，落实责任中心，寻求可行的改进途径和措施。

成本差异公式的计算公式如下：

成本差异＝实际成本－标准成本

＝实际数量×实际价格－实际数量×标准价格＋实际数量×标准价格－标准数量×标准价格

＝实际数量×(实际价格－标准价格)＋(实际数量—标准数量)×标准价格

＝价格差异＋数量差异

一、直接材料成本差异的计算分析及账务处理

直接材料成本差异是指实际产量下的直接材料实际成本与直接材料标准成本之间的差异。直接材料成本差异的计算公式如下：

$$\text{直接材料成本差异}=\text{直接材料实际成本}-\text{直接材料标准成本}$$

$$=\left(\text{单位产品材料实际消耗量}\times\text{单位价格实际价格}-\text{单位产品材料消耗定额}\times\text{单位材料标准价格}\right)\times\text{实际产量}$$

直接材料成本属于变动成本，其成本差异形成的原因包括价格差异和数量

差异。

价格差异是实际价格脱离标准价格所产生的差异，其计算公式如下：

$$\text{材料价格差异}=(\text{实际价格}-\text{标准价格})\times\text{材料实际消耗总量}$$

$$=(\text{实际价格}-\text{标准价格})\times\begin{array}{c}\text{单位产品材料}\\\text{实际消耗量}\end{array}\times\text{实际产量}$$

数量差异是单位产品实际材料耗用量脱离单位标准材料耗用量所产生的差异，其计算公式如下：

$$\text{材料数量差异}=\left(\begin{array}{c}\text{材料实际}\\\text{消耗总量}\end{array}-\begin{array}{c}\text{实际产量时的}\\\text{材料标准耗用量}\end{array}\right)\times\text{标准价格}$$

$$=\left(\begin{array}{c}\text{单位产品材料}\\\text{实际消耗量}\end{array}-\begin{array}{c}\text{单位产品材料}\\\text{消耗定额}\end{array}\right)\times\text{标准价格}\times\text{实际产量}$$

现将以上公式综合如下：

实际价格×实际用量①

　　材料价格差异=①−②

标准价格×实际用量②　　　　材料成本差异=①−③

　　材料数量差异=②−③

标准价格×标准用量③

【例 7-5】某公司生产甲产品需使用一种直接材料 A。本期生产甲产品 200 件，耗用 A 材料总计 900 千克，A 材料的实际价格为 100 元/千克。假设 A 材料的标准价格为 110 元/千克，每单位甲产品的材料消耗定额为 5 千克 A 材料，那么 A 材料成本差异计算如下：

材料价格差异=(100−110)×900=−9 000（元）

材料数量差异=100×(900−1 000)=−10 000（元）

材料成本差异=100×900−110×1 000=−20 000（元）

或　　　　=−9 000+(−11 000)=−20 000（元）

二、直接人工成本差异的计算分析及账务处理

直接人工成本差异是指实际产量下的直接人工实际成本与直接人工标准成本之间的差额。其中：

$$\begin{array}{c}\text{直接人工}\\\text{成本差异}\end{array}=\begin{array}{c}\text{直接人工}\\\text{实际成本}\end{array}-\begin{array}{c}\text{直接人工}\\\text{标准成本}\end{array}$$

$$=\left(\text{单位产品工时实际消耗量}\times\text{实际工资率}-\text{单位产品工时消耗定额}\times\text{标准工资率}\right)\times\text{实际产量}$$

直接人工成本属于变动成本，其成本差异包括直接人工工资率差异和直接人工工时耗用量差异。

直接人工工资率差异是指实际工资率脱离标准工资率所产生的差异，其计算公式如下：

$$\text{直接人工工资率差异}=\left(\text{实际工资率}-\text{标准工资率}\right)\times\text{单位产品工时实际消耗量}\times\text{实际产量}$$

直接人工工时耗用量差异是指单位实际人工工时耗用量脱离单位标准人工工时耗用量所产生的差异，其计算公式如下：

$$\text{直接人工效率差异}=\left(\text{单位产品工时实际消耗量}\times\text{实际产量}-\text{单位产品工时消耗定额}\times\text{实际产量}\right)\times\text{标准工资率}$$

现将以上公式综合如下：

实际工资率×实际工时①

标准工资率×实际工时②

标准工资率×标准工时③

①、② → 人工工资率差异＝①－②

②、③ → 人工效率差异＝②－③

直接人工成本差异＝①－③

【例 7－6】某公司本期生产甲产品 200 件，实际耗用人工工时 8 000 小时，实际工资总额 80 000 元，平均每工时工资 10 元。假设标准工资率为每工时 9 元，每单位产品的工时耗用定额为 28 小时，那么，直接人工成本差异计算如下：

直接人工工资率差异＝(10－9)×8 000＝8 000（元）

直接人工效率差异＝9×(8 000－28×200)＝21 600（元）

直接人工成本差异＝10×8 000－9×200×28＝29 600（元）

或　　＝8 000＋21 600＝29 600（元）

三、变动制造费用成本差异的计算分析及账务处理

变动制造费用成本差异是指实际产量下的实际变动制造费用与标准变动制造费用之间的差额。变动制造费用成本差异和实际分配率的计算公式如下：

$$\text{变动制造费用成本差异}=\text{实际变动制造费用}-\text{标准变动制造费用}$$

$$=\text{实际分配率}\times\text{实际工时}-\text{标准分配率}\times\text{标准工时}$$

$$=\left(\begin{matrix}\text{实际}\\\text{分配率}\end{matrix}\times\begin{matrix}\text{单位产品工时}\\\text{实际消耗量}\end{matrix}-\begin{matrix}\text{标准}\\\text{分配率}\end{matrix}\times\begin{matrix}\text{单位产品工时}\\\text{消耗定额}\end{matrix}\right)\times\begin{matrix}\text{实际}\\\text{产量}\end{matrix}$$

$$\text{实际分配率}=\frac{\text{实际变动制造费用}}{\text{实际工时}}$$

变动制造费用差异包括变动制造费用分配率差异和变动制造费用效率差异，计算公式如下：

$$\begin{matrix}\text{变动制造}\\\text{费用差异}\end{matrix}=\begin{matrix}\text{实际变动}\\\text{制造费用}\end{matrix}-\begin{matrix}\text{标准变动}\\\text{制造费用}\end{matrix}=\begin{matrix}\text{变动制造费用}\\\text{分配率差异}\end{matrix}+\begin{matrix}\text{变动制造费用}\\\text{效率差异}\end{matrix}$$

$$\begin{matrix}\text{变动制造费用}\\\text{分配率差异}\end{matrix}=\left(\begin{matrix}\text{实际}\\\text{分配率}\end{matrix}-\begin{matrix}\text{标准}\\\text{分配率}\end{matrix}\right)\times\begin{matrix}\text{实际工时}\\\text{总额}\end{matrix}$$

$$=\left(\begin{matrix}\text{实际}\\\text{分配率}\end{matrix}-\begin{matrix}\text{标准}\\\text{分配率}\end{matrix}\right)\times\begin{matrix}\text{单位产品工时}\\\text{实际消耗量}\end{matrix}\times\begin{matrix}\text{实际}\\\text{产量}\end{matrix}$$

$$\begin{matrix}\text{变动制造费用}\\\text{效率差异}\end{matrix}=\left(\begin{matrix}\text{实际}\\\text{工时}\end{matrix}-\begin{matrix}\text{标准}\\\text{工时}\end{matrix}\right)\times\begin{matrix}\text{标准}\\\text{分配率}\end{matrix}\times\begin{matrix}\text{实际}\\\text{产量}\end{matrix}$$

现将以上公式综合如下：

$$\left.\begin{array}{l}\text{实际分配率}\times\text{实际工时①}\\[2ex]\text{标准分配率}\times\text{实际工时②}\\[2ex]\text{标准分配率}\times\text{标准工时③}\end{array}\right.\begin{array}{l}\left.\right\}\begin{matrix}\text{变动制造费用分配}\\\text{率差异}=①-②\end{matrix}\\[2ex]\left.\right\}\begin{matrix}\text{变动制造费用分配}\\\text{率差异}=②-③\end{matrix}\end{array}\left.\right\}\begin{matrix}\text{变动制造费用}\\\text{差异}=①-③\end{matrix}$$

【例 7-7】某公司本期生产甲产品 200 件，实际耗用工时 8 000 小时，实际发生变动制造费用 20 000 元，变动制造费用实际分配率为每直接工时 2.5 元。假设变动制造费用标准分配率为 3 元，标准耗用工时 6 000 小时。那么变动制造费用差异计算如下：

变动制造费用分配率差异＝(2.5－3)×8 000＝－4 000（元）

变动制造费用效率差异＝3×(8 000－6 000)＝6 000（元）

变动制造费用差异＝20 000－3×6 000＝2 000（元）

或　　＝－4 000＋6 000＝2 000（元）

四、固定制造费用成本差异的计算分析及账务处理

固定制造费用成本差异是指一定期间的实际固定制造费用与标准固定制造

费用之间的差额。其中，固定制造费用成本差异、标准固定制造费用和固定制造费用标准分配率的计算公式如下：

固定制造费用成本差异＝实际固定制造费用－标准固定制造费用

标准固定制造费用＝固定制造费用标准分配率×标准工时

$$\text{固定制造费用标准分配率}=\frac{\text{预算固定制造费用}}{\text{预算工时}}$$

具体计算分为两差异法和三差异法，两差异法包括预算差异和能量差异；三差异法包括耗费差异、能力利用差异和效率差异。综合表达公式如下：

固定性制造费用成本差异＝实际费用－标准费用

＝预算差异＋能量差异

＝开支差异＋能力利用差异＋效率差异

固定制造费用预算差异＝实际费用－预算费用＝开支差异

固定制造费用能量差异＝(预算工时－标准工时)×标准费用分配率

＝能力利用差异＋效率差异

固定制造费用属于固定成本，在一定业务范围内不随业务量的变动而变动。因此在计算固定制造费用标准分配率时，必须设定一个预算机器工时，由于实际机器工时与预算机器工时之间的差异造成的固定制造费用差异叫做固定制造费用生产能力利用程度差异。标准机器工时是根据科学原理制定的，它与实际工时之间的差异反映了企业的工作效率。

在实务工作中，为了表达固定制造费用的预算数、标准数与实际数之间的差异，更准确描述造成差异的原因，往往采用三差异法计算和表达固定制造费用的差异额。

实际分配率×实际工时①	固定制造费用开支差异＝①－②	固定制造费用差异＝①－④
标准分配率×预算工时②	固定制造费用生产能力利用差异＝②－③	
标准分配率×实际工时③	固定制造费用效率差异＝③－④	
标准分配率×标准工时④		

【例 7－8】某公司本期预算固定制造费用为 2 400 元，预算工时为 1 000 小时，实际耗用工时 1 2 000 小时，实际固定制造费用为 2 600 元，标准工时为 1 100 小时。那么固定制造费用差异计算如下：

（1）根据公式可求出标准分配率和实际分配率。

$$固定制造费用标准分配率=\frac{2\ 400}{1\ 000}=2.4$$

$$固定制造费用实际分配率=\frac{2\ 600}{1\ 200}=2.17$$

（2）根据上述公式求出开支差异、效率差异和生产能力利用差异。

固定制造费用开支差异＝2 600－2 400＝200（元）

固定制造费用效率差异＝2.4×(1 200－1 100)＝240（元）

固定制造费用生产能力利用差异＝2.4×(1 000－1 200)＝－480（元）

标准固定制造费用＝2.4×1 100＝2 640（元）

固定制造费用差异＝2 600－2 640＝－40（元）

或　　　　　　　　＝200＋240－480＝－40（元）

五、标准成本法的账务处理

（一）设置相关核算账户

按各成本计算对象开设产品成本明细账。

（1）在标准成本法下，在生产成本、库存商品账户中，无论是借方还是贷方均登记实际产量的标准成本。

（2）设置各种成本差异账户。对于直接材料成本差异，应设置材料价格差异和材料用量差异两个账户；对于直接人工成本差异，应设置直接人工工资率差异和直接人工效率差异两个账户；对于变动制造费用差异，应设置变动制造费用耗费差异和变动制造费用效率差异两个账户；对于固定制造费用差异，应设置固定制造费用耗费差异、固定制造费用效率差异、固定制造费用生产能力利用差异三个账户。

（二）当期直接处理法

（1）材料价格差异等各种不利差异，应分别记入有关差异账户的借方；各种有利差异，应分别记入有关差异账户的贷方。

（2）在期末，要按各成本差异账户的借、贷方数额编制成本差异汇总表，将差异净额（即各种差异轧抵后净额）转入当期销货成本。

通常是按完全成本法处理的，如果采用变动成本法，则要在在产品、产成品、主营业务成本中剔除固定性制造费用，将其作为期间费用处理。

（三）跨期递延摊销法

在期末要按照一定标准将成本差异在在产品、产成品、主营业务成本三者之间分配。期末在产品、期末库存产品将其包含的成本差异在各会计期间内跨期递延摊销。

思考与练习题

一、思考题

1. 如何理解成本控制的全面性原则？

2. 针对标准成本法下期末结存的各项成本差异额，在什么情况下应该选择当期直接处理？在什么情况下选择跨期递延摊销？

二、判断题

1. 从目标成本法、标准成本法等成本控制方法可以看出，管理会计认为成本预算和控制比成本核算更重要。（　　）

2. 目标成本法是一种按产品寿命周期成本的管理理念进行成本设计的系统。（　　）

3. 预算成本是一种总额概念，而标准成本是一种单位成本的概念，成本差异额也是按单位成本来计算的。（　　）

4. 那些小批量、多品种产品生产的企业适合用标准成本法来进行成本管理。（　　）

5. 在采用固定制造费用三差异法确定成本时，开支差异是指一定时期内生产一定数量的产品所发生的实际成本与预算成本之差。（　　）

三、单项选择题

1. 日常在实施成本全面控制时，应有选择地分配人力、物力和财力，抓住那些重要的、不正常的、不符合常规的关键性成本差异，以此作为控制重点。该项成本控制原则是指（　　）。

A. 全面控制原则　　B. 责权利相结合原则

C. 讲求效益原则　　D. 例外管理原则

2. 下列各项中，属于标准成本控制系统前提和关键的是（　　）。

A. 标准成本的制定　　B. 成本差异的计算

C. 成本差异的分析　　D. 成本差异的账务处理

3. 某企业甲产品消耗直接材料，其中 A 材料价格标准为 3 元/千克，数量标准为 5 元/件，B 材料价格标准为 4 元/千克，数量标准为 10 元/件，则甲产品消耗的直接材料标准成本为（　　）。

A. 15 元　　B. 40 元　　C. 55 元　　D. 65 元

4. 固定制造费用生产能力利用差异是指（　　）。

A. 实际成本与预算工时按标准分配率计算的成本之间的差异

B. 预算工时和实际工时按标准分配率计算的成本之间的差异

C. 实际工时和标准工时按标准分配率计算的成本之间的差异

D. 预算工时和标准工时按标准分配率计算的成本之间的差异

四、多项选择题

1. 下列各项中，应纳入成本全过程控制内容的有（　　）。

A. 产品设计阶段　B. 试制阶段　C. 生产阶段　D. 销售阶段

E. 售后服务阶段

2. 要实现成本的全面控制原则，就必须做到（　　）。

A. 全员控制　B. 全过程控制　C. 全方位控制　D. 全社会控制

E. 全行业控制

3. 下列各项中，能够导致产生材料价格差异的原因是（　　）。

A. 材料质量差，废料过多

B. 材料采购计划编制不准确

C. 材料调拨价格或市场价格的变动

D. 因临时紧急进货，使买价和运输费上升

E. 因机器设备效率增减，使材料耗用量发生变化

4. 直接人工标准成本的制定，应该有以下部门共同参与（　　）。

A. 会计部门　B. 生产部门　C. 人事部门　D. 管理部门

E. 技术部门

五、计算题

1. 某公司实际生产甲产品 7 000 件，实际耗用 A 材料 36 800 千克，A 材料的实际单价为 1.9 元/千克，A 材料的标准单耗为 5 千克/件，A 材料的标准单价为 2 元/千克。请计算直接材料成本差异。

2. 某公司实际生产甲产品 7 000 件，实际人工工时 3 750 小时，实际小时工资率 16.4 元/小时，单位甲产品标准工时为 0.5 小时/件，标准小时工资率为 16 元/小时。请计算直接人工成本差异。

3. 某公司实际生产甲产品 7 000 件，实际人工工时 3 750 小时，实际变动制造费用 4 700 元，单位甲产品标准工时为 0.5 小时/件，标准变动制造费用分配率为 1.2 元/小时。请计算变动制造费用差异。

第八章　作业成本法

【学习目标】通过本章的学习，学生要掌握作业成本法的基础知识和应用重要性；理解作业成本法的四大核算要素及其相互作用；了解如何实施作业成本法的核算流程；能够设计有效的作业成本法核算体系；能够评估作业成本法的适用性和成本。

【学习重点】作业成本法的核算要素的识别与应用；作业成本分配的过程和计算方法；作业成本法核算体系的设计内容和设计方法；内部控制机制的关键要素与实施要点。

【学习难点】成本动因的准确识别和应用；成本库的建立与维护；内部控制机制的实施要点；成本效益原则的执行。

第一节　作业成本法概述

一、起源与发展

作业成本法的研究可以追溯到 20 世纪 30 年代末 40 年代初。美国会计学者埃里克·科勒最早提出作业会计的概念，他在 1941 年发表的一系列文章中，阐述了在制造企业中通过划分作业来进行成本核算的必要性和可行性。

20 世纪 70 年代，随着社会化大生产的蓬勃发展和劳动生产率的迅速提升，市场竞争日益加剧。买方市场的逐步形成对企业提出了新的要求，即企业必须提供更加多样化和个性化的产品和服务。这种市场需求的转变对传统的生产组织形式提出了挑战。为了适应这种变化，企业不得不摒弃旧有的组织模式，转而采用能够迅速响应顾客多样化需求的弹性制造系统（FMS）。在这一系统中，生产流程会根据顾客需求进行灵活调整，通常按照订单需求及时组织生产。企业一方面需要通过提供多样化、高质量、功能丰富的产品来争取更多的订单，增加销售收入；另一方面，还需采用实时生产系统（简称 JIT 系统）来降低成本，提高利润。与传统生产方式相比，成本管理的重点转移到了分析和区分不同类型的作业，并评估这些作业消耗的资源价值。

为了满足这些新的管理需求，企业成本会计的目标变得更加多样化，不仅需要满足企业对外报告的需求，还要满足不同管理层对内管理的需求。成本会计的关注点也从单纯的资源消耗形态，扩展到了作业、作业中心、制造中心，最终聚焦于产品本身。显然，传统的成本计算方法已难以满足这种多层次管理的计算需求，这直接催生了作业成本法的产生。

20 世纪 80 年代后期，随着对成本计量方法研究的不断深入，以及社会经济的持续发展，罗宾·库珀和罗伯特·S. 卡普兰的研究成果为作业成本法的计算提供了具体的方法论，对作业成本法的发展作出了重要贡献。他们发表的论文不仅为作业成本法在实际应用中奠定了理论基础，还为企业成本会计指明了新的发展方向，更是研究作业成本法不可或缺的重要文献。

二、定义与重要性

作业成本法是一种动态追踪所有作业活动、计量作业和成本对象的成本费用、评价作业业绩和资源的利用情况的成本计算和管理方法。它以作业为中心，根据作业对资源耗费的情况将资源的成本分配到作业中，然后根据产品和服务所耗用的作业量将成本分配到产品与服务中。

作为一种现代成本核算和管理方法，作业成本法对于企业具有多方面的重要意义。首先，它通过将间接成本与具体的作业活动相联系，来提供一种更为精确的成本分配方式。这种精确性能够为管理者提供更真实的成本信息，从而在产品定价、成本控制和资源分配等关键决策中发挥重要作用。

其次，作业成本法强调以客户需求为中心，通过分析不同客户群体的作业成本，来帮助企业更好地理解客户需求，提供个性化服务，增强客户满意度和忠诚度。这不仅有助于企业在激烈的市场竞争中构建竞争优势，还能促进资源的优化配置，提高资源利用效率。

此外，作业成本法提供了一种系统的方法来持续监控和评估作业的效率和效果，为持续改进提供了数据支持。通过深入了解各项作业的成本和效益，企业可以制定更加符合自身资源和市场定位的战略规划，同时有助于企业识别潜在的财务风险，及时采取措施进行风险管理。

最后，作业成本法支持企业进行战略规划，通过深入分析内部流程来确保成本信息的准确性和相关性，为企业的可持续发展提供坚实的数据基础。总体而言，作业成本法是现代企业管理中不可或缺的工具，它不仅提升了企业的成本管理水平，也显著提高了整个组织的运营效率和市场竞争力。

第二节　作业成本法的核算要素

作业成本法的核算要素包括四大要素，即资源、作业、成本对象和成本动因。资源、作业和成本对象是成本的承担者，是可分配对象。在企业的日常运营中，资源、作业和成本对象之间存在着复杂的相互作用关系，而成本动因则是这些关系中的关键，它解释了成本如何在不同的作业和成本对象之间进行分配。

一、资源

资源在作业成本法中，是指为了生产产品或提供服务而发生的各类成本和费用。这些资源包括原材料、辅助材料、燃料与动力费用、工资及福利费、折旧费、办公费、修理费、运输费等。在企业财务部门编制的预算中，可以清晰地看到各种资源项目的具体情况。在作业成本法中，与特定作业直接相关的资源应直接计入该作业的成本。如果某一资源支持多种作业，则需要通过资源动因来将资源成本分配到各个相应的作业中。

资源动因是资源被各作业消耗的方式和原因，它决定了资源成本如何分配到不同的作业中。例如，产品质量检验工作需要检验人员、专用设备以及一定的能源消耗，这些都属于资源动因。通过分析资源动因，企业可以更有效地管理和控制成本，提高资源使用效率。

二、作业

作业，作为组织内部为实现特定目标而进行的资源消耗活动，是连接资源与成本对象的关键纽带。它不仅是作业成本计算和作业成本管理的核心，也是企业运营的基石。根据服务的层次和范围，作业可被精细地划分为四种类型，即单位水平作业、批别水平作业、产品水平作业和支持水平作业。

（1）单位水平作业。这类作业直接关联到单位产品或服务，其资源消耗通常与产品的生产量或销售量成正比。例如，加工零件或检验每件产品。

（2）批别水平作业。这类作业是为一批产品提供服务的作业，其成本与产品批次的数量成正比。常见的例子包括调试设备和准备生产。

（3）产品水平作业。这类作业使特定产品的每个单位都受益，如数控代码的编制或产品工艺的设计。

（4）支持水平作业。这类作业支持企业的正常运营，使所有产品受益，但其成本与产品数量无关，如维修厂房和管理作业。

此外，作业还可以根据其增值属性被分为增值作业和非增值作业。增值作业是指那些能够提升顾客价值的活动，而非增值作业则是指那些无法增加顾客价值的活动。企业的目标在于提供价值给用户并实现利润最大化，因此，识别并消除非增值作业以降低成本，同时提高增值作业的效率以增加利润是至关重要的。

判断作业是否增值的标准包括：作业是否导致状态的改变、状态的改变是否不能由之前的作业完成、作业是否使其他作业成为可能。只有当作业同时满足这三个条件时，它才被视为增值作业；否则，它被视为非增值作业。

在实际操作中，识别和定义作业可以通过多种方法进行，如：①绘制企业的生产流程图，将经营过程以网络形式展现，并将相关或相似的作业进行归类；②从现有的职能部门出发，通过调查分析确定部门的作业，然后进行汇总；③召集全体员工会议，让员工或工作组描述他们的工作内容，随后进行汇总，这不仅能够提高员工的参与感，还能加速作业成本管理的实施。不同的方法各有优势，前两种方法能够快速且准确地收集信息，而最后一种方法则更注重员工的参与和协作。

三、成本对象

成本对象是指企业在进行成本管理时必须识别和计量的关键实体。它的选择和定义完全取决于企业的具体需求和战略目标。例如，企业可以选择将每一个生产批次或产品品种作为单独的成本对象，以便更精确地追踪和管理成本。在现代管理实践中，如顾客组合管理等工具会将每一个顾客视为成本对象，通过计算每位顾客带来的利润来确定和优化目标顾客群体。

成本对象的分类进一步细化了成本管理的维度，主要分为两大类：市场类成本对象和生产类成本对象。

市场类成本对象的确定依据是不同的市场渠道和顾客群体。其核心目的在于衡量和评估不同渠道及顾客群体所带来的实际收益。通过这种核算，企业能够作出更加精准的市场决策，并据此指导产品决策、优化市场定位和顾客关系管理。

生产类成本对象与市场类相对应，生产类成本对象聚焦于企业内部的生产活动。它包括各种产品、半成品以及生产过程中的各个阶段。生产类成本对象的核算有助于企业精确测量内部生产成果、优化生产流程、提高效率和降低成本。

四、成本动因

成本动因是指在成本管理领域中用于解释成本发生原因的关键计量指标，它不仅反映了作业消耗的成本，也揭示了作业对资源的需求量。作为作业成本计算的基石，成本动因能够揭示执行作业的动因以及资源消耗的程度。

罗伯特·S. 卡普兰提出了三种不同性质的成本动因。它们分别是：①执行性成本动因，通常以作业执行的次数作为成本分配的依据；②时间性成本动因，以时间作为计量成本消耗的单位，例如传统的人工工时；③精确性成本动因，根据分配源的实际消耗情况进行成本分配，是一种无误差的成本动因。这三种成本动因的分配准确度依次提高，但相应的实施成本也随之增加。

成本动因还可以进一步细分为单一成本动因和复合成本动因。单一成本动因依据单一指标进行成本分配，而复合成本动因则综合考虑多个成本动因，形成新的分配标准。例如在传统成本核算中，人工工时作为单一成本动因直接用于分配，而设备工时的分配则需要结合人工工时和设备工时系数，形成复合成本动因。

成本动因也可分为数量型和比重型两种类型。数量型成本动因依据分配目标的数量进行成本分配，而比重型成本动因则通过设定分配目标在总成本中的固定比重来进行分配。在生产稳定或特定情况下，比重型成本动因简化了分配过程，有利于成本分析，并减少了实施成本。特别地，对于支持性作业成本或分配源总成本较小的情况，可以采用平均分配的方法来进一步降低实施成本。

此外，根据成本动因的性质，一般将成本动因分为资源动因和作业动因两类：

（1）资源动因。它是指引起某一项作业所消耗资源数量变化的原因。它是将各项资源费用归集到不同作业的依据，是将作业消耗的相关资源成本分配给一个特定成本库的成本动因，反映了资源与作业之间相互关联的关系。

（2）作业动因。它是指引起某一个成本对象所耗费的作业量变化的原因。它是将在不同作业中归集的成本费用分配到成本对象的依据。把第一步归集到作业成本库中的资源费用进一步分配到各成本对象中去，是作业成本法实施执行最关键的因素。作业动因能够反映产品所耗费的作业量的情况，有助于能够找到作业与成本之间的关系。作业动因可以确定各作业对产出的贡献程度，确定哪些作业是多余的，哪些作业是必须要做的，从而发现作业的增值性。对作业动因进行动因分析能够评价作业的增值性，这是作业成本法下成本控制的重点。

成本动因作为成本分配的标准，对成本信息的准确性和相关性具有决定性影响。它是成本分析的基础，通过建立成本与动因之间的因果关系，为成本控制和决策提供支持。在选择成本动因时，应考虑以下关键因素：

（1）相关程度。选择与分配源总成本线性相关性最强的成本动因，以确保成本信息的准确性。

（2）实行成本。考虑成本动因数据的采集成本，确保相关数据的可获取性，避免由于过高的数据采集成本导致作业成本法的实施困难。

（3）行为导向。不同的成本动因会导致不同的成本分配结果，进而影响组织和员工的行为。企业应利用成本动因的行为导向功能，引导员工行为朝着降低成本的方向发展。

第三节　作业成本法的核算流程

作业成本法的核算流程主要为：确定各项资源、划分作业、建立作业中心、分析确定成本动因、分配资源到作业中心、分配作业到产品等几个主要步骤。其中最大重点和难点就是分析确定成本动因，成本动因根据其自身的性质和针对的对象不同，可以分为资源动因和作业动因。只有准确地分析提炼出成本动因，作业成本法才能真正地体现出其在成本核算领域中的优越性。

一、资源识别及资源费用的计量

资源识别是作业成本法的首要步骤，涉及对企业所有可用资源的系统梳理和分类。资源不仅包括传统的物质资源，如原材料、设备等，也包括人力资源、技术资源等无形资产。资源识别过程：首先是资源清单编制，列出企业内所有可识别的资源；其次按照资源类型对资源进行系统分类；最后追踪资源流向，确定资源在不同作业中的使用情况。

资源费用的计量是指将资源消耗转化为货币价值的过程，可为成本分配提供量化基础。计量原则包括：①实际成本原则，以资源的实际消耗量为基础进行计量；②相关性原则，确保计量的费用与作业活动直接相关；③可靠性原则，计量结果应准确可靠，便于审计和验证。

计量方法有：①历史成本法，根据资源的历史购买或使用成本进行计量；②标准成本法，依据预先设定的标准成本进行计量，适用于预测和预算；③市场价值法，参照市场上类似资源的价格进行计量。

二、成本计算对象的明确

在作业成本法的框架下，成本计算对象代表了成本分配的最终目标，是成本流的终点。在作业成本法系统中，成本计算对象的确定至关重要，它们通常包括最终产品、服务、项目、业务单元以及特定的客户群体。

为了确保成本分配的准确性和公平性，作业成本法系统的应用人员必须全面而深入地理解每一个成本计算对象。任何对最终产品或服务的遗漏都可能导致其他产品或服务承担不合理的高成本。例如，如果将试制品或样品（这些通常可以对外销售）排除在成本计算对象之外，就可能导致正常产品分摊额外的成本。

在成本计算过程中，应遵循一些基本原则：

（1）产品成本独立性。目前正在生产的产品成本，应独立于过去或未来产品所消耗的资源费用。

（2）折旧费用的合理归属。长期未使用设备的折旧费用，不应计入当前生产产品的成本。

（3）研发费用的分离。为开发未来产品而投入的研究与开发费用，应与当前作业的成本计算对象区分开，不应混入现行生产产品的成本。

（4）退休人员费用的扣除。离退休人员的工资及相关福利费用，也不应计入现行产品的成本计算。

三、作业认定

在实施作业成本法的过程中，准确识别企业生产和服务中的作业是至关重要的基础工作。识别作业的首要步骤是进行细致的鉴别，以明确区分哪些作业是关键性的、需要进一步细分的，以及哪些作业可以简化处理、甚至可以合并到其他作业类别中。为了全面掌握生产和服务过程中的各类作业，企业必须采用科学和合理的方法对繁杂的作业信息进行系统分析。

1. 作业数量的确定原则

尽管服务于最终产品的作业数量可能较多，但在作业成本法系统中，并不是简单地通过增加作业数量就能增强成本计算的效果。作业的选择和作业数量的确定应遵循成本效益原则，即在确保成本信息准确性的同时，尽量减少计量成本。这是因为作业数量的增加不仅会提升成本分配和归集的工作量，还会使作业与最终产品之间的关系变得更加复杂，从而导致系统监控成本的显著增加。

对于刚开始建立作业成本计算体系的企业而言，建议选择 20～30 种典型的作业类别，以便于管理和控制。随着企业信息化水平的提升和作业成本法系统实施的逐步深入，可以适度增加作业的种类以适应更精细的管理需求。然而，为了保持系统的可操作性和成本效益，设置作业成本法系统的作业种类数量应控制在 100 种以内。这是因为在庞大的作业分类中增加的次要作业对提高成本计算精确度的贡献有限，可能导致管理上的过度复杂化。

2. 作业认定的方式

作业的认定可以通过三种基本方法进行，即自上而下、自下而上以及结合两种方法的混合方式。

（1）自上而下的方法。此方法从企业高层管理者的视角出发，对企业的业务流程进行宏观审视和作业认定。通常，这种方法一方面用来识别企业的整体业务流程，如识别出从产品设计、工艺开发到生产、供应链管理、质量检验、包装和发货等各个环节的整体业务流程；另一方面可以将这些宏观流程细分为更具体的子流程和作业活动。采用自上而下的方法能够帮助企业全面搜集其流程信息，并将该流程信息细化至所需的详细层次。这种方法的特点是作业数量较少，定义的作业范围较广。如果建模的主要目标是为公司高层提供战略层面的信息，那么这种方法既迅速又实用，然而，采用这种方法收集的流程信息在流程改进方面的应用性较低，对于中层和基层管理者的实际意义不大。

（2）自下而上的方法。与自上而下的方法相反，自下而上的方法是从基层员工和管理者的具体工作出发，通过与他们的交流来识别和定义作业的。这种方法非常适合于那些旨在提供操作层面信息以优化流程的模型。因为这些作业直接关联到日常的生产经营活动，所以基层员工和管理者能够直观地理解这些作业，而且由于这些作业的定义更为具体和详细，有助于他们改进流程、提升效率和降低成本。在定义了作业之后，应将它们整合到流程清单中，以增强流程清单的实用性。不过，这种方法可能会在模型中包含大量的作业，每个作业的定义范围较窄，如果需要为所有这些作业确定成本动因，并将成本归集到相应的成本对象上，就可能会需要较多的时间和资源。

鉴于上述两种方法各有优劣，最终选择哪种方法应基于作业成本法模型的具体目标。在多数情况下，结合两种方法的混合方式可能是更佳的选择，它能够综合两者的优点，以实现更有效的成本管理和流程优化。自上而下的方法与自下而上的方法两者之间的区别如表 8.1 所示。

表 8.1　自上而下的方法与自下而上两种方法的区别

项　目	自上而下	自下而上
作业成本法模型的具体目标	战略管理	业务管理
作业数量	少	多
提供信息详细程度	低	高
模型规模	小	大
实施成本	低	高

四、作业中心的设计与归集

作业中心是许许多多性质和类别相同的作业的集合。因为多项作业的性质相同，同类作业消耗的成本及消耗的资源相同，所以其成本变化的原因也相同，即其作业动因也相同。作业中心的建立旨在将企业资源消耗与具体的作业活动相联系，从而更准确地追踪和管理成本。

在作业成本法中，作业中心通常分为以下几种类型：

（1）产量级作业中心。与个别产品或服务直接相关，成本与产品数量成正比。

（2）批次级作业中心。服务于每批产品，成本取决于批次数量而非单个产品。

（3）品种级作业中心。针对特定产品线或客户，成本因特定产品或客户而发生。

（4）生产维持级作业中心。支持企业整体运营，成本与产品数量、批次和种类无关。

作业中心的设计是企业在识别了所有作业后，根据既定的标准将这些作业进行归类，以形成不同的作业中心。这些作业中心将作为资源费用追溯和分配的目标。在完成作业的认定之后，紧接着的任务是构建作业成本库。作业成本库通常包含产量级作业中心、批次级作业中心、品种（客户）级作业中心、生产维持级作业中心，它们的含义及特点如表 8.2 所示。

表 8.2　作业中心（成本库）

作业中心（成本库）	作业的含义	特　点	举　例
产量级作业中心（成本库）	它是指为个别产品或服务实施的作业	它是直接成本，可以追溯到每个单位产品上，作业数量与产品数量成正比例关系	直接材料、直接人工成本、机器成本和直接能源消耗
批次级作业中心（成本库）	它是指同时服务于每批产品或许多产品的作业	它们的成本取决于批次，而不是每批中单位产品的数量	生产前的机器调试、成批产品转移至下一工序的运输、成批采购和检验等
品种（客户）级作业中心（成本库）	它是指服务于某种型号或特定客户的作业	它仅仅因为某个特定的产品线或特定客户的存在而发生	产品设计、工艺规程制定、工艺改造、产品更新、客户技术支持、咨询活动、独特包装等
生产维持级作业中心（成本库）	它是指为提供生产产品（服务）的基本能力或服务于整个工厂的作业	它是为了维护生产能力而进行的作业，不依赖于产品的数量、批次和种类	企业广告、保安、维修、行政管理、保险、财产税等

那些无法直接关联到具体单位产品，并且与产品的批次或品种没有直接联系的成本，被归类为生产维持级成本。这类成本的处理流程通常涉及几个步骤：首先，它们会被分摊至不同的产品品种；随后，这些成本会被进一步分配给特定的成本对象，例如某个特定的订单；最终，这些成本将被分摊到单位产品上。然而，这种分配的顺序并不是固定不变的，也存在其他的分配方法。例

如，也可以直接根据直接人工或机器工时来将这些成本分配给成本对象。尽管这种方法操作简便，但它可能无法提供最精确的成本分摊结果，不同层级的作业成本如图 8.1 所示。

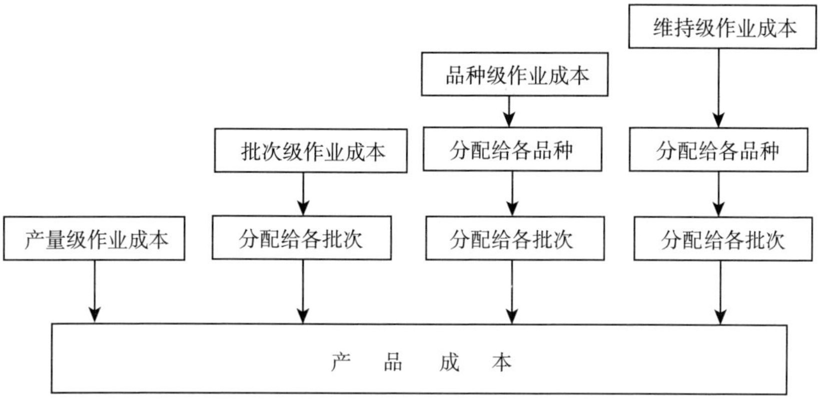

图 8.1　不同层级的作业成本

五、作业成本分配

在作业成本分配的过程中，资源成本借助于资源成本动因分配到各项作业，于是将每个作业库各作业资源要素价值相加就形成了作业成本库价值。

在确定了作业成本之后，根据作业成本动因计算单位作业成本，再根据作业量计算成本对象应负担的作业成本。其中，单位作业成本计算公式如下：

单位作业成本＝本期作业成本库总成本÷作业量

作业成本动因有三类：业务动因、持续动因和强度动因。其中，关于业务动因的描述如表 8.3 所示。

表 8.3　业务动因的描述

种类	主要内容	特　点
业务动因	通常以执行的次数作为作业动因，并假定执行每次作业的成本（包括每次耗用的时间和单位时间耗用的资源）相等	精确度最差，但其执行成本最低

此时，分配率及某产品应分配的作业成本的计算公式如下：

分配率＝归集期内作业总成本÷归集期内总作业次数

某产品应分配的作业成本＝分配率×该产品耗用的作业次数

持续动因的描述如表 8.4 所示。

表 8.4　持续动因的描述

种类	主要内容	特　点
持续动因	指执行一项作业所需的时间标准，在不同产品所需作业量差异较大的情况下，不宜采用业务动因作为分配成本的基础，而应改用持续动因作为分配的基础，其假定执行作业的单位时间耗用的资源相等	精确度和成本居中

此时，分配率及某产品应分配的作业成本的计算公式如下：

分配率＝归集期内作业总成本÷归集期内总作业时间

某产品应分配的作业成本＝分配率×该产品耗用的作业时间

强度动因的描述如表 8.5 所示。

表 8.5　持续动因的描述

种类	主要内容	特　点
强度动因	在某些特殊情况下，将作业执行中实际耗用的全部资源单独归集，直接计入某一特定的产品。强度动因一般适用于某一特殊订单或某种新产品试制等，用产品订单或工作单记录在每次执行作业时耗用的所有资源	精确度最高，但其执行成本最昂贵

如同传统成本计算法一样，在作业成本分配时可以采用实际分配率或者预算分配率。在采用预算分配率时，发生的成本差异可以直接结转至本期营业成本，也可以计算作业成本差异率并据此分配给有关产品。实际作业成本分配率、某产品耗用的作业成本、某产品当期发生总成本的计算公式如下：

$$\text{实际作业成本分配率}=\text{当期实际发生的作业成本}\div\text{各产品耗用的作业量合计}$$

$$\text{某产品耗用的作业成本}=\sum(\text{该产品耗用的作业量}\times\text{实际作业成本分配率})$$

$$\text{某产品当期发生总成本}=\text{当期投入该产品的直接成本}+\text{该产品当期耗用的各项作业成本}$$

第四节　作业成本法的体系设计

构建一个高效且实用的作业成本法核算体系，对于系统化和有序地计算产品成本、确保成本数据的精确性以及提升经济效益具有重要意义。在设计作业成本法核算体系时，主要应考虑以下几个关键组成部分：设计原则、核算内容与方法论、业务处理流程、内部控制机制。

一、设计原则

在构建作业成本法核算体系时，遵循一系列设计原则至关重要。这些原则不仅能够提高设计工作的效率，还能提升作业成本法的实用性和普及度。

1. 成本效益原则

设计和实施作业成本法核算体系时，需要识别众多作业、划分成本中心和选择成本动因，并进行比传统成本核算更多的数据采集与处理工作，这增加了设计和实施的成本。因此，在设计作业成本法核算体系时，必须权衡由于提高成本精确性所带来的在经营决策和成本控制上的益处，以及作业分离与集合、成本中心确认、成本动因相关性确定等方面的成本。

2. 质量和效率原则

作业成本法核算体系的设计旨在规范成本核算流程，同时注重运行的质量和效率，确保成本核算工作简便、清晰、易于执行。由于作业成本法核算体系建立在新的理论基础之上，需要大量基础数据，涉及多个部门和员工，尤其是一线工作人员，所以，设计的可操作性对于作业成本法核算体系的成功实施至关重要。这包括收集明确原始数据、简化作业的确认过程、独立划分成本中心、选择与成本动因高度相关的因素和清晰的计算步骤。

3. 易于理解原则

作业成本法核算体系的设计应使会计人员易于接受，并且使非会计人员也能理解。由于作业成本法核算体系的实施需要跨领域的信息，计算方法应简洁明了；凭证设计应规范且格式统一；账户设计应内涵和外延明确具体；账簿设计应在保持凭证设计与账户设计一致的基础上，尽量与传统成本核算体系的账簿格式保持一致；报表设计应便于成本分析，并全面覆盖产品的所有成本要素。

4. 弹性与一致性相结合原则

鉴于企业所处的内外部环境不断变化，企业的生产经营活动也必然随之变化，因此，成本核算体系也应具备一定的灵活性，以适应企业经营策略的调整。然而，这种灵活性应有限度，以保证在一定经营周期内成本核算的一致性，避免影响决策部门对成本信息的分析和使用。在设计作业成本法核算体系时，应在各环节预留调整空间以适应未来变化的需求，同时确保不同经营周期内成本会计的稳定性以及企业内部不同作业中心在结构上的连贯性。任何必要的变动都应在相应的报告中明确说明。

二、作业成本法核算体系的设计内容与设计方法

在作业成本会计理论的基础上，设计一个有效的作业成本法核算体系需要运用科学的方法。这包括对企业成本管理基础设施的设计，即对作业成本法核算体系所需的凭证、账户、账簿、报表、业务处理流程和内部控制系统的设计。这样的设计旨在为成本会计人员提供一个坚实的基础，以便更有效地开展成本核算工作。

1. 作业成本法核算体系的设计内容

作业成本法核算体系的设计内容主要分为两个核心部分：业务处理流程和内部控制系统。业务处理程序涉及凭证流转程序、作业成本流程、成本归集与分配机制的设计。内部控制系统涵盖产品预算管理、成本定额管理以及全面质量管理等关键要素。

2. 作业成本法核算体系的设计方法

设计方法是指将作业成本法核算体系的结构和内容以特定形式展现出来的方式，主要包括文字说明法和图示法两种。

（1）文字说明法。作为设计过程中的基础方法，涉及对凭证流转、作业成本流程、预算管理、定额管理等内部控制要素的文字描述。在使用文字说明法时，应确保文字能够准确传达设计意图，遵循规范的文体，清晰明确地表达，逻辑层次分明，条理有序。

（2）图示法。通过图表形式直观展示作业成本法核算体系的结构，帮助应用人员快速理解体系的核心组成部分，并从宏观角度掌握整个核算体系。

三、业务处理流程

在作业成本法核算体系中，业务处理流程是核心环节，是指涉及将作业中心所发生的资源消耗归集、分配，并据此计算和反映产品成本的过程。业务处理的效果直接依赖于业务处理程序设计的合理性。主要业务处理程序涵盖凭证传递程序、作业成本流程设计以及作业成本法核算程序设计等具体步骤。

1. 凭证传递程序

凭证传递程序是指涉及凭证从编制到归档的整个流转过程，包括在企业内部各作业中心及作业中心内部人员之间的传递顺序和时间。为了确保凭证的有效使用和经济信息的及时反映，凭证的传递必须准确无误。在设计凭证传递程序时，应考虑以下方面：

（1）基于企业组织结构、职责分配、内部管理需求，并结合凭证特性、内容、作用及内部控制制度规定，确定凭证传递的路径。

（2）设计每类凭证在各环节合理的停留时间，确保信息传递的时效性和效率。

（3）为多用途凭证设置合理的联数，并采用不同颜色以区分不同的用途。

凭证传递程序的效率和准确性对成本计算、报告的及时性具有重要影响，也是衡量企业内部管理水平的一个重要指标。

2. 作业成本流程设计

作业成本流程设计关注产品成本的形成过程和成本来源。依据作业成本法原理，产品成本源自产品所消耗的作业，而作业的执行又必然涉及资源的消耗。资源的获取涉及成本，即资源成本。作业成本的形成是由于作业消耗资源，而产品成本的构成则是由于产品消耗作业。作业成本流程设计从理论上明确了产品成本的构成，界定了成本核算的范围和步骤，对于准确计算成本、进行成本分析和控制至关重要。

3. 作业成本法核算程序设计

作业成本法核算程序设计体现了以作业为基础获取产品成本的步骤。根据作业成本法原理，核算程序分为两个阶段：

（1）作业消耗资源的核算。涉及资源的获取、资源成本的计量以及由作业消耗资源引起的作业成本计算。

（2）产品消耗作业的核算。主要指产品在消耗作业过程中引起的成本计量，这包括产品成本的增加和直接材料成本的减少。

四、内部控制机制

企业产品成本是体现生产过程中物质和人力劳动消耗的综合性经济指标。在市场竞争日益激烈的背景下，产品成本的控制直接关系到企业的经济效益。因此，降低成本、提升经济效益是成本核算的核心目标。作业成本法作为一种反映产品真实成本的现代会计理论方法，其核算体系的设计同样应以这一目标为导向。作业成本法核算体系应能够准确及时地反映作业对资源的消耗、产品对作业的消耗，揭示产品所消耗作业的类型和数量，从而指明成本降低的潜在途径。同时，它应能够及时、相对准确地计算产品成本，为经营决策提供有价值的信息；此外，还需能够及时发现生产中的浪费现象，反映半成品及库存的变动情况，确保企业资产的安全与完整。

1. 内部控制机制的关键要素

为确保作业成本法核算体系能够有效运作，在设计其业务处理流程时，以下几个内部控制的关键要素需要被充分考虑。

（1）产品预算管理的实施。企业应进行市场趋势预测，结合客户订单和企业的生产能力及经济资源状况，制定详尽的经营预算。该预算应细化并分配至各个作业中心，以指导其生产和经营活动，防止无目的的生产行为，从而避免资源的浪费。

（2）定额管理的实施。企业的生产、技术和财务等部门需依据产品的生产流程、质量标准以及资源成本，设定作业资源消耗和产品作业消耗的标准定额；需通过严格控制必要作业，去除非必要作业，以实现降低产品成本的目标。这些定额应随着生产技术的改进和管理能力的提升而适时更新，并作为评估作业中心业绩的标准。

（3）全面质量管理的实施。在生产和经营的每个环节，各作业中心都应强化质量规划、质量分析和质量检测。同时，应保证各种资源的协调和成比例投入，确保作业的连续和均衡，优化作业链，减少不合格品、停工和材料浪费，提升产品的合格率。

（4）企业资源价值的正确计量。产品成本归根结底是企业资源消耗的反映，企业资源包括人力、物资、财力、信息和技术等。正确评估这些资源的价值是产品成本准确核算的根本保证。

（5）凭证记录制度的建立。凭证记录制度的建立是捕捉生产信息的初步步骤，也是作业成本法核算的基础。因此，各作业中心必须具备完整的凭证类型和内容，明确记录和审核的责任。对于作业中心的资源消耗和产品作业消耗情况，必须进行认真、及时和准确的记录，以确保原始数据的真实性、完整性和及时性。

2. 内部控制机制的实施要点

为确保内部控制机制的有效实施，在作业成本法核算体系的业务处理中应关注以下内部控制机制的实施要点：

（1）产品与作业消耗资源数量的制定。应基于早期设计的数量，并结合当前的生产工艺、生产效率及管理实践，同时考虑可能的变化因素，以此来确定产品所需作业量和作业所需资源量的定额。在制定这些数量时，应留有适当的余地，以提高员工的积极性和适应外部环境变化的能力。

（2）凭证记录制度的建立。凭证记录制度的建立是构成了成本核算的根本保证，它明确了责任分配，即必须针对各作业中心的具体业务需求，设计出既简洁又实用的内部凭证系统，确保所有数据的记录既完整又准确。

（3）成本动因的确定。如何将作业成本合理地追溯到产品成本中，是成本核算中的一个关键问题。面对生产过程中大量的作业消耗，若将每一作业成本都单独计算并归集到特定产品，将导致信息处理的成本过高。因此，需要从众多作业中选取代表性的主要作业，即成本动因，以此作为分配基础，将作业中心的全部成本合理分配到相关产品中。

（4）作业成本法核算体系的业务管理。作业成本法核算体系通过作业将产品和资源相连，涉及企业内所有部门和环节的作业。各作业中心的会计人员需要具备全局和系统视角，加强业务流程管理，并制定相应的管理制度。这包括确保原始资料的及时收集、成本的及时计算、作业报告的及时编制，以及各作业中心间的及时沟通和信息交流。

第五节　作业成本法的应用

一、应用场景与成本

作业成本法的应用可以为企业提供准确及时的成本信息，使公司的决策、控制建立在科学基础之上，从而使企业获得效益。但应用作业成本法同时会导致企业经济利益的流出，即会发生实施成本，此外应用作业成本法还要综合考虑企业内、外诸多因素的影响，通过运用科学的方法进行综合分析才能作出是否应用作业成本法的决策。

为了顺利应用作业成本法，对现有的成本信息系统进行必要的改进是首要步骤。这通常涉及在现有会计信息系统的基础上增加相应的凭证、账户、账簿和报表。在这一过程中，需要建立作业成本法运行系统，并确保其能与其他信息系统协调运行。同时维持系统正常运行也需要人力、物力投入，这些共同构成了应用作业成本法的成本。应用作业成本法的总成本主要包括设计成本、机载成本和核算成本。

1. 设计成本

设计成本涉及在现有会计核算系统之上增加作业成本法系统功能所需的研发和设计成本。由于不同行业的生产流程不同和产品特性导致作业的差异性，在应用作业成本法时需要针对每个行业的特定生产流程和产品进行详细分析，以设计出与之相适应的作业成本法系统。设计成本通常包括基本设计成本和机载设计成本，其中设计成本是首次将作业成本法原理应用于特定单位的成本，而机载成本则是将基本设计整合到计算机信息系统中的成本。

2. 机载成本

机载成本主要是指在计算机系统上运行作业成本法系统的成本，包括设备费用、人力资源费用、能源费用、备件费用以及日常维护和修理费用。随着新技术的应用，机载成本可能也随之变化如数控机械和微处理器的引入可能会引起机载成本发生变化。这些技术的应用可以提高成本计算的效率和准确性，为作业成本法的应用创造有利条件。

3. 核算成本

核算成本包括在作业基础上记录、计量、核算和分析产品成本所需的人力和物力支出。在以人工核算为主的单位中，应用作业成本法可能会导致日常核算成本较高，从而根据成本效益原则判断，以人工核算的单位可能不适合应用作业成本法。然而，随着计算机技术在成本核算中的应用，人工费用大幅降低，核算成本显著下降，特别是 MRPⅡ和 ERP 等现代生产管理方法的推广，进一步降低了记录、计量、核算和分析相关信息和资料的难度，使核算成本变得相对较小，有效消除了在应用作业成本法时遇到的一个主要障碍。

设计成本、机载成本和核算成本共同构成了作业成本法应用的总成本。通常情况下，较高的机载成本比例会使核算成本降低，而机载成本比例较低的单位将有较高的核算成本比例。在设计成本中，基本设计成本是指实施成本中相对固定的部分，如果不考虑机载成本，那么设计成本在实施成本中的比重较大；如果考虑机载成本时，那么其比重则会显著降低。

二、适用性评估与优缺点

企业在决定是否应用作业成本法时，通常会依据经验分析方法来进行决策，主要考虑以下四个关键因素：

1. 成本变化的潜力

当由于现有的成本核算系统导致成本信息扭曲严重时，或存在显著的成本变动空间时，应用作业成本法更为适宜。据美国管理会计师协会①（IMA）的研究发现，应用作业成本法的公司中有71%的成本高于行业平均水平，而未应用作业成本法的公司中这一比例为39%。此外，在产品线多样化、生产流程复杂化、产品产量波动大，以及不同产品对支持部门资源消耗差异显著的情况下，成本变化的潜力也越大。成本变化潜力可通过费用上限在总成本中所占的比重来评估，这一比例越高，应用作业成本法的适宜性也越高。IMA的研究指出，应用作业成本法的公司该比重为32.8%，而未应用的公司该比重为28.7%，如表8.6所示。

表8.6　影响应用作业成本法的因素调查

因　素	未采纳者	采　纳　者
成本降低潜力	39%高于平均水平	71%高于平均水平
费用占总成本比重	28.7%	32.8%
成本信息于决策有用性	54%高于平均值	65%高于平均值
现有系统条件的缺乏	15%的系统或软件不充分	7%的系统或软件不充分
组织规模（销售额）	0.5亿～1亿	1亿～5亿

资料来源：The Cost Management Group of the Institute of Management Accountants，1996.

2. 成本信息在决策中的有用性

即便一个公司具有很大的成本变化潜力，也不一定适合应用作业成本法。另一个决定性因素是成本信息对企业在竞争、成本控制、定价等经营决策中的实用性。成本信息对公司决策的实用性越高，公司决策应用作业成本法的适宜性越大。数据显示，应用作业成本法的公司在成本信息对决策的有用性方面高于未应用作业成本法的公司。

3. 现有信息系统条件的充分性

现有信息系统的状况也是影响应用作业成本法方法的关键因素。信息系统的条件越完备，越有利于作业成本法方法的应用。数据显示，15%未应用作业成本法的公司存在信息系统或软件不足的问题，而应用作业成本法的公司中这

① 1991年，美国全国会计师协会（NAA）更名为美国管理会计师协会（IMA）。

一比例仅为7%。信息系统条件不足影响应用作业成本法方法的原因包括：应用作业成本法需要投入大量时间和资源；与传统成本核算系统相比，应用作业成本法对信息系统的要求更为严格。

4. 组织规模

组织规模的差异体现在资源的多寡、公司地理位置的分散程度等方面。数据显示，应用作业成本法的公司平均销售额在1亿元至5亿元之间，而未应用作业成本法的公司销售额则在0.5亿元至1亿元之间。由此可见，规模较大的组织更倾向应用作业成本法。

综上所述，对于那些生产多种产品、产品特性（如批次大小、形态、复杂性、原材料等）多样化的制造公司来说，尤其是费用占总成本比重较高的公司，应用作业成本法降低成本的潜力较大。应用作业成本法也能为服务行业的公司提供更加有用的决策信息，此外，现有信息系统或软件条件越完备，组织规模越大，企业应用作业成本法的可能性和适宜性越高。

三、作业成本法成功实施的关键因素

作业成本法成功实施受多种因素影响，这些因素包括但不限于公司信息系统的现状、高层管理者的支持态度、财务体系的目标以及作业成本法设计的专业水平，同时员工对作业成本法方法的理解和认识也起着重要作用。根据美国管理会计师协会（IMA）的研究，影响作业成本法成功实施的关键因素见表8.7。

表8.7 影响作业成本法成功实施的关键因素

关键因素		未成功阶段公司	成功实施阶段公司
公司规模	小公司（销售额小于1亿）	0.9年	2.3年
	大公司（销售额大于1亿）	1.7年	3.6年
	平均	1.3年	3.1年
其他初始工作		62%的公司	48%的公司
信息系统状况		46%高于平均水平	61%高于平均水平
高层管理的支持		40%高于平均水平	58%高于平均水平
财务体系一体化		7%的公司	47%的公司
纳入预算过程		24%的公司	45%的公司

1. 时间因素

时间因素是影响作业成本法成功实施的重要因素，它具有不可妥协的特性，并与公司规模相关。一般而言，作业成本法成功实施需要大约三年的时间，而大规模公司的实施时间可能更长。例如，销售额超过 1 亿元的公司可能需要 3.6 年，而销售额小于 1 亿元的公司则平均需要 2.3 年。

2. 信息系统技术状况

公司的信息系统结构、访问能力、历史数据的准确性和可用性对作业成本法成功实施至关重要。良好的信息系统是作业成本法成功实施的坚实基础。研究表明，在作业成本法成功实施的公司中，有 61％的公司信息系统表现高于平均水平，而未成功实施的公司中只有 46％的信息系统表现高于平均水平。

3. 高层管理者的支持

高层管理者的支持对于作业成本法成功实施至关重要。他们必须认识到作业成本法带来的变革性优势，并在整个组织内部推广作业成本法的理念，同时确保提供必要的资源，包括人力、时间和资金，尤其是要确保提供资金。

4. 财务体系一体化

将作业成本法与财务体系整合，可以避免维护双重成本体系的额外开销，并增强作业成本法成功实施的效果。研究发现，作业成本法成功实施的公司中有 47％将作业成本法融入其财务体系，而未成功实施的公司中只有 7％进行了这样的整合。

5. 纳入预算过程

将作业成本法纳入预算过程可以提高其应用的深度和广度。数据显示，作业成本法成功实施的公司中有 45％将作业成本法用于预算编制，而未成功实施的公司中只有 24％这样做。

6. 适度的成本动因数量

成本动因数量应适度，以避免会计人员过分专注数据处理而非信息分析，从而降低作业成本法成功实施的效果。选择最重要的几个成本动因，即遵循帕累托法则（又称“80/20”法则），是作业成本法成功实施的关键之一。

是否实施应用作业成本法系统需要进行成本效益分析，而作业成本法成功实施则需要考虑公司内外部的多种因素。为了作业成本法成功实施，组织需要设定明确的目标，采用高效的记录方法，并确保组织内外部的紧密合作和持续的努力。

四、计算实例

A公司的主要业务是生产服装，该公司的生产服装车间生产3种款式的夹克衫和2种款式的休闲西服。夹克衫和西服分别由两个独立的生产线进行加工，每个生产线都有自己的技术部门。5款服装均按批组织生产，每批100件。该公司本月每种款式的产量和直接成本资料如表8.8所示。在采用传统的完全成本法时，制造费用以直接人工成本为分配标准进行分配，制造费用发生额如表8.9所示。在采用作业成本法时，批次级作业成本库按生产批次比例分配、夹克产品线作业成本库按夹克线的生产批次分配、西服产品线作业成本库按西服生产批次进行分配、生产维持成本库分配基础选择直接人工成本，据此分配给每批产品。要求：分别按完全成本法和作业成本法计算成本。

表8.8　产量和直接成本资料

产品品种	夹克			西服		合计
型号	夹克1	夹克2	夹克3	西服1	西服2	
本月批次	8	10	6	4	2	30
每批产量（件）	100	100	100	100	100	
产量（件）	800	1 000	600	400	200	3 000
每批直接人工成本（元）	3 300	3 400	3 500	4 400	4 200	
直接人工总成本（元）	26 400	34 000	21 000	17 600	8 400	107 400
每批直接材料成本（元）	6 200	6 300	6 400	7 000	8 000	
直接材料总成本（元）	49 600	63 000	38 400	28 000	16 000	195 000

表8.9　制造费用发生额

项目	金额（元）
生产设备、检验和供应成本（批次级成本）	84 000
夹克产品线成本（品种级作业成本）	54 000
西服产品线成本（品种级作业成本）	66 000
其他成本（生产维持级成本）	10 800
制造费用合计	214 800

1. 按完全成本法计算成本

解：制造费用分配率＝制造费用÷直接人工成本

$$=\frac{214\ 800}{107\ 400}\times 100\%=200\%$$

编制完全成本法汇总成本计算单，见表 8.10。

表 8.10　完全成本法汇总成本计算单

单位：元

产品型号	夹克 1	夹克 2	夹克 3	西服 1	西服 2	合计
直接人工	26 400	34 000	21 000	17 600	8 400	107 400
直接材料	49 600	63 000	38 400	28 000	16 000	195 000
制造费用分配率（%）	200	200	200	200	200	200
制造费用	52 800	68 000	42 000	35 200	16 800	214 800
总成本	128 800	165 000	101 400	80 800	41 200	517 200
每批成本	16 100	16 500	16 900	20 200	20 600	
每件成本	161	165	169	202	206	

2. 按作业成本法计算成本

解：作业成本分配的第一步是计算作业成本动因的单位成本，作为作业成本分配率。生产维持级成本是 10 800 元，直接人工为 107 400 元，作业成本分配率为 10.06%，其余作业的作业成本分配率见表 8.11。

表 8.11　除生产维持级成本之外的其余作业的作业成本分配率

作业成本	成本（元）	批次（批）	分配率（元/批）
批次级作业成本	84 000	30	2 800
夹克产品线成本	54 000	24	2 250
西服产品线成本	66 000	6	11 000

作业成本分配的第二步是根据单位作业成本和作业量，将作业成本分配到产品，编制汇总成本计算单如表 8.12 所示。

表 8.12　汇总成本计算单

单位：元

型号	夹克 1	夹克 2	夹克 3	西服 1	西服 2	合计
本月批次	8	10	6	4	2	
直接人工	26 400	34 000	21 000	17 600	8 400	107 400

（续）

型号	夹克 1	夹克 2	夹克 3	西服 1	西服 2	合计
直接材料	49 600	63 000	38 400	28 000	16 000	195 000
制造费用						
分配率（元/批）	2 800	2 800	2 800	2 800	2 800	
批次相关总成本	22 400	28 000	16 800	11 200	5 600	84 000
产品相关成本						
分配率（元/批）	2 250	2 250	2 250	11 000	11 000	
产品相关总成本	18 000	22 500	13 500	44 000	22 000	120 000
生产维持成本						
分配率（%）	10.06	10.06	10.06	10.06	10.06	
生产维持成本	2 655	3 419	2 112	1 770	845	10 800
间接费用合计	43 055	53 919	32 412	56 970	28 445	214 800
总成本	119 055	150 919	91 812	102 570	52 845	517 200
本月批次	8	10	6	4	2	
每批成本	14 882	15 092	15 302	25 642	26 422	
单件成本（作业成本法）	148.82	150.92	153.02	256.42	264.22	
单件成本（完全成本法）	161.00	165.00	169.00	202.00	206.00	
差异（差异＝作业成本－完全成本）	－12.18	－14.08	－15.98	54.42	58.22	
差异率（差异率＝差异/完全成本）（%）	－7.57	－8.53	－9.46	26.94	28.26	

通过比较完全成本法和作业成本法的计算结果，可以看出：

（1）完全成本法扭曲了产品成本，即高估了简单产品夹克衫的成本，低估了复杂产品西服的成本。

（2）完全成本法和作业成本法都是对全部生产成本进行分配，不区分固定成本和变动成本，这与变动成本法不同。从长远来看，所有成本都是变动成本，都应当分配给产品。

（3）完全成本法以直接人工作为间接费用的唯一分配率，夸大了高产量产品的单位成本。

思考与练习题

一、简答题

1. 作业成本法的主要目标是什么？

2. 描述作业成本法中的资源动因及其在成本核算中的作用。

二、单项选择题

1. 作业成本法的起源可以追溯到20世纪（　　）。

A. 20年代　　B. 30年代末40年代初

C. 60年代　　D. 80年代

2. 在作业成本法中，（　　）不是作业成本法的核算要素。

A. 资源　　B. 作业　　C. 成本对象　　D. 销售额

3. 在作业成本法中，（　　）不是资源的类型。

A. 原材料　　B. 工资及福利费　　C. 折旧费　　D. 销售额

4. 在作业成本法中，（　　）与产品批次的数量成正比。

A. 单位水平作业　　B. 批别水平作业

C. 产品水平作业　　D. 支持水平作业

5. 成本动因中的执行性成本动因通常是以（　　）作为成本分配的依据。

A. 作业执行的次数　　B. 作业执行的时间

C. 实际消耗资源的情况　　D. 产品的生产量

6. 在作业成本法的核心概念中，（　　）是成本的承担者和分配对象。

A. 成本动因　　B. 成本对象　　C. 作业中心　　D. 资源费用

7. （　　）不是作业成本法中作业认定的方式。

A. 自上而下的方法　　B. 自下而上的方法

C. 结合自上而下和自下而上方法的混合方式

D. 试错法

三、多项选择题

1. 应用作业成本法的总成本通常包括（　　）。

A. 设计成本　　B. 机载成本　　C. 核算成本　　D. 销售额

2. （　　）因素会影响作业成本法成功实施。

A. 信息系统技术状况　　B. 高层管理者的态度

C. 财务体系一体化　　D. 组织规模

3. 作业成本法的核算要素包括（　　）。

A. 资源　　B. 成本对象　　C. 作业　　D. 成本动因

E. 销售额

4. 以下（　　）是应用作业成本法的潜在成本。

A. 设计成本　　B. 机载成本　　C. 核算成本　　D. 销售成本

E. 管理成本

5. 影响作业成本法成功实施的关键因素包括（　　）。

A. 信息系统技术状况　　B. 高层管理者的支持

C. 财务体系一体化　　D. 组织规模

E. 员工培训

6. 成本动因的类型包括（　　）。

A. 执行性成本动因　　B. 时间性成本动因

C. 精确性成本动因　　D. 单一成本动因

E. 复合成本动因　　F. 比重型成本动因

7. 作业中心的类型包括（　　）。

A. 产量级作业中心　　B. 批次级作业中心

C. 品种级作业中心　　D. 生产维持级作业中心

E. 利润中心　　F. 成本中心

四、判断题

1. 作业成本法只适用大型企业，不适用中小型企业。（　　）

2. 作业成本法强调以客户需求为中心，通过分析不同客户群体的作业成本来提供个性化服务。（　　）

3. 在作业成本法中，所有成本最终都应分配给产品，不区分固定成本和变动成本。（　　）

4. 成本动因是成本分配的基础，对成本信息的准确性和相关性具有决定性影响。（　　）

5. 作业成本法成功实施不需要考虑企业的信息系统技术状况。（　　）

6. 应用作业成本法的总成本只包括设计成本和机载成本。（　　）

五、计算题

1. 如果一个企业应用作业成本法，某产品直接人工成本为 15 000 元，直接材料成本为 20 000 元，批次级作业成本为 10 000 元，批次数量为 5，品种级作业成本为 5 000 元，生产维持级成本为 8 000 元，直接人工成本动因分配率为 5%，计算该产品的总成本。

2. 某企业应用作业成本法计算产品成本，确定的资源动因为机器工时，某月产品 A 的机器工时为 200 小时，产品 B 的机器工时为 300 小时，当月资源费用为 50 000 元，计算产品 A 和产品 B 各自的成本分配。

第九章　责任会计与评价报告

【学习目标】通过本章的学习，学生要了解责任会计基础；理解责任中心的类型及其划分；掌握责任中心的评价与考核；掌握内部转移价格的制定方法；理解管理会计报告的定义和流程；掌握企业管理会计报告的类型。

【学习重点】责任中心的划分及其评价与考核；管理会计报告的定义和流程。

【学习难点】内部转移价格的制定方法及其选择；企业管理会计报告的类型。

第一节　责任会计基础

一、定义与目的

1. 责任会计制度的定义

责任会计制度是一种以企业内各个责任中心为基础，建立在职权和效益相匹配原则之上，旨在评估和监督企业经营活动及其成效的会计信息系统。其核心内容主要涉及责任会计制度的构建和执行两个方面。

2. 责任会计的目的

责任会计通过确立明确的责任和绩效目标、进行绩效评估与激励、优化资源配置以及支持决策，来提高企业的管理效率和经济效益。具体来说，责任会计的四个关键目标包括：

（1）明确责任与绩效目标。责任会计通过为组织内部的各个部门和个人设定清晰的财务目标，来确保每个责任中心都清楚自己的职责和预期成果，从而增强工作的针对性和责任性。

（2）绩效评估与激励。利用责任会计提供的数据，企业能够客观地评估各责任中心的绩效表现，并将绩效与员工的奖励和晋升挂钩，以此激发员工提升工作效率和质量。

（3）资源优化与风险管理。责任会计有助于识别资源浪费和配置不当的问题，优化资源分配，并通过内部控制减少财务风险，确保资源的高效利用。

（4）决策支持与持续改进。责任会计提供的关键财务信息有助于管理层制定战略决策，并鼓励基于绩效反馈进行持续改进，以促进企业不断适应市场变化和增强竞争力。

3. 责任会计制度的建立

责任会计制度的建立是责任会计的基础，主要包括：

（1）划分责任中心，明确职责范围。根据企业的经营需求和组织结构，确定内部各单位和部门的经济责任层级，创建既独立又相互联系的责任中心，并界定其职责。

（2）确定业绩评价方法。为了准确反映和监控责任的履行情况，需要建立一个全面的信息系统，该系统能够日常记录并报告责任预算的执行情况，以实现经济责任的具体化和量化。

4. 责任会计制度的实施

涉及以下关键环节：

（1）编制责任预算，确定考核标准。将企业的整体生产经营目标细化为各个责任中心的具体任务，并为每个责任中心制定详细的责任预算。这些预算不仅作为控制经济活动的基础，也作为评估业绩的标准。

（2）核算责任中心的工作执行情况。在日常工作核算中，应对各责任中心及其责任人的劳动成果、物资使用及经济往来等进行精确计量和记录，形成原始记录。此外，建立一个完善的内部结算机制，以准确反映各责任中心间的互动和责任分配。

（3）分析、评价和报告业绩。建立一个跟踪考核系统，定期对预算执行情况进行评估，将实际业绩与预算进行比较，分析差异原因，明确责任所在，并通过信息反馈对经营活动进行调整和控制，实施相应的奖惩措施。这一环节是责任会计制度的实施中重要的反馈机制。

二、基本原则

责任会计是企业在社会化大生产背景下，为了实现分权管理和内部经济责任制而发展起来的一种管理工具。它在企业转变经营机制、提升活力、完善经济责任制等方面起着至关重要的作用。为了构建一个科学、全面且高效的责任会计系统，企业需要遵循以下基本原则：

1. 责权利相结合原则

责任会计的有效实施建立在责任、权力和利益三者相结合的基础上。其中，责任是核心，权力是完成责任的必要条件，利益则是激励机制。在责任会计体系中，三者不仅要有机结合，还要保持一种对称和平衡的关系。

2. 总体优化原则

这一原则强调各责任中心的目标必须与企业的整体目标保持一致。责任会计的目的在于促进各责任中心协同工作，共同实现企业的总体目标。在实际操作中，可能会遇到责任中心间的利益冲突，因此，在设计和执行责任会计时，必须始终将企业的整体利益放在首位。

3. 可控性原则

根据这一原则，各责任中心只应对其可控的因素负责。对于超出其控制范围的经济活动，责任中心不应承担责任。在绩效考核时，应排除那些责任中心无法控制的因素，确保责任的明确性和奖惩的合理性。

4. 反馈性原则

这一原则要求责任中心通过编制责任报告来提供及时、准确的生产经营信息。良好的信息反馈机制能够增强责任会计的控制功能，提升企业的管理水平。反馈性原则的实施体现在两个方面：一方面，企业管理层需要及时向各责任中心反馈预算执行情况，帮助它们了解进度和偏差，从而采取必要措施；另一方面，责任中心也需向上级反馈信息，以便于协调决策和指导下属工作。

5. 重要性原则

这一原则要求责任中心重点关注和分析生产经营过程中的关键差异，以提高责任会计的工作效率。

第二节　责任中心的建立与考核

一、定义与作用

责任中心是企业内部的一个组织单元，由一位主管负责并承担既定的责任和拥有相应的权利。责任中心的划分应与企业的组织管理结构相匹配。任何在管理上可明确区分、在责任上可单独界定、在业绩上可独立评估的单位，均可被定义为一个责任中心。企业内部单位只有在既能清晰界定责任又能独立进行财务核算时才能被认定为一个责任中心。

责任中心的设置使企业能够对各个组织单元的绩效进行量化评估。责任中心通过设定明确的目标和成果考核，来激励管理者和员工提升工作效率和质量。此外，责任中心的划分有助于企业更合理地分配资源，确保资源得到有效利用。责任中心的管理者负责控制成本，这有助于企业减少不必要的开支，提高成本效益。同时，责任中心还承担识别和管理特定领域风险的任务，从而提高企业对潜在风险的监控和应对能力。

二、分类与特点

责任中心是指企业内部按照其责任权限范围和业务活动特点划分的组织单位，主要分为成本中心、利润中心和投资中心三种类型。

1. 成本中心

这类责任中心只产生成本而不直接产生收入。其主要活动影响成本，因此，对成本中心的考核侧重于成本控制的成效。成本中心可以进一步分为标准成本中心和费用中心。

（1）标准成本中心。涉及可以明确分配到具体产品或服务的生产成本，如制造业的分厂、车间等。这类成本中心的考核通常基于单位产品的成本投入。

（2）费用中心。涉及无法直接分配到具体产品的费用，如管理、人事、研发等职能部门。这类成本中心的考核侧重于总成本的控制。

2. 利润中心

利润中心不仅能控制成本，还能控制收入，并通过对成本和收入的比较来管理利润。这类中心通常拥有较高的经营自主权，如分公司或分厂，它们对成本和收益都负有责任。利润中心根据收入来源的不同，可以分为自然利润中心和人为利润中心。

（1）自然利润中心。直接向企业外部市场销售产品或服务，拥有销售、定价、采购和生产决策权，通常是一个完整的独立企业。

（2）人为利润中心。其产品和劳务以内部转移价格在企业内部销售，形成相对独立的收入，促使管理人员加强经营管理。

3. 投资中心

作为最高级别的预算责任单位，投资中心适用于拥有资产经营和投资决策权的独立经营单位。它们不仅负责成本、收入和利润，还要对资本利润率等投资回报负责。投资中心通常是独立法人，如大型企业的事业部或分公司，它们在分权管理模式下，拥有投资和经营的自主权。

三、评价与考核

在实行责任会计制度的企业中，每个责任中心都需要制定针对其可控成本、收入和利润的责任预算。责任预算是指针对特定责任中心的成本、利润或投资而编制的预算，它既是责任中心的工作目标，也是评估责任中心绩效的标准。责任预算是企业全面预算体系的细化和具体化，它与责任中心的经济活动记录一起构成了责任中心绩效考核的依据。

责任中心的考核通常通过编制责任报告、对比分析责任预算的执行情况来进行。不同类型责任中心的责任预算内容和考核方法会有所不同，因此在执行过程中，应建立一套账目系统来记录责任中心的经济活动。此外，为了满足责任会计的管理需求，可能还需要设立一个会计账户体系，这个体系既要满足对外报告的要求，也要满足内部管理的需要。

1. 成本中心的评价与考核

成本中心编制的责任报告，通常称为业绩报告。在编制业绩报告时，应注重报告的及时性和实用性。成本中心的业绩报告通常包含该中心可控成本的预算数、实际数和两者之间的差异数。对于不可控成本，可以采取两种处理方法：一种是完全忽略不计；另一种是将其作为参考信息包含在业绩报告中，以便管理者全面了解成本中心在一定时期内的成本消耗情况。

业绩报告中提到的成本差异是评价和考核成本中心工作成效的关键指标。如果实际成本低于预算成本，称为有利差异，表示实现了成本节约；如果实际成本超过预算成本，称为不利差异，意味着存在成本超支。业绩报告还应包含对差异原因的分析，以便采取相应措施来巩固成果和纠正偏差。

由于各责任中心是逐级设置的，所以责任预算和责任报告也应从最基层的成本中心逐级向上级汇报，直至最高管理层次。每一级的责任预算和责任报告，除最基层成本中心（只有本身的可控成本）外，都应包括自身的可控成本和下属单位转来的责任成本。2023 年 5 月甲公司 A 车间（成本中心）责任报告如表 9.1 所示。

表 9.1　2023 年 5 月甲公司 A 车间（成本中心）责任报告

单位：元

项目	预算数	实际数	差异数
一、可控成本			
间接成本	16 500	16 840	−340
间接人工	12 030	12 060	−30
管理人员薪金	10 270	10 170	100
设备折旧费	20 620	20 620	0
设备维修费	20 200	20 600	−400
物料消耗	5 770	5 500	270
合计	85 390	85 790	−400
二、下属单位转来的责任成本			
A 工段	62 360	62 560	−200
B 工段	94 870	94 470	400
合计	157 230	157 030	200
本车间责任成本合计	242 620	242 820	−200

2. 对利润中心的评价与考核

侧重于边际贡献和税前净利润，在进行业绩评估时，主要通过比较实际销售成本与实际销售收入来重点分析利润目标的完成情况。在评价利润中心的业绩时，常用的指标包括边际贡献、净利润和销售净利润等。

利润中心编制的责任报告涵盖预算数、实际数和两者之间的差异数。就销售收入而言，如果实际收入超出预算收入，则产生的差额被视为有利差异；如果未达到预算，则为不利差异。对于成本，如果实际成本低于预算成本，则差额为有利差异；超出预算则为不利差异。至于利润，如果实际利润超出预算利润，则差异额为有利差异；如果未达到预算，则为不利差异。

2023 年 5 月甲公司 A 车间（利润中心）责任报告如表 9.2 所示。

表 9.2　2023 年 5 月甲公司 A 车间（利润中心）责任报告

单位：元

项目	预算数	实际数	差异数
销售成本	200 000	225 000	25 000
变动成本			
变动生产成本	80 000	90 000	10 000

（续）

项目	预算数	实际数	差异数
变动销售及管理成本	25 000	28 000	3 000
变动成本小计	105 000	118 000	13 000
边际贡献	95 000	107 000	12 000
期间成本			
固定生产成本	45 000	48 000	3 000
固定销售及管理成本	10 000	12 000	2 000
固定成本小计	55 000	60 000	5 000
税前净利	40 000	47 000	7 000

2023 年 5 月甲公司 A 税前净利的实际数分公司边际贡献增加 12 000 元，固定生产成本超支 3 000 元。该利润中心实际利润超出预算数 7 000 元。

3. 对投资中心的评价与考核

投资中心往往是指企业较高的管理层次，如事业部、分公司、分厂等，不仅能控制成本和收入，还能控制其所占用的资产。投资中心的考核指标主要有投资报酬率、剩余收益等。

（1）投资报酬率，又称投资利润率、净资产利润率。它是指投资中心利润与投资额之间的比率。反映的是投资中心运用公司产权供应的每一元资产对整体利润贡献的大小，或投资中心对所有者权益的贡献程度。其计算公式为：

$$投资报酬率=\frac{经营利润}{经营资产}\times 100\%$$

公式中经营利润通常指息税前利润（EBIT），经营资产通常指平均值。

【例 9-1】甲公司 A 事业部（投资中心）的有关资料中，期初资产原价为 60 000 元，期末资产原价为 100 000 元，营业净利为 35 000 元，计算投资报酬率。

$$\begin{aligned}投资报酬率&=\frac{35\ 000}{(60\ 000+100\ 000)\div 2}\times 100\%\\&=\frac{35\ 000}{80\ 000}\times 100\%\\&=43.75\%\end{aligned}$$

为合理分析投资报酬率的影响因素，可将投资报酬率指标进一步展开：

$$\begin{aligned}投资报酬率&=\frac{经营利润}{销售收入}\times\frac{销售收入}{经营资产}\times 100\%\\&=销售利润率\times 资产周转率\end{aligned}$$

从上述分析中可以了解到，提升投资报酬率的方法不仅仅包括降低成本、提高盈利和减少经营资产的平均占用，还包括加快资产的周转速度和增强销售的获利能力。

投资报酬率是评价投资中心业绩的一个广泛应用的指标，其主要优势在于鼓励管理者像控制成本一样关注资产的使用或投资额度，从而全面反映一个投资中心的整体经营成果。然而，过分依赖投资报酬率这一指标可能导致管理者产生短视行为，这是投资报酬率这一指标明显的局限性。

（2）剩余收益。它是指投资中心所实现的利润与企业要求的最低报酬之间的差额。其计算公式为：

剩余收益＝营业利润－（营业资产×最低投资报酬率）

剩余收益是绝对数指标，优点是简单，在相同的基本情况下，剩余收益越大越好。与投资报酬率相比，其主要缺点是不便对规模不同的投资中心进行分析比较。

【例 9－2】接前例，假定投资中心同期的营业利润为 35 000 元，最低投资报酬率为 30%，则剩余收益为

剩余收益＝35 000－（80 000×30%）＝35 000－24 000＝11 000（元）

由于投资中心不仅要对利润负责，还要对投资效果负责，所以投资中心的责任报告应包括收入、成本、利润、投资额及投资使用效益等内容。

【例 9－3】根据上述资料填写 2023 年 5 月甲公司 A 事业部（投资中心）责任报告，具体内容如表 9.3 所示。

表 9.3　2023 年 5 月甲公司 A 事业部（投资中心）责任报告

单位：元

项目	预算数	实际数	差异数
销售收入	120 000	135 000	15 000
减：成本	80 000	100 000	20 000
营业利润	40 000	35 000	－5 000
平均资产	90 000	80 000	－10 000
销售利润率	33.33%	25.92%	－7.41%
资产周转率（次）	1.33	1.68	0.35
投资报酬率	44.44%	43.75%	－0.69%
预期投资回报率	30%	—	—
剩余收益	13 000	11 000	－2 000

该事业部（投资中心）2023 年 5 月的实际剩余收益比预算数减少 2 000 元。其中销售利润率减少 7.41%，资产周转率增加 0.35 次，投资报酬率减少 0.69%。

第三节　内部转移价格

一、定义与重要性

内部转移价格，也称为内部结算价格，是企业内部各责任主体在相互提供产品（包括半成品）或劳务并进行结算时采用的内部定价标准。

在企业的生产经营活动中，各责任单位既相互协作又保持独立性。它们之间频繁地提供产品或劳务。为了公正地评价各责任中心的业绩，明确各自的经营责任，确保各责任中心的业绩评价与考核基于客观和可比的标准，从而激发各责任中心的积极性，根据各责任中心的业务特点制定内部转移价格就显得尤为必要。内部转移价格作为结算的标准，不仅影响提供产品或劳务的责任中心的经营成果，也影响接受产品或劳务的责任中心的成本费用。因此，一个科学合理的内部转移价格对分权管理组织的控制管理极为关键。

二、定价原则

为了确保内部转移价格发挥其应有的积极作用，在制定时应遵循以下原则：

（1）与企业及责任中心的目标保持一致性。由于内部结算价格直接影响到每个责任中心的利益，各责任中心在追求自身最大利益的同时，可能会出现利益冲突，所以，在制定内部转移价格时，必须以企业的整体利益为出发点。

（2）简便易行，操作性强。鉴于企业内部存在多层次的责任中心，在制定内部转移价格及其转账、结算和计价方法时，应注重简便性，减少不必要的工作量，并确保各责任中心易于理解和操作。

（3）公平性。在建立和执行责任会计制度时，企业应避免因内部转移价格设置不当而造成责任中心间的不公平现象。一个合理的内部转移价格应当是双方都认为公正且愿意接受的价格。

三、定价依据

1. 以成本为依据的内部转移价格

这是一种常见的定价方法，特别适用于以下情形：

（1）转让的产品没有外部市场可以参照。

（2）尽管存在外部市场，但市场不完全，市场价格可能受到企业销售数量的影响，或外部需求有限。

（3）产品包含专有技术或商业秘密，管理层不希望对外公开。

根据所采用的成本基础和具体的定价方法，以成本为依据的内部转移价格主要分为以下四种方式：

（1）实际成本法。它是指将产品或劳务的直接实际成本作为内部转移价格的一种方法。这种方法具有客观性，但缺点在于不能激励提供部门降低成本，可能会将成本控制的不足转嫁给使用部门，这与责任会计的目标不相符。

（2）实际成本加成法。它是指在产品或劳务的实际成本基础上加上一定比例的利润来设定内部转移价格的一种方法。这种方法可以为提供部门带来利润，从而提高其积极性。然而，它同样不能清晰划分各责任中心的责任，与责任会计的要求不符。

（3）标准成本法。它是指依据产品或劳务的标准成本来确定内部转移价格的一种方法。由于标准成本是预先设定且排除非效率成本的，所以使用这种方法可以激励企业内部供需双方提高生产效率和降低成本。

（4）标准成本加成法。它是指在标准成本的基础上加上一定比例的利润来决定内部转移价格的一种方法。这种方法适用于成本中心的产品转移。对于利润中心来说，可以利用利润指标来评估其业绩，但这种方法可能存在主观性。

2. 以市场价格为依据的内部转移价格

以公开市场上的产品或劳务价格作为内部转移价格的定价依据，这通常适用于有外部市场、有市价可循的中间产品或劳务。

（1）市场价格。它是指以产品或劳务的价格作为内部转移价格的一种方法。市场价格比较客观，能够促使卖方努力改善经营管理，不断降低成本。但也有局限性，有些产品或劳务没有现成的市场价格可参考或只有非完全竞争条件下的市场价格，在这种情况下，只能借助于其他方法来制定内部转移价格。

（2）双重市场价格。它是指当某种产品或劳务有不止一种市场价格时，为满足不同责任中心的需要，可允许双方按照各自希望的市场价格进行结算的一种方法。这种方法可以更好地满足各责任中心在不同方面的需要，从而激励双方在生产经营中更好地发挥其主动性和积极性。

（3）协商价格。它是指价格由供需双方协商共同确定的一种方法。协商价格适用于某种产品或劳务没有现成市场价格或不止一种市场价格的情况。

四、制定方法

1. 机会成本定价法

这种方法在制定内部转移价格时，兼顾销售方和购买方的利益，通过确定销售方愿意接受的最低价格（即单位支付成本）和购买方愿意接受的最高价格（即单位机会成本），来确定内部转移的合理价格。内部转移价格的计算公式为：

内部转移价格＝单位支付成本＋单位机会成本

其中，单位支付成本是指提供产品或服务的部门在生产和转让过程中发生的直接现金支出，通常包括直接可变成本和因转移而产生的其他成本。单位机会成本则是指该部门因内部转移而放弃的外部销售潜在利润，这一成本会随市场环境的变化而变化。

2. 协商转移定价法

鉴于中间产品市场往往是不完全竞争的，协商转移定价法通过供需双方协商来确定转移价格，通常这个价格会介于市场价格和成本价格之间。协商转移定价法有助于实现组织内部目标的一致性，并确保业绩评价的准确性。然而，这种方法也有缺点，包括可能导致利用内部信息优势的不公平交易、业绩评价可能受到谈判技巧的影响，以及协商过程可能耗费大量时间和资源。

3. 双重价格定价法

这种方法为不同的责任中心提供了不同的内部定价标准，主要有三种形式：

（1）按标准成本与市场双重定价。各责任中心间转移的材料、半成品、劳务等按标准成本定价，以便清晰划分经济责任并及时进行成本核算。

（2）按标准成本与成本加成定价。内部责任中心间转移的产品与劳务按标准成本定价，以反映生产过程中的实际耗费，便于会计核算和报表编制。

（3）按市价与变动成本双重定价。出售方按市场价格定价以考核其业绩，购入方按变动成本定价以辅助经营决策。

双重定价法能够满足供需双方对价格的不同需求，避免因价格谈判导致的低效，以及避免因内部定价高于市场价格而导致的外部采购行为。但这种方法可能导致总部与分部利润总和出现差异，影响各责任中心积极性的充分发挥。

第四节　管理会计报告的基本框架

一、管理会计报告的定义

管理会计报告是指企业利用管理会计技术，基于财务和业务数据生成的内部文件。其旨在满足企业在价值管理和决策支持方面的需求；旨在为企业不同层级的管理者在规划、决策、控制和评价等管理活动中提供有价值的信息。

管理会计报告应包含的关键要素有报告的标题、时间段、针对的对象、具体内容以及编制者等。报告面向需要管理会计信息的各级和各环节的管理者。通常，企业会按照日历周期（如月度、季度或年度）来设定报告周期，但也可以根据特定需求来确定。

管理会计报告的类型可按以下方式划分：

（1）根据使用者的管理层次，分为战略层、经营层和业务层管理会计报告。

（2）根据内容的不同，分为综合型和管理专项报告。

（3）根据功能的不同，分为规划、决策、控制和评价报告。

（4）根据责任中心的不同，分为投资中心、利润中心和成本中心报告。

（5）根据报告主体的整体性，分为整体报告和部门报告。

二、管理会计报告的流程

管理会计报告的流程涵盖编制、审批、分发、使用和评价等关键环节。

（1）管理会计报告由负责管理会计信息收集和处理的部门编制。

（2）企业应根据报告内容的重要性、性质及目标对象来设定审批流程，报告需经审批后才能发布。

（3）企业应设计合理的报告分发路径，确保报告及时有效地送达目标对象。

（4）企业应建立管理会计报告使用的授权制度，确保使用者在授权范围内合理使用报告。

（5）企业应对报告的质量和分发的及时性进行评价，并将评价结果与绩效考核相结合。

企业应积极采用信息技术，加强管理会计报告及相关信息系统的整合与共享，将报告的编制、审批、分发和使用流程纳入企业的综合信息平台。同时，企业应定期根据报告的使用效果和内外部环境的变化，对管理会计报告体系、内容及其编制、审批、分发和使用流程进行优化调整。需要注意的是，管理会计报告为内部文件，应在规定的范围内传递，且相关人员必须遵守保密规定。

第五节　企业管理会计报告

一、战略层管理会计报告

1. 战略层管理会计报告的含义

战略层管理会计报告是指专为企业高层管理者设计的内部报告，其旨在提供进行战略规划、决策、控制和评价等管理活动所需的相关信息。这些报告面向企业的战略决策层，包括股东大会、董事会、监事会等机构。

2. 战略层管理会计报告的分类

战略层管理会计报告的类型多样，主要包括但不限于以下几种：

（1）战略管理报告，涵盖对企业内外部环境的分析、战略选项与目标的设定、战略的执行情况及结果，以及对战略执行效果的评价。

（2）综合业绩报告，包括关键绩效指标（KPI）的预算设定及其实际执行结果、差异分析，以及对其他重要绩效事项的讨论。

（3）价值创造报告，涉及价值创造的目标、影响价值的财务和非财务因素、各业务单元的资源使用与价值贡献，以及旨在提升公司价值的策略和措施。

（4）经营分析报告，回顾上一期的经营决策执行情况、分析本期目标执行的差异及其原因、评估影响未来经营的内外部环境和主要风险，以及提出下一期的经营目标和管理措施。

（5）风险分析报告，概述企业全面风险管理的回顾、内外部风险因素的分析、主要风险的识别与评估，以及风险管理的计划和策略。

（6）重大事项报告，针对企业的重要投资、资本运作、融资、担保、关联交易等关键事项提供的报告。

（7）例外事项报告，是指涉及管理层变更、股权变动、安全事故、自然灾害等企业突发事件的报告。

这些报告可以单独提交，也可以根据需要整合后一并提交。战略层管理会计报告应当内容精练、表达简洁、易于理解，明确指出主要的成果、原因，以及提供具体的建议和措施。

二、经营层管理会计报告

1. 经营层管理会计报告的含义

经营层管理会计报告是指专为经营管理层设计的内部报告，它提供与经营管理目标相关的信息，以支持管理层进行日常运营和战略实施。这些报告的接收对象是负责企业日常经营活动的经营管理层。

2. 经营层管理会计报告的分类

经营层管理会计报告涵盖了多个方面，主要包括：

（1）全面预算管理报告，涉及预算目标的设定与分解、预算执行情况的差异分析以及基于预算的绩效考评。

（2）投资分析报告，包括对投资对象、额度、结构、进度、效益、风险的分析，以及投资管理的建议。

（3）项目可行性报告，涵盖项目概况、市场预测、产品与生产规模方案、选址、工艺与组织设计、财务评估、风险分析，以及项目的可行性结论和建议。

（4）融资分析报告，包括融资需求的测算、融资渠道与方式的分析与选择、资本成本、融资流程、风险评估及管理建议。

（5）盈利分析报告，涉及盈利目标及其实现情况、利润构成、主要影响因素、变化趋势，以及提升盈利能力的方法。

（6）资金管理报告，包括资金管理的目标、流动资金项目（如现金、应收票据和账款、存货）的管理状况、存在的问题及改进措施。

（7）成本管理报告，涉及成本预算、实际成本、成本差异及其原因分析，以及成本控制的改进措施。

（8）绩效评价报告，包括绩效目标、关键绩效指标（KPI）、实际执行情况、差异分析、考评结果和改进建议。

经营层管理会计报告应当内容全面、分析深入，以确保能够为经营决策提供充分的信息支持。

三、业务层管理会计报告

1. 业务层管理会计报告的含义

业务层管理会计报告是指针对企业的日常业务或作业活动所编制的内部报告，其旨在为业务部门、职能部门、生产车间、班组等提供所需的信息。

2. 业务层管理会计报告的分类

业务层管理会计报告应依据企业内部各部门、车间或班组的主要职能或经营目标来设计，主要类型包括：

（1）研究开发报告，涵盖研发项目的背景、核心内容、技术方案、进度状况以及项目预算等关键信息。

（2）采购业务报告，包括采购预算、实际采购活动的结果、预算与实际的对比分析以及改进措施的建议。

（3）生产业务报告，涉及生产预算、生产实际操作的成果、生产过程中的预算与实际差异分析和生产改进的建议。

（4）配送业务报告，包括配送预算、配送执行的实际情况、配送效率和成本的差异分析以及提升配送效率的建议。

（5）销售业务报告，涉及销售预算、销售业绩的实际完成情况、销售目标与实际销售的差异分析和销售策略的优化建议。

（6）售后服务业务报告，包括售后服务的预算、服务执行的实际情况、服务过程中的问题及其成因分析和改进售后服务的建议。

（7）人力资源报告，涉及人力资源预算、实际人力资源管理的成效、预算与实际的对比分析以及人力资源管理的改进建议。

业务层管理会计报告应当内容具体、数据翔实，以确保能够为业务决策和日常运营提供充分的信息支持。

思考与练习题

一、简答题

1. 理论联系实际谈谈建立与健全责任会计制度的现实意义。

2. 简述责任会计制度的定义和作用。

3. 简述责任中心的定义与分类。

二、单项选择题

1. 下列成本中，属于成本中心必须控制和考核的成本是（　　）。

A. 标准成本　　B. 期间成本　　C. 可控成本　　D. 可变成本

2. 责任会计和财务会计的相同之处是都有（　　）。

A. 会计主体　　B. 会计报表　　C. 会计对象　　D. 会计计量单位

3. 某公司下属一个投资中心，该中心预计20××年投资500万元，预计净收益150万元，如果该公司平均投资报酬率为30%，则该中心投资的剩余收益为（　　）万元。

A. 45　　B. 150　　C. 0　　D. 105

4. 责任会计的核心目的不包括（　　）。

A. 明确责任与绩效目标　　B. 绩效评估与激励

C. 资源优化与风险管理　　D. 增加企业的社会影响力

5. 在责任会计中，利润中心通常负责（　　）。

A. 只控制成本　　B. 控制成本和收入

C. 控制成本、收入和投资回报　　D. 仅负责投资回报

6.（　　）不是责任会计制度的实施的关键环节。

A. 编制责任预算　　B. 核算责任中心的工作执行情况

C. 立即支付所有供应商款项　　D. 分析、评价和报告业绩

三、多项选择题

1. 责任中心可划分为（　　）。

A. 成本中心　　B. 费用中心　　C. 利润中心　　D. 投资中心

2. 责任中心成本与产品成本的不同之处在于（　　）。

A. 产品成本是按产品计算的，责任中心成本是按责任中心计算的

B. 产品成本要求谁受益、谁承担，责任中心成本要求谁负责、谁承担

C. 产品成本为考核不同产品的盈利性提供客观依据，责任中心则反映责任预算执行情况

D. 从理论上说，某一期间，全企业的产品总成本不等于全企业的责任中心成本的总和

3. 责任中心一般可分为成本中心、利润中心和投资中心三大类，其划分标准是根据企业内部各责任单位的（　　）来划分的。

A. 权限范围　　B. 会计核算的难易程度

C. 业务活动特点　　D. 责任中心所处的经营环节

4. 责任会计在企业中的作用包括（　　）。

A. 明确各部门的经济责任　　B. 评估员工的个人绩效

C. 优化资源配置　　D. 支持企业的战略决策

5.（　　）需要在制定内部转移价格时考虑。

A. 成本因素　　B. 市场价格

C. 责任中心的协商结果　　D. 管理层的个人偏好

6. 投资中心的考核指标可能包括（　　）。

A. 投资报酬率　　B. 剩余收益

C. 成本控制效率　　D. 资产周转率

四、判断题

1. 企业越是下放经营管理权，越要加强内部控制。因此，很多大型企业将各级、各部门按其权利和责任的大小划分为各种责任中心，实行分权管理。（　　）

2. 成本中心实际发生的利润数大于其责任成本预算的差异是有利差异。（　　）

3. 投资中心在责任中心的最高层次，具有最大的决策权，要求投资利润率最大化。（　　）

4. 所有责任中心都应当对其可控成本和收入进行全面控制。（　　）

5. 责任会计报告的编制、审批、分发和使用流程应该完全独立于企业的综合信息平台之外。（　　）

6. 利润中心的管理者不仅需要关注成本控制，还需要关注收入和利润的实现。（　　）

五、计算题

某企业的投资中心的投资额为250 000元，年净利润为40 000元，公司为该投资中心规定的最低投资报酬率为10%。请计算该投资中心的投资报酬率和剩余收益。

第十章　绩效管理与评价

【学习目标】 学生要了解绩效管理评价系统的概念及构成要素；熟悉常用的绩效评价的方法及其优缺点，包括关键绩效指标法、经济增加值法、平衡计分卡等。

【学习重点】 绩效管理与评价系统的构成要素；各种绩效评价的方法的优缺点。

【学习难点】 各种绩效评价的方法的应用。

第一节　绩效管理与评价概述

全面预算的总目标是否已经实现，以及各个责任中心的责任目标是否已经实现，都要进行评价。通过绩效管理与评价来发现问题、找出差距、总结成绩，同时也为企业奖惩提供依据，从而持续提升个人、部门和组织的绩效。

一、绩效管理与评价系统的概念及构成要素

（一）绩效管理与评价系统的概念

绩效来源于英文中的 performance 一词，也可以译为业绩、成效等。《现代汉语词典》将业绩解释为，建立的功劳和完成的事业；成就。这一解释强调事务或者活动发展的结果、目标实现程度及达成效率的衡量与反馈。

企业绩效是指企业中各种假设主体的活动结果，包括企业经营效益和经营者业绩等。它是一个价值概念，涵盖了企业的盈利能力、营运能力、偿债能力和发展能力等方面，也包括经营者在经营管理企业的过程中对企业经营、成长、发展所取得的成果和所作出的贡献。

企业绩效管理是由彼得·德鲁克提出的一个管理概念，用于监控和管理企

业绩效的方法、准则、过程和系统的整体组合。它涉及企业商务规划、运营管理、财务管理和绩效管理，由平衡计分卡、商务分析、财务预算、财务报告、竞争优势分析、企业内部流程等组成，以整体一致的形式表现出来。2017 年 9 月财政部发布的《管理会计应用指引第 600 号——绩效管理》中认为绩效管理是指企业与所属单位（部门）、员工之间就绩效目标及如何实现绩效目标达成共识，并帮助和激励员工取得优异绩效，从而实现企业目标的管理过程。绩效管理与评价是绩效管理与评价系统的核心内容，它是指企业运用系统的工具方法，对一定时期内企业运营效率与效果进行综合评价的管理活动，是企业实施激励管理的重要依据。

（二）绩效管理与评价系统的构成要素

企业绩效管理与评价系统是指由一系列与绩效评价相关的评价制度、评价指标体系、评价方法、评价标准以及评价机构等形成的有机整体。绩效管理与评价系统作为企业管理控制系统中一个相对独立的子系统，一般由评价主体、评价目标、评价客体、评价标准、评价方法、评价报告等几个基本要素构成，如图 10.1 所示。

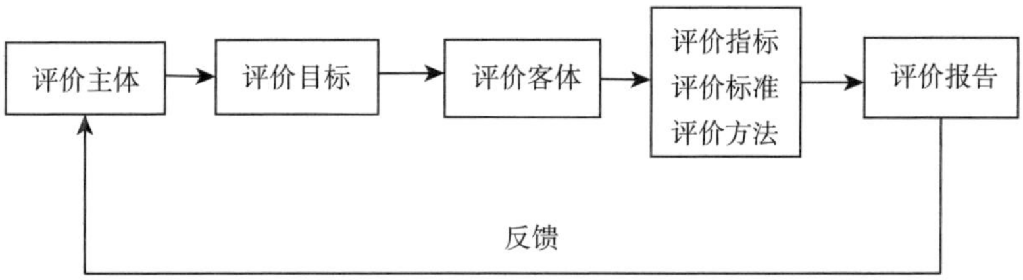

图 10.1　绩效管理与评价系统

1. 评价主体

评价主体是指绩效评价的组织者和实施者。基于委托代理理论，在以企业为核心的利益相关者中，主要存在所有人与经营者的矛盾，政府部门与其他利益相关者和企业的矛盾等。这些矛盾双方构成评价系统的主客体，其中主体包括资产所有者、经营管理者、政府部门及其他利益相关者等。

2. 评价目标

评价目标是整个系统运行的指南和目的，服从和服务于企业目标。目标是变化的，它会随着社会经济环境、企业不同的发展阶段等而不断调整。

3. 评价客体

评价客体是评价的对象，是与主体相对应的另一方。由主体需要可以看出评价客体主要包括整个企业、部门、经营管理者和普通员工等。从责任会计的角度看，评价客体应该是责任中心，包括成本中心、利润中心和投资中心等。根据不同的角度和需要可以设置不同的评价客体。

4. 评价指标

评价指标是指对评价对象进行评价的具体方面。评价指标的设计核心是关键成功因素，既有财务方面的，如投资报酬率、营业利润率、每股收益等；也有非财务方面的，如与客户的关系、售后服务水平、产品质量、创新能力等。

5. 评价标准

评价标准是指判断评价对象业绩优劣的标杆。评价标准因评价目标、范围等不同而具有相对性、变化性。目前常见的评价标准有历史标准、预算标准、竞争对手标准、经验值等。

6. 评价方法

评价方法是指绩效评价的工具和手段。根据其他要素的实际情况，可以选择相应的评价方法。

7. 评价报告

评价报告是评价系统的总结，是绩效评价体系的输出信息，也是绩效评价体系的结论性文件。通过分析评价客体，可以发现客体现存在的问题，提出防范措施和改进建议等。

以上七个要素共同组成一个完整的绩效管理与评价系统，要素之间相互联系相互呼应。不同的目标选择不同的对象、不同的指标和不同的标准，而且其报告的形式也不同。

二、绩效评价的形式

由于进行绩效评价的角度不同，如分析的主体不同、客体不同、目的不同等，所以企业绩效评价的形式也有所不同。明确不同绩效评价的形式的特点及用途，对于准确分析企业的财务状况、实现分析目标都有着重要意义和作用。通常，常见绩效评价的形式可从以下几方面进行划分。

（一）按照评价主体的分类

1. 内部评价

内部评价是指评价主体在企业范围内对企业内部的评价分析。内部评价的目的是判断和评价企业经营是否正常、顺利，如可通过收益性分析来评价企业盈利能力和资本保值、增值能力，可通过对企业经营目标完成情况的分析来考核与评价企业经营业绩，以便及时、准确地发现企业经营的成绩与不足，为企业未来生产经营的顺利进行以及提高经济效益指明方向。

2. 外部评价

外部评价的评价主体来自企业外部，主要是指企业外部的投资者及政府部门等，根据各自需要或分析目的，对企业有关情况进行分析的一种评价分析方法。

内部评价和外部评价并不是完全孤立或隔离的，要保证绩效评价的准确性，内部评价应站在外部评价的角度进行，而外部评价也应考虑或参考内部评价的结论，以避免出现片面性。

（二）按照评价的内容与范围的分类

1. 全面评价

全面评价是指对企业在一定时期的生产经营各方面的情况进行系统、综合、全面的分析与评价的一种方法。全面评价的目的是找出企业在生产经营中带有普遍性的问题，全面总结企业在当期的成绩与问题，为协调各部门关系，搞好下期生产经营安排奠定基础或提供依据。全面评价通常在年终进行，形成综合、全面的成本绩效分析报告，向职工代表大会或股东代表大会汇报。

2. 专题评价

专题评价是指根据分析主体或分析目的的不同，对企业生产经营过程中某一方面的问题所进行较深入的分析的一种方法。专题评价对解决企业的关键性问题有重要作用。

企业在绩效评价中应将全面评价与专题评价相结合，只有这样才能全面、深入地揭示企业的问题，正确地评价企业各方面状况。

（三）按照评价时期和目的分类

1. 趋势评价

趋势评价是指企业某个时期对各单位时间的总体绩效状况或某个绩效评价指标的变动情况所作的分析，借以评价企业的发展趋势。趋势评价是绩效评价的基本形式之一，它不仅有利于评价过去，而且有利于指导现在和预测未来。

2. 现状评价

现状评价是绩效评价的最基本和最主要的形式，它是指对企业当期的经营活动所进行的评价，以评价企业当期的各项经营和财务活动状况。

3. 潜力评价

潜力评价是指在趋势评价和现状评价的基础上，结合企业资源变动状况和经营目标，对企业未来发展能力的估价与判断。

三、绩效管理与评价的原则

企业进行绩效管理，一般应遵循以下原则。

1. 战略导向原则

绩效管理与评价应为企业实现战略目标服务，支持价值创造能力的提升。

2. 客观公正原则

绩效管理与评价应实事求是，评价过程应客观公正，激励实施应公平合理。

3. 规范统一原则

绩效管理与评价的政策和制度应统一明确，并严格执行规定的程序和流程。

4. 科学有效原则

绩效管理与评价应做到目标符合实际，方法科学有效，激励与约束并重，操作简便易行。

四、绩效管理与评价体系的演进历程

根据绩效管理与评价体系的研究演变过程，可以将企业绩效管理与评价的演进历程划分为三个时期：成本绩效评价时期、财务绩效评价时期、业绩绩效评价指标体系创新时期。

（一）成本绩效评价时期

成本绩效评价时期以成本核算和成本控制为主。这一时期又划分为三个阶段，即简单成本绩效评价阶段、成本分类绩效评价阶段和标准成本绩效评价阶段。简单成本绩效评价阶段主要以简单的总成本降低为目的。在成本绩效评价时期，成本核算比较简单，成本分析和控制较为笼统。随着生产力发展，这种简单的成本绩效评价方法已经不能适应生产经营的要求，需要对成本管理进行分类控制和绩效评价，从而提升成本管理的精度。标准成本绩效评价阶段，是建立在标准成本制度之上的科学管理方法，成本分类和成本核算更加科学，事前进行成本预测和计划，事中进行成本控制，事后进行成本差异分析和处理成本差异。

（二）财务绩效评价时期

财务绩效评价是指以财务指标为主的绩效评价体系。根据评价指标的计算方法，财务绩效评价时期主要有以利润为核心的财务绩效评价模式和以经济增加值（简称 EVA）为核心的财务绩效评价模式。

在以利润为核心的财务绩效评价模式中，早期财务绩效评价指标多以成本指标为主。随着经营权所有权的进一步分离，财务绩效评价指标范围逐渐从单一的成本指标扩大到了包括偿债性指标、收益性指标和经营性指标在内的更大范围，如以销售利润率为中心的财务绩效评价模式、以投资报酬率为中心的杜邦财务系统等。这些指标和方法操作性和可考核性强，在一定程度上能够反映企业为投资者创造的价值增值，在同一会计准则下，提升了不同企业间的可比性。但是，会计准则在保持谨慎性原则下反映投资者的要求，并且按照历史成本原则进行资产计量，不利于评价公司的战略价值。

（三）业绩绩效评价指标体系创新时期

20 世纪 80 年代后期，全球性竞争日益激烈，市场瞬息万变。核心竞争优势的形成与保持是由多方面因素决定的，那些影响企业战略经营成功的重要因素在绩效评价指标体系中得到了充分的体现，非财务指标日益显得重要。面对这些挑战，出现了一系列新的业绩评价观点和方法体系，非财务指标开始被纳入企业绩效评价体系，其中的典型代表有平衡计分卡、关键绩效指标法等。

第二节　关键绩效指标法

意大利经济学家帕累托提出一个经济学原理——帕累托法则，又称“80/20”法则。最初这一法则只限定于经济学领域，后来这一法则也被推广到社会生活的各个领域，且深为人们所认同。在任何大系统中，约 80％的结果是由该系统中约 20％的变量产生的。一个企业在价值创造过程中，每个部门和每一位员工的 80％的工作任务是由 20％的关键行为完成的，抓住这 20％的关键行为，就抓住了主体。“80/20”法则为绩效考核指明了方向，即考核工作的主要精力要放在关键的结果和关键的过程上。

一、关键绩效指标法的含义

关键绩效指标法是指基于企业战略目标，通过建立关键绩效指标（KPI）体系，将价值创造活动与战略规划目标进行有效联系，并据此进行绩效管理的方法。关键绩效指标是对企业绩效产生关键影响力的指标；是通过对企业战略目标、关键成果领域的绩效特征进行分析、识别和提炼出的最能有效驱动企业价值创造的指标。关键绩效指标法可单独使用，也可与经济增加值法、平衡计分卡等其他方法结合使用。关键绩效指标法的应用对象可为企业、所属单位（部门）和员工。

二、关键绩效指标法的业务流程

企业应用关键绩效指标法，一般按照制订以关键绩效指标为核心的绩效计划、制订激励计划、执行绩效计划与激励计划、实施绩效评价与激励、编制绩效评价与激励管理报告等程序进行。企业通常按照《管理会计应用指引第 600 号——绩效管理》第十条所规定的内容，即业绩计划是企业开展业绩评价工作的行动方案，包括构建指标体系、分配指标权重、确定业绩目标值、选择计分方法和评价周期、签订业绩合同等一系列管理活动。

三、关键绩效指标体系的构建

（一）确定企业级关键绩效指标

明确企业的战略目标，结合企业价值创造模式，综合考虑内外部环境因素，设定企业级关键绩效指标。

（1）可以在财务部门统领、其他部门配合下搜集指标，建立指标库。

（2）对所有指标按照一定的维度进行分类，并确定每一分类的企业级关键绩效指标。涉及各专业管理的指标，需采纳专业部门意见，例如，可以按照平衡计分卡的四个维度将所有指标分为财务类、客户类、内部营运类和学习成长类。

（3）分管财务的企业领导组织财务及相关部门进行审核和批准，重点关注预设指标是否与公司年度重点工作相匹配。

（二）分解出部门级关键绩效指标

各部门的主管需要依据企业级关键绩效指标，结合部门的关键业务流程和职责，按照上下结合、分级编制、逐渐分解的程序，在沟通反馈的基础上，设置部门级关键绩效指标。下级单位对部门级关键绩效指标的制定需在财务部门负责绩效指标体系人员的协助与指导下完成。

（1）获取在制定企业级关键绩效指标时建立的数据库。该数据库中未被采纳的企业级关键绩效指标通常适用于部门，因此指标数据库是制定这个层级关键绩效指标的重要来源。

（2）采用组织功能分解法确定可选的关键绩效指标。这是部门级关键绩效指标的另一个重要来源，其目的仍然是建立备选的指标库。

（3）将指标库中的指标按照一定的维度进行分类，确定每一分类下的关键绩效指标。可以采用关键成功因素法对分类指标体系进行梳理，自上而下、上下结合确定关键绩效指标。

（4）分管企业领导审核和企业决策层批准。分管业务的企业领导组织该业务部门在财务部门的协助下进行审核，重点关注指标设置与企业级关键绩效指标之间的驱动关系是否明确、是否反映了本部门的主要职责和业务范围、指标数量是否精简。

（三）制定岗位的关键绩效指标

各部门关键绩效指标人员，根据部门级关键绩效指标，结合员工岗位职责和关键工作价值贡献，再将关键绩效指标进一步细分，分解为更细的关键绩效指标及各岗位的业绩衡量指标，这些业绩衡量指标就是员工考核的要素和依据。

企业的关键绩效指标在不同的视角下有不同的分类，一般可分为结果类和动因类两类指标。结果类指标是反映企业绩效的价值指标，主要包括投资回报率、净资产收益率、经济增加值、息税前利润、自由现金流等综合指标；动因类指标是反映企业价值关键驱动因素的指标，主要包括资本性支出、单位生产成本、客户满意度、员工满意度等。

关键绩效指标的设置应满足含义明确、战略相关、职责相关、可量化、动态性等原则。指标不宜过多，抓住工作的重点，一般每个层级的关键绩效指标不超过10个。

四、关键绩效指标的权重分配和目标值

（一）关键绩效指标的权重分配

关键绩效指标的权重分配应以企业战略规划和力图打造的核心竞争力为导向，反映被评价对象对企业价值贡献或支持的程度，以及各指标之间的重要性水平。

单项关键绩效指标的权重一般设定在5%～30%，对特别重要的指标可适当提高权重。对特别关键、影响企业整体价值的指标可设立“一票否决”制度，即如果某项关键绩效指标未完成，无论其他指标是否完成，均视为未完成绩效目标。

（二）关键绩效指标的目标值

关键绩效指标的目标值应具有挑战性和可实现性，可设定基本目标值、挑战目标值等类似目标层级，激发被评价对象的潜能，并得到被评价对象的普遍认同。因此，目标值可以按照一定的层级进行设置。

1. 基于标杆、缩小差距

依据国家有关部门或权威机构发布的行业标准或参考竞争对手标准确定，意在缩小与该标准的差距。

2. 基于历史、超越自我

参照企业内部既往已实现的水平确定，要力争超越历史最好水平。

3. 基于战略、实现目标

根据企业战略规划目标确定，努力实现战略规划目标。

关键绩效指标的目标值确定后，当内外部环境、自然因素等不可抗力因素对绩效完成结果产生重大影响时，应规定对目标值进行调整的办法和程序。为保持目标体系的严肃性，调整不宜过于频繁，一般每季度或每半年调整一次。

五、关键绩效指标的评价

（一）关键绩效指标法的优点

关键绩效指标法的优点：①使企业业绩评价与战略目标密切相关；②有利于战略目标的实现；③通过识别价值创造指标来把握关键价值驱动因素；④能够更有效地实现企业价值增值目标；⑤评价指标数量相对较少，易于理解和使用；⑥实施成本相对较低，有利于推广实施。

（二）关键绩效指标法的缺点

关键绩效指标法的缺点：①关键绩效指标的选取需要透彻理解企业价值创造模式和战略目标，以及有效识别核心业务流程和关键价值驱动因素；②指标体系设计不当将导致错误的价值导向或管理缺失。

第三节　平衡计分卡

20 世纪 90 年代，哈佛大学教授罗伯特·S. 卡普兰和诺顿研究院最高执行长戴维·P. 诺顿开展了名为“未来组织绩效衡量方法”的研究计划，他们发现了一套绩效评价和管理系统，能够兼顾长短期目标、财务和非财务指标、滞后和先行指标，以及内部和外部指标，即平衡计分卡。在此基础上罗伯特·S. 卡普兰教授与戴维·P. 诺顿教授做了学术上的深化，并把它推广到全球的企业中。平衡计分卡自创立以来，在国际上很快引起理论界和企业界的浓厚兴趣与热烈反响。1996 年安永国际会计公司举办的银行业首席财务官圆桌会议透露，平衡计分卡已为 60%以上的大银行所采用。另外一项对 236 家北欧大型公司的调查表明，61 家公司已经使用了平衡计分卡，还有 140 家公司打算在两年之内引入平衡计分卡。

一、平衡计分卡的概念和内容

平衡计分卡（BSC）是指指基于企业战略，从财务、客户、内部营运、学习与成长四个维度，将战略目标逐层分解转化为具体的、相互平衡的绩效指标体系，并据此进行绩效管理的方法。平衡计分卡反映了财务、非财务衡量方法之间的平衡；长期目标与短期目标之间的平衡；外部和内部的平衡；结果和过程平衡；管理业绩和经营业绩的平衡等多个方面。因此，它能反映组织综合经营状况，使业绩评价趋于平衡和完善，利于组织长期发展。平衡计分卡示意图如图 10.2 所示。

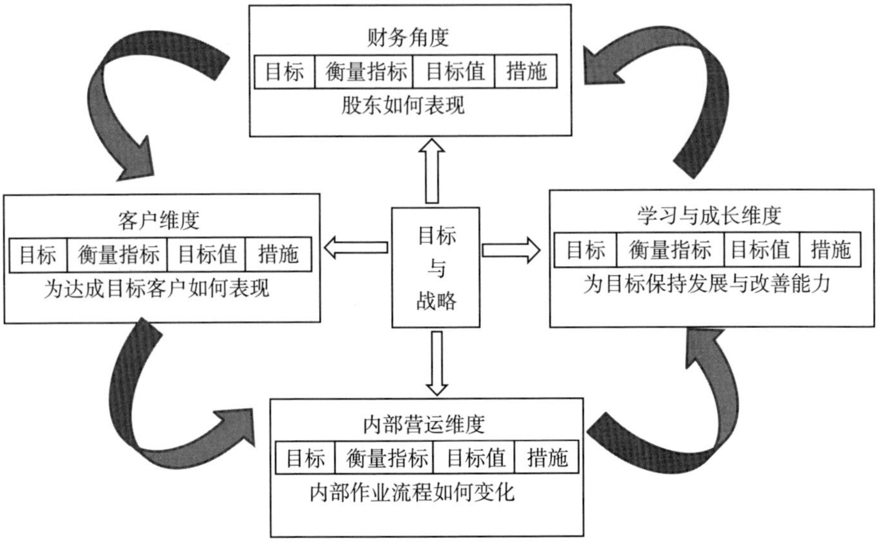

图 10.2 平衡计分卡示意图

（一）财务维度

平衡计分卡保留原有财务方面的内容，因为财务指标对表述可计量的经济结果的已发生方案是有价值的。财务业绩指标能反映企业经营策略、业绩对净利的提高是否具有帮助，以及企业战略及其执行对于股东利益的影响。财务维度是四个维度的起始点和中心。由于企业的主要财务目标涉及盈利、股东价值实现和增长，所以平衡计分卡相应地将其财务目标简单表示为生存、成功、价值增长三个方面，常用指标包括净资产收益率、现金流量、投资报酬率、每股收益等。财务维度的业绩评价涵盖了传统的业绩评价的方式，但是财务维度的评价指标并非唯一的或最重要的，它只是企业整体发展战略中不可忽视的要素中的一部分。

（二）客户维度

企业经营活动的开展，不仅仅是为了获得财务上的直接收益，而且还要考虑战略资源的开发与保持。这种战略资源包括外部资源和内部资源两种。其中，外部资源即客户，为企业带来了服务产品的市场，这也是企业战略性成长的需求基础。而客户层面对业绩的评价，就是对企业赖以生存的外部资源开发和利用的业绩进行衡量，具体来说是指企业进行客户开发的业绩和对从客户处获得利益的能力的衡量。这种评价主要考虑两个方面，一方面是客户对服务满意度的评价，另一方面是企业的经营行为对客户开发的数量和质量的评价。客户最关心的不外乎五个方面，即时间、质量、性能、服务和成本。企业必须基于不同的战略在这五个方面确立清晰的目标，然后将目标细化为具体的指标。客户维度指标衡量的主要内容包括市场份额、客户保持率、客户获得率、客户满意度、客户获利水平等。

（三）内部营运维度

内部营运维度是指企业从输入各种原材料和顾客需求，到创造出对顾客有价值的产品（或服务）过程中的一系列活动。建立平衡计分卡的顺序，通常是在建立财务和客户维度的目标与指标后，才制定企业内部营运维度的目标与指标，这个顺序使企业能够抓住重点，专心衡量那些与股东和客户目标息息相关的流程。一个组织要想实现其客户和财务指标，就必须不断地优化甚至再造内部关键流程。内部营运维度的绩效考核应以客户满意度和影响实现财务目标最大的业务流程为核心，一般来说，既包括短期的现有业务的改善，又涉及长远的产品和服务的革新。内部营运维度指标主要涉及企业业务流程和管理流程的改良、创新过程、经营过程和售后服务过程等。

（四）学习与成长维度

虽然客户维度和内部营运维度已经着眼于企业发展的战略层次，但都是将评价观点放在企业活动现有的竞争能力上，而学习与成长维度则强调了企业不断创新，并保持其竞争能力与未来的发展势头。因此无论是管理层还是基层职员都必须不断地学习，不断地推出新的产品和服务，并且迅速有效地占领市场。

企业对业务不断地学习和创新就会不断地为客户提供更多价值含量高的产品和服务，减少运营成本，提高企业的经营效率，扩大市场，找到新增附加值的机会，从而增加股东价值。尤其是在知识、技术和人工智能深刻影响未来的情况下，削减对企业学习和成长能力的投资虽然短期内会增加企业的财务收入，但由此造成的不利影响将在未来给企业带来沉重打击。学习与成长维度指标涉及员工的能力、信息系统的能力以及激励、授权与相互配合等。

二、平衡计分卡的实施流程

1. 分析企业的整体现状

该流程包括企业生命周期、SWOT 分析等。

2. 确定企业的价值定位

企业成功的关键之一是针对关键客户或目标市场建立一个制胜的价值定位。一般有三种价值定位，即产品领先、高效运作和客户亲密度。价值定位能够帮助企业确立战略重点。

3. 设置四张计分卡

以组织的共同愿景与战略为内核，运用综合与平衡的哲学思想，依据组织结构，将公司的愿景与战略转化为下属各责任部门在财务、顾客、内部营运、学习与成长四个方面的系列具体目标，并相应地设置四张计分卡。

4. 设置绩效评价指标体系

在组织内部传达战略并把绩效目标逐级落实到组织内部各级单位，最终落实到个人，依据各责任部门四个维度的目标，设置对应的绩效评价指标体系。这些指标不仅与公司战略目标高度相关，而且是以先行与滞后两种形式，同时兼顾和平衡公司长期和短期目标、内部与外部利益，综合反映战略管理绩效的财务与非财务信息。这样，可以避免在战略执行时出现横向失衡和纵向不一致的情况。

5. 能力发展和浮动薪酬相挂钩

由各主管部门与责任部门共同商定各项指标的具体评分规则。一般是将各项指标的预算值与实际值进行比较，对应不同范围的差异率，设定不同的评分值。在这一步要确定员工的能力模型并以此发展员工的能力，同时要把能力发展的进展也计入员工的综合绩效评分，用与薪酬直接挂钩的形式激励员工完善自己的能力。

6. 考核目标执行情况

以综合评分的形式，定期（通常是一个季度）考核各责任部门在财务、顾客、内部营运、学习与成长四个方面的目标执行情况，及时反馈，适时调整战略偏差，或修正原定目标和评价指标，确保公司战略得以顺利与正确地实行。

三、平衡计分卡的评价

（一）平衡计分卡的主要优点

1. 将战略转化为组织各层的绩效指标和行动

能有效地将组织的战略转化为组织各层的绩效指标和行动，使整个组织行动协调一致，有利于各级员工对组织目标和战略的沟通和理解；保证了组织的年度计划和组织的长远发展方向得到有效的结合；克服了企业的战略规划操作性差的缺点。

2. 绩效评价更为全面完整

是从财务、客户、内部营运、学习与成长四个维度确定绩效指标，使绩效评价更为全面完整，克服财务评估方法的短期行为。

3. 有利于员工的学习成长和能力的培养

将学习与成长作为一个维度，注重员工的学习成长和核心能力的培养，有利于组织资本、信息资本等无形资产的开发和利用，有利于增强企业的可持续发展的动力。

（二）平衡计分卡的主要缺点

平衡计分卡在绩效考核层面运用时，是对传统绩效考核与评价方法的一种突破，但是不可避免地也存在一些缺点。

1. 实施难度大、成本高

平衡计分卡要求企业从财务、客户、内部营运、学习与成长四个方面考虑战略目标的实施，并为每个方面制定详细而明确的目标和指标。对专业技术要求高，工作量比较大，操作难度也较大，需要持续的沟通和反馈，实施比较复杂、成本高。

2. 各指标权重的分配比较困难

要对企业绩效进行评价，就必然要综合考虑财务、客户、内部营运、学习与成长四个方面的因素，这就涉及权重分配问题。更加复杂的是，不但要在不同层面之间分配权重，而且要在同一层面的不同指标之间分配权重。而且平衡计分卡也没有说明针对不同的发展阶段与战略需要确定指标权重的方法，使权重的分配带有浓厚的主观色彩，且部分非财务指标的量化工作难以落实。

3. 对信息系统、管理能力有较高的要求

系统性强、涉及面广，需要专业人员的指导、企业全员的参与和长期持续的修正与完善，对信息系统、管理能力有较高的要求。因此，管理基础差的企业不可以直接引入平衡计分卡，必须先提高自己的管理水平，然后循序渐进地引进平衡计分卡。

第四节　经济增加值法

1964 年，约尔・M. 斯腾恩从芝加哥商学院毕业后，进入切斯曼哈顿银行工作，通过实际考察和不懈思考，深感当时流行的会计准则、会计收益、每股收益（EPS）等在衡量公司市场价值方面的严重缺陷。他开始研究经济增加值（EVA）。1982 年，约尔・M. 斯腾恩离开切斯曼哈顿银行，与贝内特・斯图尔特合伙成立斯腾斯特财务咨询公司，专门从事 EVA 应用咨询，并将 EVA 注册为商标。从最基本的意义上讲，经济增加值是公司业绩度量指标，与大多数其他度量指标不同之处在于，EVA 考虑了带来企业利润的所有资金成本。EVA 在当时克服了传统指标的缺陷，准确反映公司为股东创造的价值，受到企业界的关注与青睐，世界著名的大公司如可口可乐、国际商业机器公司（简称 IBM）、美国运通、通用汽车、西门子公司、索尼、戴尔、沃尔玛等近 300 多家公司开始使用 EVA 管理体系。2010 年 1 月 1 日起施行的《中央企业负责人经营业绩考核暂行办法》规定，年度经营业绩考核中的基本指标包括利润总额和经济增加值指标，其中，EVA 的基本分为 40 分，利润总额指标的基本分为 30 分。

一、经济增加值法的概念和内容

经济增加值法，是指以经济增加值（EVA）为核心，建立绩效指标体系，引导企业注重价值创造，并据此进行绩效管理的方法。经济增加值是指税后净营业利润扣除全部投入资本的成本后的剩余收益。经济增加值及其改善值是全面评价经营者有效使用资本和为企业创造价值的重要指标。经济增加值为正，表明经营者在为企业创造价值；经济增加值为负，表明经营者在损毁企业价值。经济增加值法较少单独应用，一般与关键绩效指标法（KPI）、平衡计分卡（BSC）等其他方法结合使用。

（一）评价指标

EVA是衡量业绩最准确的尺度，对无论处于何种时间段的公司业绩，都可以作出最准确恰当的评价。在计算EVA的过程中，首先对传统收入、成本、费用概念进行一系列调整，从而消除会计运作产生的异常状况，并使其尽量与经济真实状况相吻合。EVA通过将所有的资金成本纳入核算，表明了在一定时期内企业所创造财富的价值量。由于引入了可接受的最低投资回报的概念，股东得到的回报应当多于或等于期望得到的回报，否则这个企业或项目就没有存在的必要。

（二）管理体系

EVA是衡量企业所有决策的单一指标。公司可以把EVA作为全面财务管理体系的基础，这套体系涵盖了所有指导营运、制定战略的政策方针、方法过程，以及衡量指标。在EVA体系下，管理决策的所有方面全都囊括在内，包括战略企划、资本分配、并购或撤资的估价、制定年度计划，以及每天的运作计划。总之，增加EVA是超越其他一切的公司最重要的目标。

从更重要的意义来说，成为一家EVA公司的过程是一个扬弃的过程。在这个过程中，公司将扬弃所有其他的财务衡量指标，否则这些指标会误导管理人员作出错误的决定。经济增加值是指全部生产力的度量指标，其能够与其他财务指标和经营指标相结合，并与决策相统一建立在经济增加值基础上的管理体系密切关注企业价值的创造，并以此指导公司决策的制定和营运管理，使企业经营更加有效。

（三）激励制度

早期对管理人员的薪酬激励计划过多强调薪酬，而对激励不够重视。无论奖金量是高还是低，都是通过每年讨价还价的预算计划来确定的。在这种体制下，对管理人员最有利于激励方式是制定一个易于完成的预算任务，由于奖金是有上限的，所以奖金不会超出预算太多，否则会导致企业所有者对管理人员来年的期望过高，如果管理人员未达到期望就会使其信誉受损。将奖金与利润挂钩的激励办法忽略了资金成本的概念，而利用经济增加值设计激励计划，便于管理人员更关注资产及其收益，为企业所有者着想，使他们从股东角度长远地看待问题，并得到像企业所有者一样的薪酬。因为使EVA的增加最大化，就是使股东价值最大化。经济增加值帮助管理者将两个最基本的财务原则（一是企业价值最大化；二是企业价值取决于投资未来利润能否超过资金成本）纳入决策中。事实上，在 EVA 制度下，管理人员得到的奖励越多，股东所得的财富也越多。

（四）理念体系

EVA 的引入给企业带来了一种新的理念，以经济增加值为目的和主线，企业所有部门、所有人、所有营运功能都从创造价值出发，优化行为和加强合作，为公司各部门员工提供了一条相互交流的渠道。EVA 财务管理制度和薪酬激励制度将使公司的企业文化发生深远变化。EVA 为各分支部门的交流合作提供了有利条件，为决策部门和营运部门建立了联系信道，并且根除了部门之间互有成见、互不信任的情况，而这种互不信任的情况尤其会存在运营部门与财务部门之间。EVA 作为理念体系将促使企业行为优化和实现价值最大化。

二、经济增加值法的应用程序

（一）构建经济增加值指标体系

1. 制定企业级经济增加值指标体系

首先应结合行业竞争优势、组织结构、业务特点、会计政策等情况，确定企业级经济增加值指标的计算公式、调整项目、资本成本等，并围绕经济增加值的关键驱动因素，制定企业级经济增加值指标体系。

2. 制定所属单位（部门）级经济增加值指标体系

根据企业级经济增加值指标体系，结合所属单位（部门）所处行业、业务特点、资产规模等因素，在充分沟通的基础上，设定单位（部门）级经济增加值指标的计算公式、调整项目、资本成本等，并围绕（部门）经济增加值的关键驱动因素，细化制定单位（部门）级经济增加值指标体系。

3. 制定高级管理人员的经济增加值指标体系

根据企业级、单位（部门）级经济增加值指标体系，结合高级管理人员的岗位职责，制定高级管理人员的经济增加值指标体系。

（二）经济增加值的计算

$$EVA=P-V\times K_{WACC}$$

在上述式中：

EVA 为经济增加值；

P 为税后净营业利润，反映企业的经营盈利情况；

V 为平均资本占用，指各种债务资本和股权资本；

K_{WACC} 为加权平均资本成本，指各种资本的平均成本率。

在计算经济增加值时，需要进行相应的会计项目调整，以消除财务报表中不能准确反映企业价值创造的部分。会计调整项目的选择应遵循价值导向性、重要性、可控性、可操作性与行业可比性等原则，根据企业实际情况确定。常用的调整项目有：①研究开发费、大型广告费等一次性支出但收益期较长的费用，应予以资本化处理，不计入当期费用；②反映付息债务成本的利息支出，不作为期间费用扣除，在计算税后净营业利润时扣除所得税影响后予以加回；③营业外收入、营业外支出具有偶发性，将当期发生的营业外收支从税后净营业利润中扣除；④将当期减值损失扣除所得税影响后予以加回，并在计算资本占用时相应地调整资产减值准备发生额；⑤递延税金不反映实际支付的税款情况，将由于递延所得税资产及递延所得税负债变动而造成影响的企业所得税从税后净营业利润中扣除，相应地调整资本占用；⑥其他非经常性损益调整项目，如股权转让收益等。由此可见，EVA 不鼓励以牺牲长期业绩的代价来夸大短期效果，而是鼓励企业进行能够带来长远利益的投资。

平均资本占用是指所有投资者投入企业经营的全部资本，包括债务资本和股权资本。其中债务资本包括融资活动产生的各类有息负债，不包括经营活动产生的无息流动负债。股权资本包含少数股东权益。资本占用除了根据经济业务实质相应地调整资产减值损失、递延所得税等，还可根据管理需要调整研发支出、在建工程等项目，引导企业注重长期价值创造。

加权平均资本成本是指债务资本成本和股权资本成本的加权平均资本成本，反映了投资者所要求的必要报酬率。加权平均资本成本的计算公式如下：

$$K_{WACC}=K_D\frac{DC}{TC}(1-T)+K_S\frac{EC}{TC}$$

在上述式中：TC 代表资本占用，EC 代表股权资本，DC 代表债务资本，T 代表所得税税率，K_{WACC} 代表加权平均资本成本，K_D 代表债务资本成本，K_S 代表股权资本成本。按照国资委的要求，资金成本率应分下列情况而定。

（1）中央企业资金成本率原则上定为5.5%。

（2）承担国家政策性任务较重且资产通用性较差的企业，资金成本率定为4.1%。

（3）资产负债率在75%以上的工业企业和80%以上的非工业企业，资金成本率上浮0.5个百分点。

债务资本成本是指企业实际支付给债权人的税前利率，反映的是企业在资本市场中债务融资的成本率。如果企业存在不同利率的融资来源，债务资本成本应使用加权平均值。股权资本成本是指在不同风险下，所有者对投资者要求的最低回报率。通常债务资本的计算公式如下：

$$K_S=R_f+\beta(R_m-R_f)$$

在上述式中：K_s 为债务资本成本，R_f 为无风险收益率，R_m 为市场预期回报率，R_m-R_f 为市场风险溢价，β 是企业股票相对于整个市场的风险指数。上市企业的 β 值，可采用回归分析法或单独使用最小二乘法等方法来测算确定，也可以直接采用证券机构等提供或发布的 β 值；非上市企业的 β 值，可采用类比法，参考同类上市企业的 β 值确定。

（三）确定业绩绩效目标

经济增加值目标值（*EVA* 目标值）根据经济增加值基准值（*EVA* 基准值）和期望的经济增加值改善值（期望的△*EVA*）确定，EVA目标值的计算公式如下：

$$EVA\text{ 目标值}=EVA\text{ 基准值}+\text{期望的}\triangle EVA$$

企业在确定 *EVA* 基准值和期望的△*EVA* 值时，要充分考虑企业规模、发展阶段、行业特点等因素。其中，*EVA* 基准值可参照上年实际完成值、上年实际完成值与目标值的平均值、近几年（比如前3年）实际完成值的平均值等确定。期望的△*EVA* 值，根据企业战略目标、年度生产经营计划、年度预算安排、投资者期望等因素，结合价值创造能力改善等要求综合确定。

（四）制订激励计划

经济增加值法的激励计划按激励形式可分为薪酬激励计划、能力开发激励计划、职业发展激励计划和其他激励计划。应用经济增加值法建立的激励体系，应以经济增加值的改善值为基础。

（1）薪酬激励计划主要包括目标奖金、奖金库和基于经济增加值的股票期权。目标奖金是指达到经济增加值目标值时所获得的奖金，只对经济增加值增量部分实施奖励。奖金库是指基于对企业经济增加值长期增长目标实施的奖励。企业设立专门的账号管理奖金，将以经济增加值为基准计算的奖金额存入专门账户，以递延奖金形式发放。股票期权的行权价格和授予数量是根据经济增加值确定的，行权价格每年以相当于企业资本成本的比例上升，授予数量由当年所获得的奖金确定。

（2）能力开发激励计划主要包括对员工知识、技能等方面的提升计划。

（3）职业发展激励计划主要是对员工职业发展做出的规划。

（4）其他激励计划包括良好的工作环境、晋升与降职、表扬与批评等。

三、经济增加值法的评价

（一）经济增加值法的主要优点

1. 能够真实地反映企业的经营业绩，维护股东正当权益

EVA 考虑了全部资本成本，只有考虑了股权资本成本，才能计算出真正的价值溢价，更真实地反映企业的价值创造能力，准确地衡量股东财富增加与否。只有企业的收益超过企业的全部资本成本，才能说明经营者为股东创造了财富。

2. 提高了会计信息质量

传统的评价指标（如会计收益等）是在公认会计准则的基础上计算出来的，因此在某种程度上存在着会计信息失真，可能会歪曲真实经营业绩。而 EVA 要求在计算之前对会计信息来源进行必要的调整，尽可能消除由于公认会计准则所造成的扭曲性影响。

3. EVA 是一种新型的企业价值观

EVA 绩效的改善是同企业价值的提高相联系的，EVA 为经营者提供了一个考察企业的新角度，实现了企业利益、经营者利益和员工利益的统一，激励经营者和所有员工为企业创造更多价值。

4. 能够减少短期行为

EVA 着眼于企业的长期发展，而不像净利润那样仅仅是一种短期指标，它鼓励企业经营者作出能给企业带来长远利益的投资决策，能有效遏制企业盲目扩张规模以追求提高利润总和增长率的倾向，引导企业注重长期价值创造。

（二）经济增加值法的主要缺点

1. 计算调整比较复杂

根据 EVA 的原理，为了消除会计信息的失真，需要对按照公认会计原则编制的财务报表进行调整。目前，计算 EVA 需要做高达 160 余项的调整，因此，这种对会计利润的调整并不符合成本效益原则。而且不同行业、不同发展阶段、不同规模等的企业，其会计调整项和加权平均资本成本各不相同，计算比较复杂，影响指标的可比性。

2. 不同规模企业之间的 EVA 无法简单地进行比较

不同规模企业之间的 EVA 无法简单地进行比较。EVA 作为一个数量指标，对经济效益的反映是有缺陷的。效益既可以是投入与产出之差，也可以是投入与产出之比，而 EVA 是一个绝对量指标，只能反映经济效益的大小，但不能体现经济效益的相对高低。

3. EVA 仅能揭示影响经营绩效的财务指标

EVA 指标评价体系对非财务指标重视不够，认为财务资本是驱动企业成长的主要因素，而非财务资本如人力资本、客户资本、创新资本等都是由财务资本驱动的，但这些非财务资本恰恰是促使企业成长的重要内在因素。EVA 计算主要基于财务指标，无法对企业的营运效率与效果进行综合评价。

4. EVA 指标无法衡量企业长远的价值创造

EVA 是以会计利润为基础计算的，经营者很可能使用虚拟交易等手段提高利润，这就增大了企业的经营风险。经营者可能为了获得即期的经济利益，放弃开发周期长却具有更大赢利能力的项目，损害了企业的长远利益。另外，EVA 仅对企业当期或未来 1～3 年价值创造情况进行衡量和预判，无法衡量企业长远发展战略的价值创造情况。

第五节　绩效棱柱模型

20 世纪 60 年代利益相关者理论在西方国家逐步发展起来，特别是进入 20 世纪 80 年代以后其影响迅速扩大，并开始影响美、英等国的公司治理模式的选择，也直接促进了企业管理方式的转变。利益相关者理论立足的关键之处在于，它认为随着时代的发展，物质资本所有者在公司中的地位呈逐渐弱化的趋势。这种弱化实际上是对“公司是由持有该公司普通股的个人和机构所有的”

的传统核心概念提出疑问。公司的经营管理者的工作应该是指为综合平衡各个利益相关者的利益要求而进行的管理活动。该理论认为任何一个公司的发展都离不开各利益相关者的投入或参与，企业追求的是利益相关者的整体利益，而不仅仅是某些主体的利益。在此背景下，克兰菲尔德学院教授 Andy Neely 与安达信咨询公司于 2000 年联合开发了三维绩效框架模型，即绩效棱柱模型。该模型用棱柱的五个方面分别代表组织绩效存在内在因果关系的五个关键要素：利益相关者的满意、利益相关者的贡献、组织战略、业务流程和组织能力。

一、绩效棱柱模型的概念和内容

绩效棱柱模型，是指从企业利益相关者角度出发，以利益相关者满意为出发点，以利益相关者贡献为终点，以组织战略、业务流程、组织能力为手段，用棱柱的五个构面构建三维业绩评价体系，并据此进行绩效管理的方法。其中，利益相关者是指有能力影响企业或者企业所影响的人或者组织，通常包括股东、债权人、员工、客户、供应商、监督机构等。

绩效的第一个构面是利益相关者的满意。绩效棱柱理论认为绩效评价的起点不应该是“组织的战略是什么”，而应该是“谁是组织的主要利益相关者，他们的愿望和要求是什么”。投资者、顾客、中间商、员工、供应商、压力集团和社区等是一个组织的关键利益相关者，充分考虑其要求，这是绩效棱柱模型的出发点。

绩效的第二个构面是利益相关者的贡献。即管理者期望从利益相关者那里获得什么。每个利益相关者与企业之间是一种基于社会交换理论和公平理论的互惠互利的相互关系。利益相关者需要从企业获得一定的收益，必然要求利益相关者对企业有一定的付出。

绩效的第三个构面是组织战略。即包括管理者应该采用什么样的战略来满足利益相关者的需求，同时满足企业自身的需求？战略是否确实得到了实施？如何协调组织内的战略？如何鼓励和刺激战略的执行？战略执行的结果如何评价？等内容。可见绩效棱柱模型理论不是来源于战略，战略并不是最终目的，而只是如何达到所期望的目标的路线。它能够使组织更好地在各种利益相关者之间分配价值。在绩效评价方法的设计中，企业要考虑包括总体战略、业务战略、品牌战略、产品战略、服务战略、经营战略在内的不同战略层次。第一，要能够帮助管理者了解他们所采取的组织战略是否确实得到了执行；第二，要能够协调组织战略；第三，能够鼓励和激励组织战略执行；第四，能够分析测量数据，检测组织战略的实施效果。

绩效的第四个构面是业务流程。业务流程是指能使组织运转的活动，它是关于做什么、在什么地方做、什么时候做及如何做的活动安排。那么企业需要什么样的业务流程才能执行其战略呢？业务流程是提高企业绩效的最有力的驱动因素，它决定了产品和服务的质量、效率、周期和成本。随着自由贸易与全球经济一体化的步伐日趋加快，加速了企业外部经营环境中各种不确定因素的增加，对企业提出了快速响应和弹性运作的变革要求，业务流程的“过程性”和“创新性”的特点备受关注。业务流程与组织战略不匹配往往是导致战略失败最常见的原因。

绩效的第五个构面是组织能力。根据绩效棱柱理论，业务流程不能单独发挥作用。业务流程的执行还需要人们的能力、物资基础设施以及相应的技术。那么企业需要什么样的能力来运作这些业务流程呢？特纳和克劳福德构建了企业应当具备的 11 种组织能力，即执行管理、资源应用、激励、协调、制度制定、沟通、承诺、探索、发展、系统工程和选择管理。企业的核心能力是必须实现利益相关者所特别关注的价值，能够为利益相关者提供根本上和实质性的利益和效用。

总体来说，这五个方面相辅相成，每个部分都相互影响，相互作用。任何面的缺失都不能构成棱柱模型，更不能使公司可持续发展。虽然绩效棱柱各个层面相互存在关联，但是利益相关者的需求是绩效棱柱模型的核心，再加上对每个侧面进行定量和定性分析，可以提高公司的管理水平，实现公司的长远发展。绩效棱柱模型的内容和关系如图 10.3 所示。

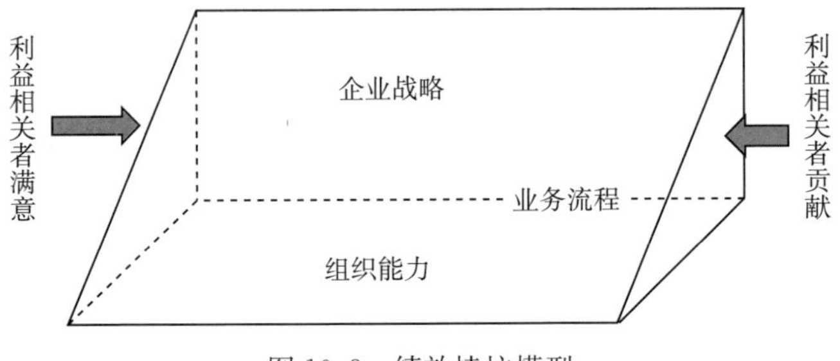

图 10.3　绩效棱柱模型

二、绩效棱柱模型的应用程序

（一）明确主要利益相关者并绘制利益相关者地图

首先，企业应综合自身的经营环境、行业特点、发展阶段、商业模式、业务特点等因素来界定利益相关者范围，进一步运用态势分析法、德尔菲法等方法确定绩效棱柱模型的主要利益相关者。其次，绘制基于绩效棱柱模型的利益相关者地图，它是以利益相关者满意为出发点，按照企业战略、业务流程、组织能力依次展开，并以利益相关者贡献为落脚点的平面展开图。利益相关者地图可将绩效棱柱模型五个构面以图的形式直观、明确、清晰地呈现出来。

（二）制定行动方案

绘制利益相关者地图后，企业应及时查找现有的组织战略、业务流程和组织能力在满足主要利益相关者满意方面存在的不足和差距，企业应进一步优化组织战略和业务流程，提升组织能力，制定行动方案并有效地实施。

（三）制订以绩效棱柱模型为核心的绩效计划

绩效计划是企业开展绩效评价工作的行动方案，包括构建指标体系、分配指标权重、确定绩效目标值、选择计分方法和评价周期、签订绩效责任书等一系列管理活动。

1. 构建绩效棱柱模型的指标体系

指标体系的构建应坚持系统性、相关性、可操作性和成本效益原则，各项指标应简单明了，易于理解和使用。绩效棱柱模型的指标体系应包括企业级指标和单位（部门）级指标两个层级。企业级五个构面的指标应根据企业层面的利益相关者地图设计；单位（部门）级指标五个构面的指标应根据企业级利益相关者地图和指标体系，先绘制所属单位（部门）级利益相关者地图，再进行设计。绩效棱柱模型的指标体系通常包括的指标如表 10.1 所示。

表 10.1　绩效棱柱模型的常用指标

构面	利益相关者	指标
利益相关者需求	投资者	总资产报酬率、净资产收益率、派息率、资产负债率
	员工	员工满意度、工资收入增长率、人均工资
	客户	客户满意度、客户投诉率
	供应商	逾期付款次数
	监管机构	社会贡献率、资本保值增值率

（续）

构面	利益相关者	指标
组织战略	投资者	持续增长率、资本结构、研发投入比率
	员工	员工职业规划、员工福利计划
	客户	品牌意识、客户增长率等
	供应商	供应商关系质量
	监管机构	政策法规认知度、企业的环保意识
业务流程	投资者	标准化流程比率、内部控制有效性
	员工	员工培训有效性、培训费用支出率
	客户	产品合格率、准时交货率
	供应商	采购合同履约率、供应商的稳定性
	监管机构	环保投入率、罚款与销售比率
组织能力	投资者	总资产周转率、管理水平评分
	员工	员工专业技术水平、人力资源管理水平
	客户	售后服务水平、市场管理水平
	供应商	采购折扣率水平、供应链管理水平
	监管机构	节能减排达标率
利益相关者贡献	投资者	融资成本率
	员工	员工生产率、员工保持率
	客户	客户忠诚度、客户毛利水平
	供应商	供应商产品质量水平、按时交货率
	监管机构	当地政府支持度、税收优惠程度

2. 分配绩效棱柱模型指标权重

以主要利益相关者价值为导向，反映所属各单位或部门、岗位对主要利益相关者价值贡献或支持的程度，以及各指标之间的重要性水平。首先根据重要性水平分别对主要利益相关者分配权重，权重之和为100%；然后对不同主要利益相关者的五个构面分别设置权重，权重之和为100%，单项指标权重一般设定在5%～30%之间；最后对特别重要的指标可适当提高权重。

3. 绩效棱柱模型的绩效目标值

应根据利益相关者地图的因果关系，以利益相关者需求的指标绩效目标值为出发点，逐步分解得到组织战略、业务流程、组织能力的各项指标绩效目标值，最终实现利益相关者贡献的绩效目标值。各绩效目标值应符合企业实际，具有可实现性和挑战性，使被评价对象经过努力可以达到。绩效棱柱模型绩效目标值确定后，当内外部环境、自然灾害等不可抗力因素对绩效完成结果产生重大影响时，企业应规定对绩效目标值进行调整的办法和程序。

三、绩效棱柱模型的优缺点

绩效棱柱模型适用于管理制度比较完善、业务流程比较规范、管理水平相对较高的大中型企业。

绩效棱柱模型的主要优点有：①坚持利益相关者价值取向，使利益相关者与企业紧密联系；②有利于实现企业与利益相关者的共赢，为企业可持续发展创造良好的内外部环境。

绩效棱柱模型的主要缺点有：①涉及多个利益相关者，对每个利益相关者都要从五个构面建立指标体系；②指标选取复杂，部分指标较难量化；③对企业信息系统和管理水平有较高要求，实施难度大、门槛高。

思考与练习题

一、思考题

1. 什么是绩效和企业绩效管理与评价系统？绩效管理与评价系统的构成要素有哪些？

2. 请用图形方式描绘绩效管理与评价体系的演进。

3. 平衡计分卡的内容有哪些维度？它们的概念和相互关系是什么？

4. 请比较经济增加值法和关键绩效指标法的优缺点。

二、单项选择题

1. 在基于平衡计分卡的绩效考核中，用来解决“客户如何看待我们”这一类问题的维度是（　　）。

A. 财务维度　　B. 客户维度

C. 内部流程维度　　D. 学习与成长维度

2. 在平衡计分卡的常用指标中，财务维度的常见指标体系不包括（　　）。

A. 市场占有率　　B. 资产运营状态指标

C. 衡量发展能力指标　　D. 财务效益状况指标

3.（　　）不属于业绩绩效评价指标体系创新时期的评价方法。

A. 平衡计分卡　　　　　　　　B. 关键绩效指标法

C. 经济增加值法　　　　　　　D. 绩效三棱镜

4. （　　）不属于部门级关键绩效指标构建的流程是。

A. 建立备选的指标库

B. 结合员工岗位职责和关键工作价值贡献，再将关键绩效指标进一步细分

C. 对指标进行分类并确定每一分类下的关键绩效指标

D. 分管企业领导审核和企业决策层批准

5. 关键绩效指标的目标值的可以按照（　　）层级进行设置。

A. 基于标杆、缩小差距　　　　B. 基于历史、超越自我

C. 基于战略、实现目标　　　　D. 以上都对

6. 绩效棱柱模型中"管理者期望从利益相关者那里获得什么?"属于（　　）构面回答的问题。

A. 利益相关者的满意　　　　　B. 组织战略

C. 利益相关者的贡献　　　　　D. 业务流程

7. 下面关于经济增加值的计算描述错误的是（　　）。

A. 经济增加值＝税后净营业利润－平均资本占用×加权平均资本成本

B. 平均资本占用是指所有投资者投入企业经营的股权资本

C. 股权资本成本是指在不同风险下，所有者对投资者要求的最低回报率

D. 加权平均资本成本是指债务资本成本和股权资本成本的加权平均成本，反映了投资者所要求的必要报酬率

三、多项选择题

1. 由评价主体需要可以将评价客体分为（　　）。

A. 企业　　　B. 部门　　　C. 经营管理者　D. 普通员工

2. 根据评价主体不同，评价形式可分为（　　）。

A. 内部评价　　B. 全面评价　C. 外部评价　　D. 专题评价

3. 在关键绩效指标体系的构建中需要确定（　　）指标。

A. 经营　　　　B. 部门级　　C. 岗位　　　　D. 企业级

4. 绩效管理应遵循的原则包括（　　）。

A. 战略导向原则　　　　　　　B. 客观公正原则

C. 规范统一原则　　　　　　　D. 科学有效原则

5. 平衡计分卡将战略目标逐层分解转化为具体的、相互平衡的绩效指标

体系，它反映了（　　）。

A. 财务、非财务衡量方法之间的平衡

B. 长期目标与短期目标之间的平衡

C. 外部和内部的平衡，结果和过程平衡

D. 管理业绩和经营业绩的平衡

6. 企业常见的利益相关者有（　　）。

A. 投资者　　B. 顾客　　C. 中间商　　D. 员工

7. 下面属于经济增加值法优点的是（　　）。

A. 更真实地反映了企业的价值创造能力

B. 尽可能消除由于公认会计准则所造成的扭曲性影响

C. 实现了企业利益、经营者利益和员工利益的统一

D. 引导企业注重长期价值创造

四、判断题

1. 绩效管理是指企业与所属单位（部门）、员工之间就绩效目标及如何实现绩效目标达成共识，并帮助和激励员工取得优异绩效，从而实现企业目标的管理过程。（　　）

2. 评价客体是指业绩评价的组织者和实施者。（　　）

3. 关键绩效指标法通过建立关键绩效指标体系，将价值创造活动与战略规划目标有效联系，并据此进行绩效管理的方法。它并不能与经济增加值法、平衡计分卡等其他方法结合使用。（　　）

4. 单项关键绩效指标权重一般设定在5%～10%，对特别重要的指标可适当提高权重。（　　）

5. 平衡计分卡将战略目标逐层分解并转化为被评价对象的绩效指标和行动方案，使整个组织行动协调一致。实施比较复杂、成本高是它的优点。

（　　）

6. 绩效棱柱模型，是指从企业利益相关者角度出发，以利益相关者贡献为出发点的方法。（　　）

7. 在计算经济增加值的过程中，对传统收入概念进行一系列调整，从而消除因会计运作而产生的异常状况，并使其尽量与经济真实状况相吻合。

（　　）

主要参考文献

程岩，蒲银花，王家升，等，2018. 管理会计实训［M］. 成都：西南交通大学出版社.

范伟杰，王新芳，邹勇燕，等，2018. 管理会计［M］. 成都：四川大学出版社.

冯巧根，2015. 全面预算管理［M］. 北京：中国人民大学出版社.

黄昱方，刘嫦娥，2022. 绩效管理与评估［M］. 南京：南京大学出版社.

林钢，2005. 责任会计：21世纪会计系列教材［M］. 北京：中国人民大学出版社.

罗伯特·贝尔，费利克斯·施密德，罗杰·米尔斯，2003. 成本管理系统设计：用作业成本法建立成本控制模型［M］. 北京：中国人民大学出版社.

王广宇，丁华明，2006. 作业成本管理：企业内部改进与价值评估方略［M］. 北京：清华大学出版社.

谢合明，刘毅，2020. 管理会计理论与实务［M］. 成都：西南财经大学出版社.

谢合明，王翊，饶芳，张敏，等，2021. 管理会计理论与实务研究［M］. 北京：中国农业出版社.